STUDIENKURS POLITIKWISSENSCHAFT

Lehrbuchreihe für Studierende der Politikwissenschaft
an Universitäten und Hochschulen

Wissenschaftlich fundiert und in verständlicher Sprache führen die Bände der Reihe in die zentralen Forschungsgebiete, Theorien und Methoden der Politikwissenschaft ein und vermitteln die für angehende WissenschaftlerInnen grundlegenden Studieninhalte. Die konsequente Problemorientierung und die didaktische Aufbereitung der einzelnen Kapitel erleichtern den Zugriff auf die fachlichen Inhalte. Bestens geeignet zur Prüfungsvorbereitung u.a. durch Zusammenfassungen, Wissens- und Verständnisfragen sowie Schaubilder und thematische Querverweise.

Samuel Salzborn

Demokratie

Theorien – Formen – Entwicklungen

2., aktualisierte und erweiterte Auflage

Onlineversion
Nomos eLibrary

Die Deutsche Nationalbibliothek verzeichnet diese Publikation in der Deutschen Nationalbibliografie; detaillierte bibliografische Daten sind im Internet über http://dnb.d-nb.de abrufbar.

ISBN 978-3-8487-8296-3 (Print)
ISBN 978-3-7489-2687-0 (ePDF)

2., aktualisierte und erweiterte Auflage 2021
© Nomos Verlagsgesellschaft, Baden-Baden 2021. Gesamtverantwortung für Druck und Herstellung bei der Nomos Verlagsgesellschaft mbH & Co. KG. Alle Rechte, auch die des Nachdrucks von Auszügen, der fotomechanischen Wiedergabe und der Übersetzung, vorbehalten. Gedruckt auf alterungsbeständigem Papier.

Inhalt

I. Einleitung: Demokratie? Demokratie! Demokratie? ... 7

II. Demokratietheorien und die Ideengeschichte der Demokratie ... 15

    1. Demokratietheorien im Kontext ... 15
    2. Traditionen und Brüche: Die Demokratie auf dem Weg in die Moderne ... 20
        2.1. Antike Demokratie und der Weg in die Moderne ... 20
        2.2. Machiavelli und die Entstehung der modernen Politik ... 25
    3. Sicherheit, Freiheit, Vertrag: Die liberalen Grundlagen der Demokratie ... 29
        3.1. Der Kontraktualismus: die Idee eines Gesellschaftsvertrages ... 30
        3.2. Recht, Kontrolle, Gewalt ... 34
    4. Gegner, Feinde, Kritiker: Die Demokratie zwischen sozialer Erweiterung und autoritärer Ablehnung ... 38
        4.1. Abwehr der Demokratie: der Konservatismus ... 38
        4.2. Kritik an sozialen Mängeln der Demokratie: der Sozialismus ... 41
        4.3. Forderung nach Partizipationserweiterung: Republikanismus und Antikolonialismus ... 43
        4.4. Feinde der Demokratie: Faschismus und Nationalsozialismus ... 46
    5. Demokratischer Staat: der Streit um das „wie" ... 51
        5.1. Input-Theorien: Partizipation und Repräsentation ... 52
        5.2. Output-Theorien: Steuerung und Stabilität ... 55
        5.3. Dahrendorf und die demokratietheoretische Vermittlung ... 57
    6. Uneingelöste Versprechen der Demokratie und die Internationalisierung der Debatte ... 60
        6.1. Die uneingelösten Versprechen der Demokratie ... 60
        6.2. Gerechtigkeit, Umwelt, Frieden ... 63
        6.3. Interesse, Konflikt, Krieg ... 65
        6.4. Die Unlösbarkeit des Streits um das „Wesen" der Demokratie ... 68

III. Demokratische Regierungsformen und der Vergleich von Demokratien ... 75

    7. Entwicklungslinien der vergleichenden Herrschafts- und Regierungsforschung ... 75
    8. Zwischen Norm und Wirklichkeit: Demokratie, Verfassung und politische Kultur ... 81
    9. Typologien demokratischer Regierungsformen ... 87
        9.1. Die Grundfrage: Repräsentative oder identitäre Demokratie? ... 88
        9.2. Varianten der Typologisierung: Konsens- oder Mehrheitsdemokratie, parlamentarische oder präsidentielle Demokratie ... 93
    10. Akteure und Prozesse in der Demokratie ... 96
        10.1. Parteien und Wahlen ... 97
        10.2. Verbände ... 99

IV. Internationale Entwicklungen von Demokratie und Demokratisierung — 103

11. Weltweite Entwicklungslinien der Demokratisierung — 103
- 11.1. Funktionsvoraussetzungen und Kontextbedingungen — 103
- 11.2. Messinstrumente der empirischen Demokratieforschung — 106
- 11.3. Demokratieentwicklung im historischen Verlauf: die Demokratisierungswellen — 108

12. Demokratie, Extremismus und Autokratie — 111
- 12.1. Demokratie und Extremismus: statische und dynamische Extremismusmodelle — 112
- 12.2. Demokratie, Autokratie und Totalitarismus — 113
- 12.3. Hüterin der Demokratie? Rolle und Funktion der Polizei in Demokratien — 116

13. Demokratie und Internet — 123
- 13.1. (Un-)Wissen und (In-)Kompetenz: Das Verhältnis von Information und Desinformation — 125
- 13.2. Technische und informelle Kontrolle: Das Verhältnis von Transparenz und Überwachung — 129

14. Demokratie – Perspektiven für das 21. Jahrhundert — 134
- 14.1. Bedrohungen der Demokratie: Entpolitisierung, Essentialisierung und Elitisierung — 138
- 14.2. Die Wiederkehr der Identität und die Fallstricke einer Kulturalisierung von Demokratie — 145

Bibliografie — 155

Sachregister — 177

Personenregister — 179

Glossar — 183

Bereits erschienen in der Reihe STUDIENKURS POLITIKWISSENSCHAFT (ab 2017) — 185

I. Einleitung: Demokratie? Demokratie! Demokratie?

Die Demokratie ist allgegenwärtig. Sie begegnet uns gleichermaßen im wirklichen Leben, wie im virtuellen: Die tägliche Zeitungslektüre vermittelt uns Einblicke in die praktischen Funktionsweisen der demokratischen Ordnung; im Fernsehen verfolgen wir die Auseinandersetzung um Freiheits- und Protestbewegungen, die sich weltweit immer wieder gegen autokratische Regime auflehnen und mehr Demokratie fordern; in regelmäßigen Abständen sind wir mit Wahlentscheidungen, in einigen Bundesländern mit Volksbefragungen oder Volksentscheiden konfrontiert; in Kindergärten oder Schulen wählen wir Elternbeiräte und Schüler(innen)vertretungen; am Arbeitsplatz suchen wir die Unterstützung von Mitbestimmungseinrichtungen wie Betriebsräten; in unserer Freizeit genießen wir die Freiheit in den eigenen vier Wänden; via Facebook oder Twitter mischen wir uns in politische Diskussionen ein und organisieren Appelle und Unterschriftensammlungen; in Parteien, Gewerkschaften oder anderen Interessenverbänden versuchen wir, unseren eigenen Anliegen Einfluss im politischen Prozess zu verschaffen. Die Demokratie betrifft uns also allgegenwärtig, nicht nur mit Blick auf den politischen Prozess im engeren Sinn, sondern auch mit Blick auf Entscheidungsfindungs- und Mitbestimmungsprozesse in allen Bereichen des Lebens.

Wenngleich die Demokratie auch allgegenwärtig ist, beantwortet dies noch nicht die Frage, was *Demokratie* denn ausmacht, durch was sie gekennzeichnet ist, ja wie sie definiert werden kann? Die Suche nach einer solch allgemein anerkannten Begriffsdefinition von *Demokratie* verläuft allerdings erfolglos. Dass es trotz der Omnipräsenz von Demokratie in unserem Alltag keine allgemeinverbindliche Definition der Demokratie gibt, hat mit der Sache selbst zu tun: Denn Demokratie ist eben nicht nur, wie dies für viele Begriffe, vor allem Leitbegriffe der sozialwissenschaftlichen Forschung gilt, je nach wissenschaftstheoretischem Standort mit anderen Akzenten und Schwerpunktsetzungen belegt (allein die Frage, ob Demokratie mit Blick auf das definiert werden soll, was die empirische Realität von Demokratien kennzeichnet oder – im Gegensatz dazu – ein normatives Ideal den Demokratiebegriff bestimmt, verweist bereits auf die intellektuelle Spannweite der Definitionskonflikte), sondern, mehr noch liegt es im Wesen der Demokratie selbst, dass sie sich einer verbindlichen, konsensfähigen Definition entzieht. Denn die Kontroverse um den Demokratiebegriff ist nicht nur eine wissenschaftliche, sondern eben selbst eine politische. Das, was Demokratie kennzeichnet, muss umstritten sein, da es zum demokratischen Prozess selbst gehört, Interessenkonflikte zu organisieren und Differenzen zur Ausagierung zu verhelfen, da das Wesen der Demokratie der Konflikt ist. Erhebt aber eine Staats- und Gesellschaftsform den Konflikt genuin zum Bestandteil ihres Selbstverständnisses, dann ist eine allgemeinverbindliche Definition schon allein logisch absurd und würde dem Grundgedanken von Demokratie widersprechen. Selbst der Umweg, der oft gewählt wird, eine Annäherung an eine allgemeine Begriffsdefinition über die aus dem griechischen stammenden Wortbestandteile *dēmos* und *krateĩn* – also Volk(smasse) und herrschen – zu ermöglichen, verlagert die Schwierigkeit nur auf eine andere Ebene: Denn wer zum Volk gehört, wird in unterschiedlichen historischen Epochen und in unterschiedlichen politischen Regimen ganz unterschiedlich beantwortet. Zu denken ist hier beispielsweise an den erst vor rund hundert Jahren (in weiten Teilen der westlichen Welt) beendeten Ausschluss der Mehrheit der Bevölkerung (der Frauen) von Partizipationsmöglichkeiten, die (fiskalische) Bindung von politischer Partizipation an soziale und ökonomische Kriterien, die Diskussion über die Partizipation im Sinne aktiver und passiver Teilnahme am demokratischen Prozess mit Bindung an das Alter oder die Kontroverse darüber, ob ein Volk eine politische Willensgemeinschaft oder eine ethnische Abstammungsgemeinschaft sei; ja auch der Wandel des Volksbegriffs von der frühen Neuzeit in die Moderne, mit dem überhaupt erstmals die verbindliche, d.h. staatsrechtliche Fixierung von Volkszugehörigkeit möglich wurde, da sich vormals das Volk (im Sinne der Volksmasse) immer wieder wechselnd als dasjenige konstituierte, das aufgrund seines Aufenthaltsortes unter variierender Herrschergewalt lebte, zeigen die großen Konfliktpotenziale, die bereits im Begriff des Volkes angelegt sind. Und auch mit dem Herrschaftsbegriff verhält es sich ähnlich: Denn wer warum über wen und mit oder ohne welche Legitimation herrschen darf, wie dieser Herrschaftsprozess organisiert und kontrolliert wird und welches Verhältnis zwischen Beherrschten und Herrschenden besteht, ist ebenfalls Bestandteil von mehrere Jahrhunderte währenden sozialen Auseinandersetzungen und Kämpfen.

Begreift man die Unmöglichkeit einer allgemeinverbindlichen Definition von Demokratie nicht als Defizit, sondern als Stärke und Chance – als Chance, den Konflikt selbst kontrovers zu gestalten – dann ist eine Annäherung an den Begriff der Demokratie weniger definitorisch, als – hier schließe ich mich der Argumentation von Iring Fetscher (1973: 11) und Richard Saage (2005: 31) an – prozessual möglich: Eine Formulierung von Gunnar Folke Schuppert (2008: 262) aufgreifend, wäre Demokratie dann als „ein Verfahren der Legitimation, der Kontrolle und der Kritik politischer Herrschaft" zu verstehen. Im Unterschied zu einer *statischen* Definition, die vor allem auf normative Aspekte orientiert, lässt sich auf diese Weise der *funktionale* Charakter von Demokratie fassen, der vor allem durch eine negative Bestimmung im Verhältnis zur organisierten Herrschaft zum Ausdruck kommt: Demokratie fordert die Legitimation (ohne bereits genau zu bestimmen, durch wen, von wem und auf welche Weise), sie fordert die Kontrolle (ebenfalls ohne eine substanzielle Erklärung darüber, wie und auf welche Weise) und sie zielt auf die Kritik von politischer Herrschaft – als dauerhaften und unabgeschlossenen Prozess. Aus demselben Grund hat Giovanni Sartori (1992: 210) auch betont, dass die Charakteristika der Demokratie nur negativ formuliert werden können als ein System, in dem „niemand sich selbst auswählen kann, niemand sich die Macht zum Regieren selbst verleihen kann und deshalb niemand sich unbedingte und unbeschränkte Macht anmaßen kann."

Eine solche Begriffsannäherung knüpft an die Formulierung des amerikanischen Präsidenten Abraham Lincoln aus dem Jahr 1863 an, der in seiner berühmten *Gettysburg Address* (einer Kurzrede über die amerikanische Demokratie, die Lincoln auf dem Soldatenfriedhof des Bürgerkriegsschlachtfeldes von Gettysburg gehalten hat) Demokratie begriffen hatte als „government of the people, by the people and for the people". Damit wird gleichermaßen keine Aussage über den normativ-positiven Gehalt von Demokratie getroffen, der über die Jahrhunderte hinweg Gegenstand politischer und wissenschaftlicher Kontroversen war und bis in die Gegenwart geblieben ist, sondern lediglich der Prozess beschrieben, um den es in demokratischen Herrschaftsformen geht. Ein Prozess, bei dem das Volk („people") die Legitimationsgrundlage von Herrschaft bildet („of"), es zugleich selbst die Herrschaft ausüben soll („by") und schließlich diese Herrschaft – die durch die begriffliche Trennung zwischen „government" und „people" tendenziell auf ein repräsentatives Herrschaftsmodell hinweist – auch im Interesse des Volkes („for") ausgeübt werden soll.

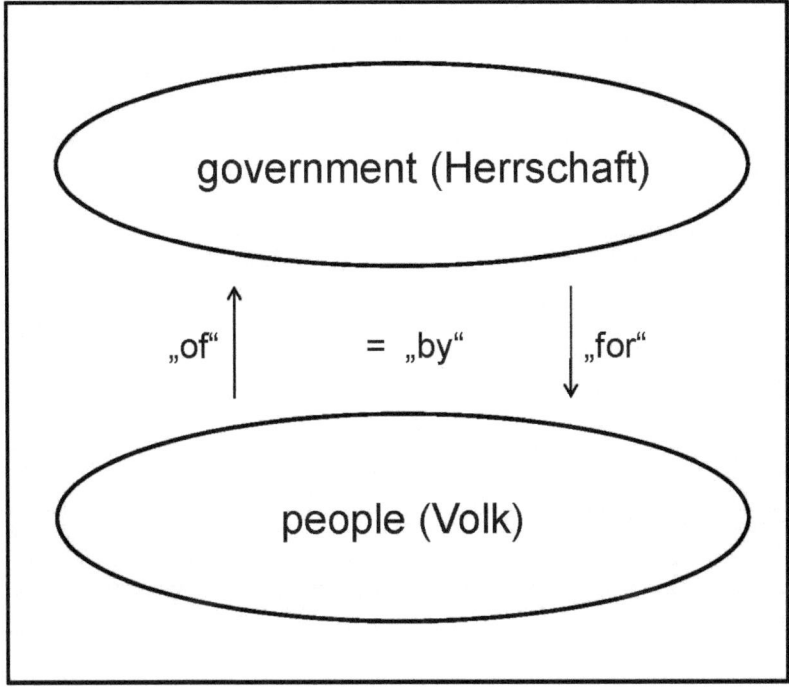

Abb. 1: Der funktional-prozessuale Demokratiebegriff in Anlehnung an Abraham Lincoln.
Eigene Darstellung.

Wenngleich auch nicht positiv definiert werden kann, was Demokratie ist, kann dennoch umgekehrt festgehalten werden, dass die große Mehrheit der Menschen auf dieser Welt nur ausgesprochen ungern als antidemokratisch bezeichnet werden möchte. In politischen Diskussionen in der westlichen Welt etwa wird der politische Gegner nicht selten mit dem Vorwurf belegt, seine Forderungen seien nicht demokratisch, ganz gleich, worauf diese Behauptung im Konkreten zielen mag; gerade autokratische Regime wie etwa Russland, Ungarn, China oder Iran sind nachhaltig darum bemüht, sich im internationalen Kontext selbst als Demokratien darzustellen. Damit ist die Demokratie im Laufe der Geschichte zu einem weltweit *hegemonialen Politikkonzept* geworden, denn noch bis in die 20er und 30er Jahren des 20. Jahrhunderts galt die Titulierung als „Demokrat", vor allem in faschistischen und nationalsozialistischen oder auch anarchistischen und kommunistischen Kreisen, durchaus als Schimpfwort. Die Demokratie wurde auch aus der Mitte der Gesellschaft offen abgelehnt und war als Herrschaftsform wie als Gesellschaftskonzept verhasst. Der langwierige, keineswegs eindeutige und letztlich auch ergebnisoffene Siegeszug der Demokratisierungsbewegungen hat aber dazu geführt, dass sich die Demokratie als normatives Idealbild – gleichwohl, was damit im Konkreten gemeint ist – nicht nur in der westlichen Welt, sondern im globalen Kontext durchgesetzt hat.

Dabei sind wir gewohnt, die Geschichte der Demokratie als eine Erfolgsgeschichte zu lesen – als die Geschichte einer mehrere Jahrhunderte fortwährenden Entwicklung, die eine kontinuierliche Zunahme an Partizipationsmöglichkeiten für immer größere Teile der Bevölkerung mit sich brachte. Für einen Teil der Welt kann diese Betrachtungsweise auch ein hohes Maß an Schlüssigkeit und Stimmigkeit beanspruchen. Aber dieser Teil der Welt, in dem demokratische Partizipationsformen sich auf einem langwierigen und tendenziell erfolgreichen Siegeszug befinden, ist nicht sonderlich groß, ja mehr noch: Liest man die Erkenntnisse der vergleichenden empirischen Demokratieforschung mit einem bewusst skeptischen Blick, dann stellen die nicht-demokratischen, respektive autoritären Regime in der Welt sogar die Mehrheit – mit Blick auf einen der einflussreichsten Demokratieindizes sind 58 Prozent der Staaten der Welt nicht demokratisch (addiert man alle Regime aus der nachfolgenden Übersicht, die nicht vollumfänglich als freie Staaten gelten), wobei der Langzeittrend im Zehnjahresvergleich generell auf die Tendenz einer weltweiten Schwächung der Demokratie hinweist.

Jahr	Freie Staaten		Teilweise freie Staaten		Unfreie Staaten	
	Anzahl	Prozent	Anzahl	Prozent	Anzahl	Prozent
2021	82	42	59	30	54	28
2011	87	45	60	31	48	24
2001	85	44	59	31	48	25
1991	76	42	65	35	42	23
1981	54	33	47	28	64	39

Abb. 2: Weltweite Entwicklungslinien von demokratischer Freiheit.
Quelle: Freedom House (2012; 2021), eigene Übersetzung.

Gleichwohl ist der westliche Blick, der die erkenntnistheoretische Prämisse für die Annahme einer erfolgreichen Demokratisierung in einem fortwährenden Prozess bildet, nicht nur legitim, sondern auch aus normativer Perspektive nachvollziehbar und letztlich – mit Blick auf die Konkurrenzen zwischen demokratischen und autokratischen Regierungssystemen – auch im Interesse der Durchsetzung weiterer Demokratisierungsbewegungen als offensives Postulat dringend geboten. Ein Optimismus, der das Fortschreiten von Demokratisierungsprozessen als fast selbstverständlich erwartet, muss allerdings skeptisch stimmen. Denn die Errichtung von Demokratien, ebenso wie die fortgesetzte politische und gesellschaftliche „Demokratisierung der Demokratie" (Claus Offe) ist eben genauso wenig ein naturwüchsiger und selbstverständlicher Prozess, wie er auch nicht über Garantien bezüglich seiner Stabilität und damit letztlich Unumkehrbarkeit verfügt. Das Fundament der modernen Demokratie ist – und dies nicht nur im außereuropäischen und außeramerikanischen Kontext – labil; zahlreiche politische, soziale und ökonomische Prozesse stellen die Errungenschaften der Demokratisierung von Teilen der Welt viel mehr kontinuierlich und fortwährend in Frage.

Das hier vorliegende Lehrbuch will nun den Versuch unternehmen, die Entwicklungslinien der Demokratie auch in ihrer Widersprüchlichkeit und Ambivalenz nachzuzeichnen, um so eine begriffsorientierte Annäherung an das zu leisten, was sich – aus gutem Grund – einer konsensfähigen Definition entzieht: die *Demokratie*. Dabei wird es zum einen darum gehen, die um das Konzept der Demokratie geführten Kontroversen in ihrer Streitbarkeit historisch zu rekonstruieren, also die wesentlichen Entwicklungslinien der modernen Demokratietheorie nachzuzeichnen, dann die systematischen Streitpunkte mit Blick auf demokratische Regierungssysteme in ihren Differenzen zu skizzieren und dabei zu zeigen, dass ein Sprechen von *der* Demokratie im Singular der faktischen Pluralität der Demokratien nicht gerecht wird, um schließlich einen empirischen Blick auf die weltweiten Entwicklungslinien von Demokratie zu werfen, die die Frage nach Zustimmung und Ablehnung von demokratischer Partizipation in den Mittelpunkt rückt. Insofern unternimmt dieses Buch den Versuch einer Gesamtskizze der in ihrer Systematik noch jungen, aber mittlerweile durchaus etablierten Demokratie- und Demokratisierungsforschung im Fach Politikwissenschaft, zu der in den unterschiedlichen Subdisziplinen des Faches bereits umfangreiche Teilaspekte erforscht worden sind, deren Integration aber bisher noch aussteht: eben die Verbindung von ideengeschichtlicher Demokratieforschung und Demokratietheorie mit den Erkenntnissen des Vergleichs demokratischer Systeme sowie den Ergebnissen der empirisch-quantitativen Demokratieforschung. Der hier unternommene Versuch steht damit ohne Zweifel im Schatten großer Vorbilder im Lehrbuchbereich der Politikwissenschaft, soll allerdings aufgrund dieses systematischen Integrationsversuches der unterschiedlichen Dimensionen der Demokratie- und Demokratisierungsforschung einen wesentlichen Anteil zur *Verknüpfung* beitragen, so dass gerade hierdurch die Komplexität des Phänomens noch einmal integrativ ausgeleuchtet wird.

I. Einleitung: Demokratie? Demokratie! Demokratie?

> **Literatur zur Vertiefung**
>
> Aktuelle Einführungs- und Lehrbücher der Demokratieforschung zur Vertiefung:
>
> - Heidrun Abromeit/Michael Stoiber: Demokratien im Vergleich. Einführung in die vergleichende Analyse politischer Systeme, Wiesbaden 2006.
> - Peter Massing/Gotthard Breit/Hubertus Buchstein (Hg.): Demokratietheorien. Von der Antike bis zur Gegenwart. Texte und Interpretationshilfen, 9. Aufl., Schwalbach/Ts. 2017.
> - Bernhard Frevel/Nils Voelzke: Demokratie. Entwicklung – Gestaltung – Herausforderungen, 3. Aufl., Wiesbaden 2017
> - Christian W. Haerpfer/Patrick Bernhagen/Christian Welzel/Ronald F. Inglehart (Hg.): Democratization, 2. Aufl., New York 2018.
> - David Held: Models of Democracy, 3. Aufl., Stanford 2006.
> - Hans-Joachim Lauth: Demokratie und Demokratiemessung. Eine konzeptionelle Grundlegung für den interkulturellen Vergleich, Wiesbaden 2004.
> - Stefan Marschall: Demokratie, Opladen 2014.
> - Susanne Pickel/Gert Pickel: Politische Kultur- und Demokratieforschung. Grundbegriffe, Theorien, Methoden, Wiesbaden 2006.
> - Richard Saage: Demokratietheorien. Historischer Prozess – Theoretische Entwicklung – Soziotechnische Bedingungen. Eine Einführung, Wiesbaden 2005.
> - Manfred G. Schmidt: Demokratietheorien. Eine Einführung, 6. Aufl., Wiesbaden 2019.
> - Hans Vorländer: Demokratie. Geschichte, Formen, Theorien, 3. überarb. Aufl., München 2019.

Die großen, vor allen Dingen demokratietheoretisch angelegten Lehrbücher der letzten Jahrzehnte gingen noch von anderen Prämissen mit Blick auf die Studiensituationen an den deutschsprachigen Universitäten und Hochschulen aus, die in stärkerem Maß von Freiheit und Selbstbestimmung der Studierenden geprägt waren, als dies unter der Situation der Modularisierung der Studiengänge heute der Fall ist. Diesem Wandel will dieses Lehrbuch insofern Rechnung tragen, als es sich als systematischer Gesamtüberblick über das Forschungsfeld der Demokratie- und Demokratisierungsforschung versteht, der Kompaktwissen vermittelt und in stark komprimierter Form die politikwissenschaftlichen Erkenntnisse zum Thema *Demokratie* bündelt. Damit kann er deutlich umfangreicher angelegte Lehrbücher nicht nur nicht ersetzen, sondern geht ihnen mit Blick auf die Lernsituation der Studierenden in modularisierten Studiengängen als komprimierte Einführung voraus, die zur weiteren Vertiefung genauso anregen soll, wie zur Selbstlektüre der zahlreichen einschlägigen Quellen und Klassiker im Bereich der Demokratieforschung. Auch wenn man zu Recht bedauern mag, dass die Kehrseite der Modularisierung in einer Tendenz zur gleichförmigen Zurichtung von Studieninhalten besteht, bei der der Raum für intensives, oft auch selbst organisiertes und selbst bestimmtes Lernen kleiner wird, muss man aus politikwissenschaftlicher Perspektive diesen *intellectual turn* auch als konstruktive Herausforderung begreifen, das eigene Lehrbuchwissen (immer wieder) so zu strukturieren, dass ein Neustart für die Studierenden ermöglicht wird, der zur Lektüre umfangreicher angelegter Lehrbücher ebenso anregt, wie zum Studium der klassischen Texte und Werke (vgl. Salzborn 2021a). Insofern kann man der Modularisierung der Studiengänge auch eine gute Seite abgewinnen, die darin besteht, die bereits seit den späten 1970er Jahren in der Politikwissenschaft immer wieder geführte Diskussion über die Frage der Kanonisierung von Lehre wieder aufzugreifen und die Zugänge zu politikwissenschaftlichen Fragen so zu fokussieren, dass die Studierenden auch jenseits aller Zwangsverpflichtungen das Interesse am eigenen Interesse wieder erlangen oder verstärkt bekommen. Auch hierzu will dieses Lehrbuch einen Beitrag leisten, in dem es ganz bewusst nicht nur in kompakter und komprimierter Form Inhalte strukturiert, sondern auch dem mittlerweile standardisierten Semesterturnus mit 14 Seminarsitzungen in seiner Kapitelunterteilung folgt, so dass Lehrveranstaltungen analog zu den einzelnen Kapiteln dieses Buches organisiert werden können.

Seit Erscheinen der Erstauflage dieses Buches im Jahr 2012 hat eine rasante Beschleunigung in der weltweiten Auseinandersetzung mit Demokratie und Demokratisierungsprozessen stattgefunden, nicht nur im Konflikt zwischen demokratischen und nicht-demokratischen Systemen, sondern auch innerhalb der demokratischen Ordnung, wie am eindringlichsten sicher die Amtszeit des 45. Präsidenten der USA gezeigt hat. Fast zehn Jahre nach Erscheinen der Erstauflage dieses Buches wurde für die Neuauflage an den skizzierten Grundprinzipien der Strukturierung festgehalten, der Inhalt aber deutlich erweitert, aktualisiert und grundlegend überarbeitet.

Übungsaufgaben

- Warum existiert keine allgemeingültige Definition des Begriffes Demokratie?
- Erläutern Sie das von Abraham Lincoln formulierte Demokratieverständnis. Wodurch unterscheidet es sich von einer formalen Definition?

II. Demokratietheorien und die Ideengeschichte der Demokratie

1. Demokratietheorien im Kontext

Die Geschichte der Demokratietheorien von der Antike bis in die Gegenwart ist, zumindest in einem einflussreichen Teil der Welt, zugleich auch die Geschichte von sozialen und politischen Demokratisierungsprozessen, wie Hans Vorländer (2010) eindrucksvoll gezeigt hat: Denn Theorien entstehen nicht im luftleeren Raum, sie sind nicht einfach Ausdruck einer zeitlosen Genialität von besonders schlauen Denkerinnen und Denkern, sondern sie sind das Ergebnis von Konflikten um politische, soziale und ökonomische Interessen. Denn politische und soziologische Theorien entstehen immer in der Absicht, politische Ordnungen zu verändern – oder sie vor Veränderungen zu bewahren. Ganz gleich, ob die Änderungsabsicht genereller oder punktueller Natur ist oder ob Veränderungen abgewehrt oder rückgängig gemacht werden sollen, bildet stets ein Konflikt um konkurrierende Wahrnehmungen von politischer Legitimität das zentrale Motiv für die Formulierung von politischen Theorien im Allgemeinen und solchen, die eine Auseinandersetzung mit der Demokratie zum Inhalt haben im Besonderen. (vgl. hierzu ausführlich Salzborn 2017c)

Denn nur gesellschaftliche Systeme und politische Ordnungen, in denen Legitimitätskonflikte und Interessendifferenzen existieren, generieren die Notwendigkeit zur Reflexion über die Ursachen für Defizitwahrnehmungen durch einzelne gesellschaftliche Gruppen, die über Ein- und Ausschluss in Macht- und Herrschaftskontexten entscheiden. Am deutlichsten zeigt dies sicher die Geschichte der klassischen politischen Theorien des Liberalismus, des Sozialismus und des Konservatismus, deren Konflikte im 18. und 19. Jahrhundert die rechtlichen, sozialen und ökonomischen Konflikte der europäischen Gesellschaften des Zeitalters der Aufklärung theoretisch zu reflektieren, aber eben jeweils auch das eigene Agieren zu legitimieren versuchten (vgl. Göhler/Klein 1991; Lenk/Franke 1987; Llanque 2008). In ihnen ging es ganz entscheidend um demokratische Fragen, da der Liberalismus das Ideal rechtlicher Gleichheit im Kontext von geistesgeschichtlicher Aufklärung, bürgerlichen Revolutionen und der Entstehung der kapitalistischen Wirtschaftsordnung in den Mittelpunkt seiner Argumentation gerückt hatte, wie Crawford B. Macpherson (1973) gezeigt hat – und dafür, aus unterschiedlichen Richtungen und mit ganz differenten Motiven von sozialistischen und konservativen Kräften scharf kritisiert und politisch bekämpft wurde. Insofern sind in politische und soziologische Theorien immer politische und soziale Konflikte von Gesellschaften eingeschrieben, die den sozialkulturellen und historischen Kontext ihrer Formulierung geprägt haben, was Joel S. Migdal (2001) auf die Formulierung des *State in Society* gebracht hat, also der integrativ-dialektischen Verknüpfung von politisch-administrativer Ordnung und Gesellschaft.

Liegen damit die Entstehungsbedingungen für Demokratietheorien in politischen und sozialen Interessenkonflikten begründet, so sind sie auch die Ursache für die Wirkmächtigkeit von Demokratietheorien über den engen, historischen Kontext hinaus. Denn allein der Umstand, dass eine Idee politisch-theoretisch konzeptioniert und von einer Gruppe von Intellektuellen und politisch Aktiven akzeptiert

II. Demokratietheorien und die Ideengeschichte der Demokratie

und forciert wird, klärt nicht ihre legitimatorische Durchsetzungsstärke – wie beispielsweise die Geschichte des Anarchismus zeigt, der (um 1850 und 1915) in Europa bzw. Russland durchaus starke theoretische wie gesellschaftliche Kräfte mobilisieren konnte, es aber nie zu einer Durchsetzung seiner Vorstellungen gebracht hat, eben weil er als Konzept und Praxis letztlich doch nur einer verschwindenden Minderheit akzeptabel erschien.

In dem Maße, wie ein Ordnungskonzept in der Theorie – zumindest in seinen wesentlichen Grundzügen – vorformuliert werden muss, bevor es realisiert werden kann, ist diese theoretische Konzeptionierung auch Folge von gesellschaftlichen und politischen Krisenerscheinungen, sei es in legitimierender, sei es in delegitimierender Absicht der jeweiligen Ordnung. Zur praktischen Realisierung einer theoretischen Ordnungsvorstellung reicht freilich der Gedanke nicht aus, sondern es muss zu einer zur politischen Programmatik verdichteten Idee immer eine gesellschaftliche Elektrisierung kommen: Das Bündnis aus Elite und Masse ist unausweichlich, soll eine neue Ordnungskonzeption verwirklicht werden, oder, anders herum, eine bestehende gegen sie revolutionierende Vorstellungen geschützt werden. Gerade der Siegeszug der Demokratie in der westlichen Welt zeigt diese Verwobenheit anschaulich.

Der letztlich kausale Kern für die Frage nach Stabilität und Instabilität, nach Legitimierung und Delegitimierung liegt dabei im diffizilen Zusammenspiel sehr unterschiedlicher Dimensionen bewusster (vor allem politischer und rechtlicher), vor- und teilbewusster (vor allem sozialer) und unbewusster (vor allem psychischer) Strukturen im Interaktionsverhältnis von Individuum, Gruppe und Masse, die auf multidimensionale Weise Stabilität oder Labilität bestehender politischer Ordnungen und Attraktivität bzw. Unattraktivität gedachter Alternativen beeinflussen. In den Worten von John DeLamater u.a. (1969) kombinieren sich funktionale und normative Motive für eine Bindung an eine politische Ordnung mit symbolischen Elementen. Je nachdem, welche Faktoren im Zusammenspiel mit anderen wirkungsmächtig werden, fällt die weitere historische Entwicklung aus.

Dass theoretische Konzepte, Entwürfe und Kritiken nicht nur im historischen Kontext diskutiert und damit zeitgenössisch zu relevanten Theorien werden, sondern auch in der Gegenwart fortwährend präsent bleiben, hat seine Ursache in der faktischen Wirkmächtigkeit von Theorien, die sich im Zusammenspiel aus einer individuell-biografischen *und* einer sozialhistorischen Dimension ergibt (vgl. Skinner 1978, 2009; Pocock 1973): Politische Konzepte, die ohne Bindung an soziale Bewegungen als ihre Trägerinnen formuliert werden, verlieren im Zeitenlauf ihre Intensität und verblassen damit zunehmend, bleiben letztlich zwar historisch von Interesse, aber eben nicht mehr sozial(wissenschaftlich). Das Spezifikum von politischen Theorien in ihrer Fortwirkung über ihren sozialhistorischen Kontext hinaus liegt genau darin, erfolgreich wesentliche Struktur- und/oder Funktionselemente ihrer jeweiligen Gesellschaft erkannt und erfasst zu haben *und* damit (kleinere oder größere) Teile der politischen Kultur(en) eines politischen Ordnungskontextes zu politischem Handeln motiviert oder, anders herum, dieses (de-)legitimiert zu haben. Darin unterscheidet sich der Begriff der Theorie auch von dem der (philosophischen) Idee, der sich die gesellschaftliche und politische

Relevanzfrage nur marginal stellt. Demokratietheorien können, begreift man sie als historischen Ausdruck von sozialen Konflikten, insofern letztlich begriffen werden als eine normativ und/oder empirisch formulierte Konzeption zur (De-)Legitimierung der strukturellen und funktionalen Anforderungen an ein politisches Gemeinwesen.

Die Geschichte der Demokratietheorien ist dabei eine Geschichte, in der dieser prozessuale Charakter immer wieder mit neuen normativen Implikationen gefüllt oder aufgrund empirischer Erfordernisse revidiert wurde. Der Blick auf die Genese der Demokratietheorien zeigt überdies, dass Veränderungen in den theoretischen Konzeptionen stets auf vorherige Erfolge der Durchsetzung von Demokratisierungsbewegungen verweisen, also beispielsweise die Grundannahme aller Demokratietheorien zunächst einmal darin besteht, dass eine nach innen wie nach außen wirksame *Schutzfunktion* durch das Gemeinwesen garantiert sein muss, um über weitere Fragen von Partizipation und Mitbestimmung *überhaupt* nur nachdenken zu können. In Anlehnung und Erweiterung der Überlegungen von Bernd Guggenberger (1995: 39), Arthur Benz (2008: 37 u. 127) und Rüdiger Voigt (2009: 32) ergibt sich damit eine Stufenfolge der Entwicklung demokratischer Forderungen, die in der Genese moderner Demokratietheorie nachvollziehbar wird.

	Politische Kernforderung	Ziele
Schutzstaat	Sicherheit	■ Schutz vor Angriffen von Außen ■ Friedenssicherung im Innern ■ Garantie der Eigentumsordnung
Rechtsstaat	Freiheit	■ Rechts- und Verfassungsordnung ■ Menschen- und Bürgerrechte ■ Rechtssicherungsinstanzen (Gerichte)
Sozialstaat	Solidarität	■ Soziale Partizipation ■ Sozial-ökonomische Gerechtigkeit ■ Wohlfahrtsordnung ■ Gewährung sozialer Rechte
Demokratischer Staat	Gleichheit	■ Volkssouveränität ■ Allgemeines und freies Wahlrecht ■ Durchlässigkeit politischer Ämter ■ Vertikale und horizontale Partizipationsmöglichkeiten
Kulturstaat	Bildung	■ Bildung für alle Bürger/innen ■ Forschungsförderung ■ Gerechtigkeit im internationalen Kontext (Frieden, Ökologie etc.)

Abb. 3: Entwicklungsstufen der Demokratisierung.
Eigene Darstellung in Anlehnung an Guggenberger (1995: 39), Benz (2008: 37 u. 127) & Voigt (2009: 32).

II. Demokratietheorien und die Ideengeschichte der Demokratie

Bei diesem Modell handelt es sich freilich um eine idealtypische Skizze, die lediglich Tendenzen und Bedingungen aufzeigt, allerdings nicht als Schablone für eine „erfolgreiche" bzw. nachhaltige Demokratisierung gelesen werden kann. Es ist retrospektiv, nicht prospektiv.

Wesentlich ist die Feststellung, dass es für fortschreitende Demokratisierungsprozesse kontextuelle Bedingungen gibt, deren Erfüllung notwendig, aber trotzdem nicht hinreichend ist. Am deutlichsten ist dies mit Blick auf die Sicherheitsforderung und die durch sie etablierte Garantie des inneren und äußeren Friedens: Ohne eine solche Situierung von staatlicher Souveränität durch ein als legitim anerkannten Monopol physischer Gewaltsamkeit (Weber 1980: 29 u. 516 [EA 1921]) ist die Errichtung einer zunächst auf Freiheit, später dann auch auf Gleichheit und Solidarität zielende Rechtsordnung unmöglich; jeder Demokratisierungsprozess bedarf einer souveränen Zentralgewalt – wobei zugleich die Existenz einer solchen Zentralgewalt kein Garant für Demokratisierungsprozesse ist, da sie gleichermaßen ihr Gewaltmonopol zur Exklusion von Partizipation nutzen kann. So richtig also die Formel „Keine Demokratie ohne Souveränität" ist, so falsch wäre im Umkehrschluss der Glaube, die Errichtung staatlicher Souveränität führe immer und unausweichlich zu Demokratisierungsprozessen.

Ein anderes Beispiel: Die kulturstaatlichen Forderungen nach gesellschaftlich umfassender Bildung und weltweiter Gerechtigkeit zeigen den Zusammenhang der Notwendigkeit der vorgenannten Entwicklungsstufen ebenfalls, da für internationale Gerechtigkeit die innere Formierung der Staaten als Demokratien notwendig ist, die auf eine Volkssouveränität und umfangreiche vertikale und horizontale Partizipationsmöglichkeiten aufbauen, da eine Asymmetrie zwischen Staaten, von denen einige demokratisch und andere autokratisch situiert sind, niemals zu einer vollumfänglichen, d.h. symmetrischen Gerechtigkeit für die Bevölkerungen führen kann.

Ungeachtet dessen lässt sich im weltweiten Vergleich von Demokratisierungsprozessen nichts desto trotz die Gleichzeitigkeit des Ungleichzeitigen (Bloch 1962) beobachten, d.h. der demokratische Entwicklungsprozess verläuft eben nie linear und unterliegt zugleich aufgrund differenter nationaler Kontexte auch temporären und geografischen Versetzungen: Während im Jahr 2011 im europäisch-amerikanischen Kontext Demokratisierungsdebatten vor allem auf die unzureichende sozial- und kulturstaatliche Dimension abstellten, die als nicht oder nur unzureichend verwirklicht wahrgenommen wurde, rangen die Menschen in den nordafrikanischen Staaten zeitgleich um die Errichtung eines schutzstaatlichen Gewaltmonopols und in den vorderasiatischen Republiken, die vormals zur Sowjetunion gehörten, stand die Durchsetzung rechtsstaatlicher Grundsätze im Mittelpunkt – es wurde also gleichzeitig über ungleichzeitige Aspekte der Demokratisierungsentwicklung gestritten und – in Parlamenten oder auf der Straße – für (und natürlich auch gegen) sie gekämpft. Nur zehn Jahre später haben sich die Dimensionen komplett verschoben, da mit der Corona-Pandemie weltweit sämtliche politische Prozesse dem Primat der effektiven Eindämmung und nachhaltigen Bekämpfung der Pandemie untergeordnet sind. Dies hat – gezwungenermaßen – zu einer erheblichen Erhöhung digitaler Kommunikation im politischen und sozialen Kontext geführt, was demokratietheoretisch höchst ambivalent zu bewerten ist (vgl. Kap. 13). Zudem wurden und werden als zentral wahrgenommene Fragen der Demokratie neu justiert: Elementare Aspekte der Demokratisierung gewinnen wieder zunehmend an Priorität, seien es schutzstaatliche Aspekte mit Blick auf die verschwörungsideologischen Demonstrationen und ihre implizite und explizite Infragestellung des Gewaltmonopol des Staates, rechtsstaatliche Dimensionen bezogen auf eine handlungsschwache Exekutive, das Gleichgewicht zwischen Legislative und Exekutive oder eine (zu) starke politische Steuerung durch die Judikative, die die exekutiven Handlungsspielräume in lebensbedrohlichen Politikfeldern einschränkt oder sozialstaatliche Aspekte bezogen auf gesundheitspolitische Fragen einer nationalen oder internationalen Verteilung von Impfstoffkapazitäten, bei denen die jeweilige Priorisierung zu Einschränkungen oder Ermöglichungen von Handlungsperspektiven für Legislative und Exekutive zurückverweist (siehe zur Debatte: Florack u.a. 2021).

> **Übungsaufgaben**
>
> - Welcher Zusammenhang besteht zwischen der Entwicklung von Demokratietheorien und sozialen bzw. politischen Demokratisierungsbewegungen?
> - Diskutieren Sie empirische Beispiele, die die Annahme von aufeinander aufbauenden Entwicklungsstufen der Demokratisierung bestätigen. Finden Sie Beispiele, die dieser These widersprechen?
> - In welchem Verhältnis stehen exogene und endogene Faktoren mit Blick auf die Demokratieentwicklung? Diskutieren Sie den Einfluss nichtpolitischer Faktoren für die Veränderung von demokratischen Entwicklungsprozessen am Beispiel der Corona-Pandemie.

II. Demokratietheorien und die Ideengeschichte der Demokratie

2. Traditionen und Brüche: Die Demokratie auf dem Weg in die Moderne

Die Herkunft der Wortbestandteile *dēmos* und *krateĩn* unseres heutigen Demokratiebegriffes aus dem Griechischen zeigt, dass eine enge Verknüpfung zwischen griechischer Antike und Demokratie besteht (vgl. Nolte 2012). Die entwicklungsgeschichtliche Beziehung verläuft allerdings nur auf den ersten Blick linear und logisch, bei genauerer Betrachtung des antiken Verständnisses von Demokratie im Vergleich zu dem, was in den letzten zwei Jahrhunderten – trotz aller Pluralität – als Demokratie verstanden wurde, zeigen sich auch erhebliche Differenzen zwischen antikem und modernem Demokratieverständnis (vgl. Kreiner 2013; Nippel 2008; Raschke 2020; Schmitt 2008).

Denn während die *Idee* der Demokratie aus der Antike stammt, gilt dies in keiner Weise für ihre moderne *Theorie* – das *Wort*, nicht aber der *Begriff* hat seinen Ursprung in der antiken Philosophie. Diese Unterscheidung verweist auf zweierlei: erstens darauf, dass in eine philosophische Idee noch nicht zwingend eine theoretische Reflexion über ihren gesellschaftlichen Kontext eingeschrieben sein muss und zweitens darauf, dass es sich bei einem Wort zunächst um eine leere Hülle handelt, die in unterschiedlichen zeitlichen und geografischen Kontexten mit unterschiedlichen Inhalten gefüllt wird, die aus dem Wort einen kontextabhängigen Begriff machen, der Ausdruck konkurrierender politischer und gesellschaftlicher Vorstellungen ist. Insofern finden wir mit Blick auf die antike Demokratie in gleicher Weise Traditionen, die für den heutigen Demokratiebegriff von Bedeutung sind, wie ebenso markante Brüche, die das antike vom modernen Demokratieverständnis nachhaltig und substanziell unterscheiden.

2.1. Antike Demokratie und der Weg in die Moderne

Demokratie beschrieb in der griechischen Antike eine Herrschaftsform, also ein Verfahren und eine Technik direkter Machtausübung. Insofern ging es nicht, wie Bernd Guggenberger (1995: 37) betont hat, um eine „besondere Form der Gesellschaft", sondern um eine spezifische Beschreibung der Ausübung von Herrschaft. Entscheidend für den modernen Demokratiebegriff ist hingegen seine gesellschaftliche Dimension, die Legitimation und Partizipation in den Mittelpunkt rückt, also ein *bottom-up*-Prozess der Herrschafts*kontrolle* ist, während das antike Demokratieverständnis genau im Gegenteil eine Beschreibung von Herrschafts*organisation* war, also von einer *top-down*-Wirkrichtung von Macht ausging. Insofern hat die antike Philosophie das Wort Demokratie geschaffen, es wurde aber erst in seinem Übergang zur Moderne zu einem gesellschaftlichen Begriff der Demokratie, wie wir ihn heute noch gebrauchen.

Unter Rückgriff auf Herodot, dem die Erfindung des Wortes *dēmokratia* zugeschrieben wird, formulierten vor allem Platon und Aristoteles eine Systematisierung von Herrschaftsformen in der griechischen Antike, die jeweils Unterscheidungen zwischen der Anzahl der Herrschenden (einer, wenige, viele/alle) und deren Motiven (egoistisch/altruistisch) betonten. Ihr sozialhistorischer Referenzrahmen der Theoriebildung waren keine Gesellschaften im modernen Sinne, sondern kleinräumige Sozialeinheiten, die durch direkte Herrschaftsverhältnisse, persönliche Bekanntheit, direkte Abhängigkeit und häusliche Strukturen geprägt waren. Das Motiv, aus dem heraus Überlegungen zu Herrschaftstypologien angestellt wurden, war nicht die Legitimation, sondern die Organisation von Herrschaft, wobei in der griechischen Antike zumeist idealtypische Ordnungszusammenhänge bemüht wurden, um Herrschaftsmodelle zu begründen.

In der attischen Demokratie (ca. 508/7 bis 322 v.u.Z.) war erstmals die Differenzierung von arm und reich mit Blick auf die Teilhabe an politischen Entscheidungen aufgehoben, gleichwohl hatten von den etwa 250.000 bis 300.000 Einwohnern Athens nur gut 30.000 bis 35.000 den Bürgerstatus, der politische Teilhabe ermöglichte – Kinder, Frauen und Sklaven waren davon ausgeschlossen (vgl. Ottmann 2001: 92ff.; Vorländer 2010: 14 u. 20; Waschkuhn 1998: 144f.). Angesichts der Größenordnung dieses städtischen und ständischen Herrschaftssystems, in dem alle Bürger ein Recht auf freie Rede hatten und Entscheidungen auf Gesprächen basierten, war der organisatorische Fokus zur Entscheidungsfindung die Volksversammlung, die *ekklēsia*, wobei die Ämter in den Gerichtsversammlungen (derer es zirka 6.000 gab), den *dikasterien*, fast ausnahmslos durch Losentscheid besetzt wurden, nicht nur um ein hohes Maß an Teilhabe, sondern auch ein hohes Maß an Pflichterfüllung zu gewährleisten (vgl. Ottmann 2001a: 105f.; Vorländer 2010: 22f.).

Platon war ein scharfer Kritiker der attischen Demokratie, die ihm als unberechenbar, herrschaftslos, fehleranfällig, an der Gleichheit orientiert und zu wenig an den Idealen eines guten Gemeinwesens orientiert galt (vgl. Schmidt 2010a: 37ff.). Ihm schwebte in seinem Konzept einer *politeía* – eines „gerechten" Idealherrschaftsverbandes – hingegen eine harmonische Ganzheit vor, die dem Gemeinwohl dienen sollte. Der Gerechtigkeitsbegriff ist dabei, wie überhaupt in der Antike, nicht durch eine Mehrheitsentscheidung darüber, was Gemeinwohl sei, definiert, sondern durch eine Setzung derjenigen, die – wie bei Platon – als besonders vernünftig und weise apostrophiert werden (zumeist durch sich selbst).

Darin deutet sich an, dass Platon von einer natürlichen Ungleichheit des Menschen ausgeht, die zu einer hierarchischen Gliederung, zu einer ständischen Ordnung führe. An deren Spitze stehen für Platon die (weisen) Herrscher bzw. Regenten, gefolgt von den (tapferen) Wächtern bzw. Soldaten und schließlich den (besonnenen) Handwerkern und Bauern. Grundlage für diese Teilung der Stände ist Platons seelisches Modell, nach dem sich das menschliche Grundvermögen aus Vernunft, Mut und Begierde zusammensetzt, die er auch als konstituierend für die gemeinschaftliche Ordnung, die *pólis*, ansieht und nach denen sich die ständische Ordnung als politische und erzieherische Institution, die dieser Gesamtheit zugrunde liegen soll, situiert. An der Spitze dieser Gemeinschaft sollen die philosophischen Herrscher stehen, da diese nach der Wahrheit und dem Guten streben würden und das vollkommene Gegenbild des Tyrannen verkörperten (vgl. Ottmann 2001b: 35; Roth 2011a: 39f.; Waschkuhn 1998: 164ff.).

Platon sah in einer gemäßigten Aristokratie bzw. einer konstitutionellen Monarchie die bestmöglichen Verfassungstypen, da die Herrschaft in diesen Typen dem Gemeinwohl dienen würde (vgl. Roth 2011a: 41) – und formulierte mit Blick auf seine normative Idealtypenbildung eine Lehre vom Verfall der Verfassungen. Der Verfallskreislauf von Verfassungen nimmt dabei seinen Ausgangspunkt in einem aristokratischen System, deren Bürgerschaft tüchtig und rechtschaffend sei, was allerdings von der Nachfolgegeneration missachtet werde, so dass die Aristokratie sich zu einer – auf Kriegführung und Geldgier orientierten – Timokratie entwickle. Diese wiederum gehe durch weitere Zentralisierung des Reichtums in eine Oligarchie über, was die Gegensätze zwischen (wenigen) Besitzenden und (vielen) Armen zunehmend verschärfe. In Konflikt- und Krisenfällen komme es dann zur Rebellion der Armen, die merkten, dass sie den wenigen Besitzenden faktisch überlegen sind, und zur Ausbildung der Demokratie – als der höchsten Verfallsform von Herrschaft, die den Weg zur Tyrannis ebnete, da das exzessive Freiheitsstreben der Menschen Ignoranz (gegenüber den Gesetzen) und Unbeständigkeit zur Folge habe und sich zugleich der Widerstand der Besitzenden aufgrund steuerlicher Repressionen entwickle (vgl. Saage 2005: 58ff.). Um diesen Widerstand zu brechen und die Ordnung wieder herzustellen, fordere die Bevölkerung einen starken Herrscher, der wiederum durch die Schaffung von Recht und Ordnung den Weg zur Aristokratie ebne (vgl. Roth 2011a: 42).

Eckdaten zum Leben und Werk

Platon

griechischer Philosoph, geb. ca. 428/7 v.u.Z. in Athen, gest. ca. 348/7 v.u.Z. in Athen.

Hauptwerke: Politeia (nach 385 v.u.Z.); Nomoi (um 350 v.u.Z.).

Weiterführende Literatur:

- Peter Nitschke (Hg.): Politeia. Staatliche Verfasstheit bei Platon, Baden-Baden 2008.
- Barbara Zehnpfennig: Platon zur Einführung, 4. erg. Aufl., Hamburg 2011.

An die Lehre vom Verfassungsverfall von Platon knüpft Aristoteles mit seiner Herrschaftsformenlehre an. Wie Platon sieht Aristoteles Herrschaftsordnungen im Dienst der Ethik, wobei er politische Ordnungen einen anthropologischen Charakter zuspricht, da der Mensch ein politisches Wesen sei, ein *zôon politikón*. Die Grundlage für die Gemeinschaftsbildung ist bei Aristoteles die Idee des Hauses, in dem eine hierarchische Beziehung zwischen Mann und Frau (die aufgrund ihrer angeblich geringeren Tugend dem Mann untergeordnet ist) und zwischen Herrn und Sklave (der von Natur aus als unterworfen gilt) besteht (vgl. Höffe 2006: 255ff.).

Die autarke *pólis* konstituiert sich für Aristoteles aus der Gemeinschaft mehrerer Häuser, wobei jeder einzelne Haushalt (*oîkos*) für sich unabhängig sein soll (vgl. Roth 2011b: 49). Diese Idee des „gemeinsamen Hauses" verschaffe den Bürgern – also nicht den Frauen und auch nicht den Sklaven – Freiheit. Diese Freiheit wiederum meinte aber nicht nur etwas anderes als die moderne Freiheit (als eine Freiheit von Zwang), sondern schlicht ihr Gegenteil: es ist die Freiheit, „untrennbar zu seinem jeweiligen sozialen Ganzen" zu gehören, wie Giovanni

Sartori formuliert (1992: 281f.), in den politischen Herrschaftsverband eingebettet zu sein und damit gerade nicht *ídion* (privat), sondern *koinon* (gemeinschaftlich) zu sein. Das „private Ich, fähig und berechtigt, es selbst zu sein" und über ein von der Gemeinschaft strukturelle Privatheit zu verfügen, war damit gerade nicht gemeint – es war eine Freiheit, die zur Gemeinschaft ermächtigte, aber nicht zur Individualität (vgl. ebd. 282f.). Die in diesem Sinne freien Bürger nun, zu denen Lohnarbeiter und Handwerker für Aristoteles nicht zählen, sollen das Gemeinwesen gestalten, wobei die Art der Gestaltung durch eine Verfassung vorgegeben ist.

Eckdaten zum Leben und Werk
Aristoteles
griechischer Philosoph, geb. 384 v.u.Z. in Stagira, gest. 322 v.u.Z. in Chalkis auf Euböa.
Hauptwerke: Politika (ca. 335 v.u.Z.); Ēthika Nikomacheia (ca. 335–323 v.u.Z.).
Weiterführende Literatur: ■ Otfried Höffe (Hg.): Aristoteles-Lexikon, Stuttgart 2005.   ■ Barbara Zehnpfennig (Hg.): Die „Politik" des Aristoteles, 2. Aufl., Baden-Baden 2014.

Den von Platon entwickelten Gedanken einer Verfallstheorie der Verfassung, die mit Blick auf ihre Historizität zyklisch angenommen wird, griff Aristoteles auf und entwickelte aus ihm eine systematische Herrschaftsformenlehre, in der Monarchie, Tyrannis, Aristokratie, Oligarchie, Politie und Demokratie mit Blick auf die Frage nach der Anzahl der Herrschenden und auf den durch die Herrschaft begründeten Nutzen kategorisiert werden.

Herrschaft	... zum Nutzen aller (Altruismus)	... zum Nutzen des/der Herrscher/s (Egoismus)
... des einen	Monarchie	Tyrannis
... der wenigen	Aristokratie	Oligarchie
... vieler/aller	Politie	Demokratie

Abb. 4: Herrschaftsformenlehre des Aristoteles.
Mit wenigen Änderungen übernommen von Gallus (2007: 26).

Neben dem Ausschluss der Mehrheit der Bevölkerung bei allen Typen der Herrschaft, wie sie von Platon oder Aristoteles entwickelt wurden, und damit der Ermangelung einer tatsächlichen gesellschaftlichen Dimension innerhalb der Herrschaftsformenlehre, stellt ein ebenfalls gewichtigen Unterschied des antiken Wortes *dēmokratia* und des modernen Demokratiebegriffes die Organisierung der Herrschaft selbst dar: Die antike Demokratie verwies auf die *polis*, die Stadtgemeinschaft, die „in keinem Sinne ein Staat" war; auch wenn z.B. Platons Buch *Po-*

liteía oft im deutschen mit „Staat" übersetzt wird, war der antike Herrschaftsverband gerade gekennzeichnet durch die Identität von Bürgerschaft und Struktur der *polis*, beide (Bürgerschaft und Struktur/Form) wurden sogar mit demselben Wort benannt: *politeía* (vgl. Sartori 1992: 274), und waren damit im genuinen Sinne gerade kein Staat – der nicht nur durch seine Abstraktheit und Unpersönlichkeit, sondern auch durch seine durch individuelle Freiheiten legitimierte Souveränität gekennzeichnet ist.

Der Staat mit den konstitutiven Elemente eines dauerhaft bestimmbaren Staatsvolkes, einer monopolisierten Zentralgewalt und einem geografisch geschlossenen Territorium findet seine Verortung eben erst in der Moderne (vgl. Jellinek 1914 [EA 1900]), als eine strukturierende Ordnungseinheit, die die Möglichkeit zur Entwicklung eines politischen Systems eröffnet hat und die auf „einer concordia discors aufbaut, einem Konsens des Dissens", wie Giovanni Sartori (1992: 287) formuliert hat. Insofern liegt der Kern des Demokratiebegriffs auch in der Moderne und nur der Ursprung des Wortes in der Antike – als *dēmokratia* kein gesellschaftlicher Anspruch, sondern eine Herrschaftsorganisations- bzw. Verfassungsform war und als („demokratische") Herrschaft nicht auf gesellschaftlichen Dissens, sondern auf gemeinschaftlichen Konsens jenseits einer Sphäre individueller Freiheit zielte.

In Anlehnung an Klaus Roth (2003) kann der Staat als Ergebnis eines über mehrere Jahrhunderte dauernden Wandlungsprozesses interpretiert werden, der im Europa der Aufklärung letztlich seine Durchsetzung fand. In diesem Kontext wird dann der Begriff Demokratie auch nachhaltig auf die politische Agenda gesetzt – und umcodiert: als positiv apostrophierter Anspruch der von der Partizipation an Herrschaft ausgeschlossenen Massen, als „Tendenzbegriff, der die Richtung einer sozialen Bewegung, ihr politisches und soziales Ziel bezeichnet" und damit zur „geschichtsphilosophischen und herrschaftssoziologischen Chiffre für die Summe bürgerlich-liberaler Autonomie- und Mitbestimmungsforderungen wie für die Bestrebungen und Ideen zur sozialen Gleichheit" (Guggenberger 1995: 37) wird.

Die theoretische Grundlage für diesen Prozess, der von der antiken *polis* und der hellenistischen und römischen Ekklesia über das Imperium und das mittelalterliche Reich bis zum Staat der Moderne reicht, bildete der Bruch mit den Formen traditionaler, auf göttliche oder natürliche Rechtfertigung fußender Herrschaft, und damit die Errichtung einer Ordnung, in der ein Verfahren zur Herbeiführung und Organisation kollektiv bindender Entscheidungen in Gang gesetzt wurde (vgl. Roth 2003: 383ff.). In dieser von der Antike bis zur Frühen Neuzeit reichenden Entwicklung finden sich verstreut Reflexionsprozesse, die erstmals Ideen auf die Agenda setzten, die unter veränderten Vorzeichen in der modernen Demokratietheorie Anwendung fanden: Dies reicht von den römischen Überlegungen über eine naturrechtliche Vernünftigkeit des Rechts (Cicero) und die Idee einer Mischverfassung als Idealverfassung (Polybios) als – in den Worten von Peter Nitschke (2002: 10 u. 25) – „Antworten" auf die in der griechischen Antike aufgeworfenen „Fragen"; geht über die systematische Unterscheidung von weltlicher (*civitas terrena*) und göttlicher (*civitas dei*) Herrschaftsordnung (Augustinus), das Widerstandsrecht gegenüber herrschaftlicher Gewalt (Thomas von Aquin) bis hin zur

Idee einer Gesetzgebungskompetenz des Volkes (Marsilius von Padua) und der Betonung von Souveränität als „absolute und zeitlich unbegrenzte Gewalt" (Jean Bodin) – allesamt Ideen, die nicht zur Legitimation, sondern zur Stabilisierung von Herrschaft dienten und deren Effizienz erhöhen sollten, die aber intentional gewendet zu Elementen der modernen Demokratiediskussion werden konnten (vgl. Böckenförde 2006; Oberndörfer/Rosenzweig 2000; Stammen/Riescher/Hofmann 1997). Die entscheidende Erfahrung bestand dabei in dem im hohen Mittelalter beginnenden und bis ins 19. Jahrhundert reichenden Zerfallsprozess des klerikalen Weltdeutungsmonopols:

> „Es handelt sich dabei vor allem um die Trennung von Religion und Politik und um die Etablierung jener politischen Systeme, die den Prozeß der Kapitalisierung und der Entstehung der kulturellen Moderne begleitet [...] haben." (Roth 2003: 23)

2.2. Machiavelli und die Entstehung der modernen Politik[1]

Niccolò Machiavelli hat mit seinem empirischen Blick auf die politische Wirklichkeit die Herrschaftsanalyse revolutioniert und die erkenntnistheoretischen Grundlagen für die Entwicklung moderner Demokratietheorien gelegt, die genau diese Trennung von Religion und Politik auf der erkenntnistheoretischen Ebene eingeleitet hat. In seinem an Macht orientierten Realismus wichen die ontologischen Verklärungen des Geistes dem analytischen Blick auf die Struktur, so dass er den „Wirklichkeitssinn, der sich von der Theologie emanzipiert hat" (Zippelius 2003: 82), zu repräsentieren begann. Kurz gesagt: Machiavelli trennte Politik und Moral. Es geht ihm, wie er im *Principe* (1513) schreibt, darum, die „Wirklichkeit der Dinge" bzw. das „wirkliche Wesen der Sache" zu untersuchen und nicht Phantasiebilder von ihr, da eine große Entfernung zwischen „dem Leben, wie es ist, und dem Leben, wie es sein sollte" liegt, so dass derjenige, der es beschreibt, die empirische Realität zugunsten des normativen Wunsches unbeachtet lasse (Princ. XV).

Machiavelli hat damit den „Bereich des politischen Handelns dem traditionellen ethischen Zugriff entzogen und aus dem umfassenden Sittlichkeitskonzept herausgelöst", womit sich politisches Handeln nunmehr lediglich aus der „situationsbezogenen kausalen Eignung von Handlungen" generierte, was, wie Wolfgang Kersting (1988: 101f.) betont, allerdings nicht auf die Negation einer Handlung als „moralische Qualität" verwies, sondern lediglich deutlich machte, das diese politisch bedeutungslos ist. In den Blickpunkt des philosophischen Interesses kam so die Frage nach kausalen Zusammenhängen im Politischen, weitgehend bereinigt von ontologischen Dimensionen durch eine, wie Herfried Münkler (1984: 281) sie nennt, Verdrängung der „theologisch-transzendent begründeten politischen Moral". In Machiavellis zyklischem Geschichtsverständnis, das insofern noch dem Denken von Platon und Aristoteles verpflichtet war, löst sich der Blick von der ethischen Verklärung hin zu einer rationalen Frage nach den Techniken

---

[1] Aus den Schriften von Machiavelli wird mit den Abkürzungen Princ. (Principe) und Disc. (Discorsi) mit der jeweiligen Kapitel- bzw. Abschnittsnummer zitiert.

von Herrschaft und damit den Mitteln, mit denen versucht wurde und wird, Herrschaft zu erwerben und zu erhalten (Princ. XII), wobei sich diese Erkenntnisse für künftiges politisches Handeln aus der Analyse der „Ähnlichkeit der Ereignisse" mit vergangener Politik ergeben (Disc. I, 39).

> **Eckdaten zum Leben und Werk**
>
> *Niccolò Machiavelli*
>
> *florentinischer Politiker, Diplomat und Philosoph, geb. 3. Mai 1469 in Florenz, gest. 22. Juni 1527 in Florenz.*
>
> Hauptwerke: Il Principe (1513); Discorsi (1531).
>
> Weiterführende Literatur:
>
> - Herfried Münkler: Machiavelli. Die Begründung des politischen Denkens der Neuzeit aus der Krise der Republik Florenz, Frankfurt 1984.
> - Herfried Münkler/Rüdiger Voigt/Ralf Walkenhaus (Hg.): Demaskierung der Macht. Niccolò Machiavellis Staats- und Politikverständnis, Baden-Baden 2004.

Seine Vision, eine von Gerechtigkeit getragene politische Macht, lokalisiert sich dabei nicht mehr über die Moral, sondern über den Erfolg. Im Mittelpunkt steht der politische Konflikt, nicht der Konsens des (fiktiven) Gemeinwohls, wobei Machiavelli von einer „von allen metaphysischen und teleologischen Konnotationen" (Kersting 2005: 30) freien, pessimistischen Anthropologie ausgeht und für die Konstituierung eines Gemeinwesens die Annahme empfiehlt, dass „alle Menschen böse sind" und stets ihrer „bösen Gemütsart folgen, sobald sie Gelegenheit dazu haben" (Disc. I, 3); die Menschen seien undankbar und wankelmütig, heuchlerisch und feige und vor allem stets auf ihren Vorteil bedacht (Princ. XVII, XXIII; Disc. I, 3). Im politischen Sinn entscheidend ist, dass die moralische Legitimierung machtpolitischen Handelns für Machiavelli abhängt vom Erfolg dieses Handelns und von der Stabilität des politischen Prozesses (Princ. XVIII; Disc. I, 9), was im Kontext seiner Analyse des empirischen Kerns moralischer Postulate steht: Diese haben subjektiven Charakter und werden im Prozess der machtpolitischen Durchsetzung nur scheinbar objektiviert, oder, anders gesagt: Moral ist, wo sie über die ethnische Verantwortung des Subjekts hinausweist und ins Kollektive gewandt wird, verschleierte Herrschaft – ein zentraler Kritikpunkt an Platon und Aristoteles.

Machiavelli ist ein empirischer Realist, dessen normatives Ziel in der Herstellung von politischer Stabilität besteht. Er erkennt, dass moralische Fragen zur Kaschierung politischer Absichten verwandt werden und insofern moralische Etiketten politisch von sekundärer Bedeutung sind (Princ. XVIII). In seinem dialektischen Dezisionismus begreift er, dass politisches Denken auf Entscheidungen orientiert, die zumeist von gegensätzlichen, ja durchaus auch antagonistischen Polen her bestimmt werden (vgl. Ottmann 2006: 18); im Mittelpunkt der Politik stehen Konflikt, Streit und das „Lob der Zwietracht" (Skinner 1990: 110). Die Errichtung eines stabilen Staates ist für Machiavelli dabei keineswegs ein Selbstzweck, sondern die Errichtung einer staatlichen Ordnung soll die „Sicherheit des Lebens seiner Bürger gewährleisten und die Rechtssicherheit garantieren." (Voigt 2004: 48) Machiavelli konzipiert den souveränen Staat als unabdingbar für die Errichtung eines geordneten Gemeinwesens, „das ein nach innen wie nach außen übergreifendes, daher unentbehrliches Machtinstrument ist" (Diesner 1992: 37) – und als Ort zur politischen Sicherung von Freiheit. Freiheit ist für Machiavelli mit Alleinherrschaft unvereinbar und seine Idee der republikanischen Freiheit verzichtet konzeptionell auf Elemente personaler Herrschaft und der Abhängigkeit von einem herrschenden Willen, die durch die Herrschaft von Gesetzen und Institutionen ersetzt werden (vgl. Kersting 2004: 135), wobei Machiavelli auch die Ansicht vertritt, dass Gesetze die Menschen gut machen würden (Disc. I, 3). Die im republikanischen Gemeinwesen entstehenden „Gesetze und Einrichtungen zum Besten der öffentlichen Freiheit" sind selbst wiederum Folge konstruktiver Auseinandersetzungen und konflikthafter Kämpfe innerhalb des jeweiligen Herrschaftsverbandes (Disc. I, 4). Die Kämpfe um die Freiheit im souveränen Staat sind nun solche, in denen es um politische Tüchtigkeit und ihre Überlegenheit gegenüber dem Schicksal geht; der politische Konflikt, der die Freiheit ermöglicht, emanzipiert sich von den Fesseln der Ethik, so dass „Volkes Stimme" für Machiavelli auch „Gottes Stimme" gleicht, da er das Volk für klüger, beständiger und von richtigerem Urteil hält, als seinen Herrscher (Disc. I, 58). Die epistemologische Grundlage für den Übergang in die moderne Demokratietheorie war damit gelegt.

	Lebensdaten	Grundidee
Platon	ca. 428/7 bis ca. 348/7 v.u.Z.	Systematisierung von Herrschaftsformen, damit: Ermöglichung der Zweckinterpretation von Herrschaft
Aristoteles	384 bis 322 v.u.Z.	Ausdifferenzierung der Herrschaftsformenlehre, damit: Ermöglichung der Unterscheidung von Herrschaft nach Quantität und Nutzen
Cicero	106 bis 43 v.u.Z.	Konzept einer naturrechtlichen Vernünftigkeit des Rechts, damit: Ermöglichung der Formulierung von nicht-göttlich gegebenem Recht
Polybios	um 200 bis um 120 v.u.Z.	Mischverfassungen als Idealtypen, damit: Ermöglichung der Überwindung idealtypischer Verfassungslehren
Augustinus	354 bis 430	Differenzierung zwischen weltlicher und göttlicher Herrschaftsordnung, damit: Ermöglichung einer am Subjekt Mensch orientierten Herrschaft
Thomas von Aquin	1224/25 bis 1274	Begründung eines Widerstandsrechts, damit: Ermöglichung der gewaltsamen Infragestellung von despotischer Herrschaft

II. Demokratietheorien und die Ideengeschichte der Demokratie

	Lebensdaten	Grundidee
Marsilius von Padua	ca. 1280/85 bis 1342/3	Zusprechung einer Gesetzgebungskompetenz für das Volk, damit: Ermöglichung rechtlicher Emanzipation der Beherrschten
Niccolò Machiavelli	1469 bis 1527	Trennung von Politik und Moral, damit: Ermöglichung der Orientierung von Politik an Interessen und Machtkonflikten
Jean Bodin	1529/30 bis 1596	Begründung der modernen Souveränitätsvorstellung, damit: Ermöglichung der Errichtung einer alleinigen Zentralgewalt

Abb. 5: Vorläufer des modernen Demokratieverständnisses und ihre für die Entstehung moderner Demokratietheorie maßgeblichen Gedanken.

Übungsaufgaben

- Worin unterscheidet sich das antike vom modernen Demokratieverständnis?
- Warum ist die von Machiavelli formulierte Trennung von Politik und Moral eine so zentrale Voraussetzung für die Entstehung moderner Demokratie?
- Wie ist die zunehmende Remoralisierung politischer und gesellschaftlicher Debatten mit Blick auf die Entwicklungsperspektiven moderner Demokratie zu bewerten?

3. Sicherheit, Freiheit, Vertrag: Die liberalen Grundlagen der Demokratie

Mit Machiavelli begann die Emanzipation der Politik von der Moral, die kennzeichnend für den gesamten geistesgeschichtlichen Prozess der Aufklärung werden sollte. Der Mensch wurde vom Objekt der Politik zu deren Subjekt, die Aufklärung begründete – in den Worten Immanuel Kants (1975: 53 [EA 1784]) – den „Ausgang des Menschen aus seiner selbst verschuldeten Unmündigkeit". Tradierte Denk- und Herrschaftsformen wurden kritisiert und durch eine vom Postulat der Vernunft inspirierte Weltsicht in Frage gestellt. Auf der Basis von empirisch und naturwissenschaftlich motivierten Weltbetrachtungen entstand Kritik an Metaphysik, Religion und Aberglaube, die die mittelalterliche Herrschaft situiert hatten und nun am Vernunft- und Gleichheitspostulat gemessen wurden. Karl Marx (1988: 378 [EA 1844]) schrieb später, die Kritik der Religion (die im Zeitalter der Aufklärung keineswegs radikal im Sinne eines atheistischen Postulats, wohl aber nachhaltig im Sinne einer deistischen Herrschaftskritik vorgenommen wurde) sei die „Voraussetzung aller Kritik". Eine politische Emanzipation der Herrschaftsverhältnisse und damit der Beginn ihrer Demokratisierung wurde *denkbar*, weil die wesentlichen erkenntnistheoretischen Voraussetzungen geschaffen waren. Mehr noch: Mit der Erfindung des modernen Buchdrucks und dem Beginn der Etablierung von national-einheitlichen Vehikularsprachen entwickelte sich in der Frühen Neuzeit ein politischer Raum, der kommunikative Prozesse jenseits rein autoritärer Anweisungen nicht nur ermöglichte, sondern zugleich selbst der unmittelbare Motor für die Etablierung von demokratischen Herrschaftsformationen in der Moderne war (vgl. Salzborn 2011a). Insofern Herrschaft nun einer wie auch immer gearteten Legitimation durch die Beherrschten bedurfte, bedurfte sie der Kommunikation in einem nicht-privaten und nicht-geheimen Raum von Gesellschaft, der zu deren Öffentlichkeit wurde. Der historische Prozess der Entstehung von Öffentlichkeit war unmittelbar mit den Demokratisierungsbewegungen von Herrschaft und damit mit den demokratischen Willensbildungsprozessen verwoben; ja erst durch Öffentlichkeit als Vermittlungssphäre zwischen individueller und herrschaftlicher Dimension wurde demokratische Legitimation möglich.

Die wesentliche Voraussetzung für Öffentlichkeit, die zugleich auch immer wieder in kommunikativen Prozessen eingefordert wurde, ist die transparente Struktur herrschaftlicher Institutionen und herrschaftlichen Handelns innerhalb eines Gemeinwesens, wobei die Öffentlichkeit neben dieser bilateralen Kontrollfunktion auch die der Artikulation gesellschaftlicher Interessenpluralitäten zukam (vgl. Habermas 1962). Aufgrund der Interessenkonkurrenzen und der politischen Konflikte innerhalb eines Gemeinwesens begann sich Öffentlichkeit damit als heterogener Raum darzustellen, in dem konkurrierend um die Akzeptanz von Legitimations- und Rechtfertigungsmodellen von Herrschaft gestritten wurde, was ihre partielle oder generelle Kritik mitumfasste. Bedingung wie Voraussetzung von Öffentlichkeit, ohne die eine Legitimationsnotwendigkeit von Herrschaft nicht hergestellt werden konnte (nur Phänomene, die bekannt sind, können diskutiert und damit hinterfragt und auch in Frage gestellt werden), ist dabei die Schaffung eines politischen Raumes, der den handelnden Akteuren ein hinreichendes Maß an Sicherheit, zunächst und vor allem in physischer Hinsicht, ermöglichte; einer Sicherheit, die auf einer verbindlichen Übereinkunft der Gesellschaft basierte: dem Vertrag.

3.1 Der Kontraktualismus: die Idee eines Gesellschaftsvertrages

Die Lebensdaten der drei prominentesten Vertragstheoretiker Thomas Hobbes (1588–1679), John Locke (1632–1704) und Jean-Jacques Rousseau (1712–1778) umfassen zusammen genommen fast genau jene historische Epoche, die in der geisteswissenschaftlichen Forschung als Frühe Neuzeit charakterisiert wird und ihren Ausgangspunkt in etwa mit dem Augsburger Religionsfrieden (1555) und ihr Ende mit der Französischen Revolution (1789) nimmt. Auch wenn es selbstredend Zufall ist, dass Hobbes, Locke und Rousseau gemeinsam fast die gesamte Frühe Neuzeit erlebt haben, so besteht doch eine ideengeschichtliche Verflechtung: Denn das vertrags- und demokratietheoretische Denken der drei prägte den Übergang in die Moderne maßgeblich und war der legitimatorische Schlüssel dafür, dass die christliche Religion mit der Französischen Revolution tatsächlich ihre „offizielle, bis dahin noch immer privilegierte Stellung als geistig-politische Legitimations- und Sanktionsmacht für das staatliche Leben" (Schwan 1991: 158) einbüßte und der fundamentale geistesgeschichtliche Wandel durch den Bruch der Vorherrschaft absolutistischer Staatsgewalt auch materielle Konsequenzen nach sich zog. Die bürgerlichen Revolutionen führten zu einer Entmachtung des Adels durch das Bürgertum, die feudalistische Produktionsweise ging in die kapitalistische über, in der nicht mehr der feudalherrschaftliche Besitz an Grund, Boden und Leibeigenen die Produktionsverhältnisse bestimmte, sondern das Privateigentum an Produktionsmitteln bei abstrakter Rechtsgleichheit und damit der politischen Emanzipation des Bürgertums. Die undurchlässige Ständestruktur der Gesellschaft wurde zur variablen Klassenstruktur, die direkten und unmittelbaren Herrschaftsverhältnisse zu vermittelten und abstrakten Ordnungen.

Hobbes, Locke und Rousseau als politische Schlüsseldenker in diesem, wie Georg W. F. Hegel (1986: 18 [EA 1807]) ihn nannte, „Übergang zu einer neuen Periode" grundierten diese durch ihre paradigmatische Umkehr im Denken über staatliche Herrschaft, das die ordnungspolitischen Konzepte der Vergangenheit historisierte, da die staatliche Sphäre des Politischen von ihrer religiösen Tradierung gelöst wurde. In institutioneller Hinsicht konzeptualisierten Hobbes, Locke und Rousseau Ordnungen, die auf einem vernunftbasierten Menschenbild aufbauten und einem naturwissenschaftlich-mathematischen Weltbild den Vorrang vor einer religiösen Weltsicht einräumten; die Konzeption des Vertrages im Werk der drei Theoretiker bildete dabei den Schlüssel zur rationalen „Entzauberung" (Weber 1992: 87 [EA 1917/19]) der spätmittelalterlichen Welt. Die Idee des Vertrages markiert einen der nachhaltigsten Brüche in den Denktraditionen der Ideengeschichte: Machtausübung und politisches Handeln sollten von nun an der Zustimmung der Betroffenen bedürfen, die Natur- oder Gottgegebenheit von Herrschaft wurde in Frage gestellt, stattdessen sollte Herrschaft auf einer Übereinkunft der Menschen basieren: dem Vertrag.

Dieser Gedanke des Vertragsschlusses war zwar (zunächst) ein hypothetisches Modell, begründete aber erstmals die Notwendigkeit, Herrschaft legitimieren zu müssen und an einen, wie minimal er auch sein mag, politischen (und damit stets streitbaren) Konsens zu knüpfen. Dieser Konsens konnte in der Übereinkunft bestehen, das nackte Überleben zu sichern, er konnte darin begründet sein, Eigentumsordnungen zu garantieren oder auch darin, bestimmte politische Ziele gemeinsam verfolgen zu wollen. Die Vertragstheoretiker konzipierten insofern ein Modell, in dem der Vertragsschluss den Ausgang aus einem so genannten Naturzustand begründete und durch den Vertrag ein gesellschaftliches und damit auch politisches Verhältnis zwischen den Vertragschließenden hergestellt wurde. Die Konzeption des Gesellschaftsvertrags, so different sie im Detail von Hobbes, Locke und Rousseau ausformuliert wurde, entwickelte dabei die *radikale Philosophie des Subjektes*, die mit Descartes ihren Ausgang genommen hatte (vgl. Geyer 1997), zu einer *politischen Theorie des Subjektes*, da sie die cartesianische Einsicht in die subjektive Selbsterkenntnisfähigkeit des Menschen als strukturelle Grundlage politischer Ordnung begriff und so zur Schlüsselfrage nach der Legitimation von Herrschaft erweiterte (vgl. Schwan 1991: 157ff.).

Der im christlichen Weltbild als holistische Einheit konzipierte Zusammenhang der sittlichen Ordnung wurde dabei in der neuzeitlichen Vertragstheorie theoretisch gebrochen: Der Gesellschaftsvertrag unterbricht die paradiesische Phantasie einer organischen Identität von Natur- und Gesellschaftszustand radikal und verwandelt sie in einen säkularen Schöpfungsmythos. An die Stelle des Glaubens an die aristotelisch-scholastische Herrschaftsordnung tritt der säkulare Glaube an den Gesellschaftsvertrag. Die Zerstörung der christlichen Phantasie der Einheit von Natur und Gesellschaft vollzieht sich nicht so sehr durch die konkrete Ausformulierung der vertragstheoretischen Konzepte – etwa Locke sieht im Übergang vom Natur- zum Vertragszustand im Unterschied zu Hobbes keinen Bruch und bleibt damit in seiner Logik dem scholastischen Denken auch erheblich näher als jener – sondern vielmehr durch die Konzeption des Gesellschaftsvertrags *als solchem*: Allein die Vorstellung der menschlichen, subjektiven, interessengeleiteten Intervention in das Denksystem markiert den markanten Bruch. Damit wird der Kern mittelalterlichen politischen Denkens, die Stiftung einer sittlichen Herrschaftsordnung, nicht nur in Frage gestellt, sondern seine Relationen werden genau umgekehrt: Die ethische Ordnung weicht der Herrschaftsbegründung, womit aus der autokratischen Verfahrens- eine demokratische Legitimationsfrage wird.

Für Hobbes orientiert sich der Mensch am Nutzen und strebt – motiviert durch die Furcht – vor allem danach, sein Überleben zu sichern; im Naturzustand habe er deshalb auch ein „Recht auf alles" (Hobbes 1959: 82f. [EA 1642/58]). Das Dilemma dabei ist: Er kann sich nie sicher sein ob seiner eigenen (Ohn-)Macht im Verhältnis zu anderen. Denn im Naturzustand gilt, dass keine Handlung Unrecht sein kann, weil die „Ungerechtigkeit gegen Menschen menschliche Gesetze voraussetzt, die es im Naturzustande nicht gibt" (Hobbes 1959: 82) und dass deshalb auch die unlimitierte Macht entscheidend ist für die Durchsetzung der Selbsterhaltung. Es ist die Konkurrenzsituation eines *bellum omnium contra omnes*, des Krieges „eines jeden gegen jeden" (Hobbes 1966: 94ff. [EA 1651]). Dieser Zustand abstrakter Gleichheit im Naturzustand und die bedrohliche Ungewissheit, ob die damit vollkommene Freiheit nicht auch in ihr Gegenteil umschlagen kann, führt die Menschen zur Bereitschaft, ihre natürliche Freiheit und Macht einzuschränken – durch den Vertragsschluss, eine gemeinsame Übereinkunft zur Vermeidung des *summum malum*: des Todes.

> **Eckdaten zum Leben und Werk**
>
> **Thomas Hobbes**
>
> englischer Philosoph, geb. 5. April 1588 in Westport, gest. 4. Dezember 1679 in Hardwick Hall.
>
> Hauptwerke: Elementorum Philosophiae sectio tertia de Cive (1642); Leviathan or The Matter, Forme, and Power of a Commonwealth Ecclesiasticall and Civil (1651); Behemoth or The long Parliament (1682).
>
> Weiterführende Literatur:
>
> - Wolfgang Kersting: Thomas Hobbes zur Einführung, 5. erg. Aufl., Hamburg 2016.
> - Herfried Münkler: Thomas Hobbes. Eine Einführung, 3. akt. Aufl., Frankfurt/New York 2014.

Die Individuen verzichten aus Angst vor Verlust ihrer totalen Freiheit in Gänze auf diese, um sie unter der Regentschaft des staatlichen Souveräns mit Einschränkungen, dafür aber durch dessen Gewaltmonopol gesichert, zurückzuerhalten. Dieser absolute Souverän ist für Hobbes der „sterbliche Gott", der große *Leviathan* (Hobbes 1966: 134). Da dieser durch den Vertrag konstituierte Souverän nicht in diesen eingeschlossen ist, ist er „den Vertragschließenden gegenüber auch nicht rechtlich verbunden", weshalb Herfried Münkler (1991: 220) auch von einem Vertrag spricht, der „gleichzeitig Gesellschafts- und Unterwerfungsvertrag" ist. Allerdings ist der Weg von Herrschaft und Partizipation, den Hobbes damit vertragstheoretisch entwirft, nicht zwingend eine Einbahnstraße:

> „Der Herrscher ist weder von Gott noch aus Eigeninteresse zur Herrschaft berechtigt. Er herrscht, absolut und unwiderruflich, auf der Grundlage eines nicht kündbaren, bloß fiktiven Vertrages. Doch von dort zur Idee der Kündbarkeit des Vertrages, zur Idee der Verantwortlichkeit des Herrschers gegenüber den Beherrschten, ist nur noch ein kleiner Schritt." (Pelinka 2004: 187)

Im Zentrum der Argumentation von Locke steht nicht die Furcht, sondern die Vernunft, aufgrund derer der Mensch in die Lage versetzt wird, die natürlichen Normen zu erkennen und nach diesen zu handeln. Das menschliche Verhalten wird insofern bereits im Naturzustand von einem *natural law* bestimmt: Locke stellt sich diesen als Zustand friedlichen Zusammenlebens vor. Wo Hobbes einen kriegerischen Naturzustand und die bedingungslose Freiheit aller sah, geht Locke von einer Limitierung des individuellen Selbsterhaltungsrechts durch eine Verpflichtung zum Erhalt der menschlichen Gattung aus (vgl. Ottmann 2006: 353). Die Menschen verbleiben für Locke so lange im Naturzustand, bis sie „sich selbst auf Grund ihrer eigenen Zustimmung zu Gliedern einer politischen Gesellschaft machen." (Locke 1967: 209 [EA 1690])

> **Eckdaten zum Leben und Werk**
>
> *John Locke*
>
> *englischer Philosoph und Arzt, geb. 29. August 1632 in Wrington, gest. 28. Oktober 1704 in Oates.*
>
> Hauptwerke: Essays on the Law of Nature (1664); An essay concerning human understanding (1689); Two Treatises of Government (1690).
>
> Weiterführende Literatur:
>
> - Walter Euchner: John Locke zur Einführung, 2. überarb. Aufl., Hamburg 2004.
> - Samuel Salzborn (Hg.): Der Staat des Liberalismus. Die liberale Staatstheorie von John Locke, Baden-Baden 2010.

Aus dem individuellen Grundrecht auf Selbsterhaltung folgt ein individuelles Recht auf Eigentum, wobei die Ausgangsbasis für alle Menschen gleich sei, da es im Naturzustand keine Unterordnung gebe und Gewalt und Jurisdiktion gegenseitig und gleich seien. Die freien, besitzenden Individuen gründen – zum Schutz ihres Eigentums – eine politische Gemeinschaft, da im Naturzustand keine Rechtssicherheit und dauerhafte Garantie ihres Eigentums besteht (vgl. Brocker 1995). Sie schließen einen Vertrag mit dem Ziel des sicheren und friedlichen Lebens. Mit ihrer Einwilligung in den Vertrag werden sie in die Gemeinschaft eingebürgert und unterwerfen sich damit einem Monarchen, einem Oligarchen oder einer demokratischen Vertretung, um auf diese Weise der Gefahr eines allgemeinen Kriegszustandes zu entgehen. Der wichtigste Zweck des Staatswesens besteht in der Erhaltung des Eigentums durch die Schaffung von festem, geordnetem und bekanntem (positivem) Recht, der Einsetzung eines anerkannten und unparteiischen Richters sowie der Machtkompetenz zur Durchsetzung der Urteile. Damit gibt der Mensch seine Sanktionsgewalt des Naturzustandes auf und überträgt sie auf den Staat, wobei die Absicht dieser Übertragung die bessere Erhaltung seiner selbst, seiner Freiheit und seines Eigentums in einer durch alleinige, aber kontrollierte Souveränität garantierten Eigentumsordnung ist.

Rousseaus Konzeption des Naturzustandes unterscheidet sich vom kriegerischen Dauerzustand von Hobbes ebenso wie vom friedlichen Idyll, das Locke entwirft. Rousseaus *homme naturel* lebt vereinzelt, isoliert und naiv in „ursprünglicher Unschuld" (vgl. Starobinski 1988: 43ff.). Grund für den Ausgang aus dem Naturzustand ist der Kampf gegen natürliche Hindernisse und Naturkatastrophen, die den Menschen zum Gebrauch von Werkzeugen und damit zur Arbeit zwangen und ihn von der Natur entfremdeten. Die Basis für Ungleichheit legte dabei die Einführung des Ackerbaus und der Erzbearbeitung, vor allem aber die „Festsetzung des Eigentumsrechts" (Rousseau 1988: 257 [EA 1762]). Hier setzt für Rousseau die Verfallsgeschichte der Menschheit ein. Während für Locke das Eigentum anthropologisierten Charakter hat, ist es für Rousseau eine soziale Kategorie.

Sein staatstheoretischer Entwurf will die durch das Eigentum geschaffene soziale Ungleichheit auf politischer Ebene revidieren. Die Grundlage für die Schaffung der politischen Ordnung soll die gemeinsame Vereinbarung der Menschen in Form des *Contrat Social* sein, durch den ein politischer Körper entstehen soll, dessen Grundlage die freiwillige und gleichberechtigte Partizipation aller ist.

> **Eckdaten zum Leben und Werk**
>
> *Jean-Jacques Rousseau*
>
> Genfer Philosoph und Pädagoge, geb. 28. Juni 1712 in Genf, gest. 2. Juli 1778 in Ermenonville.
>
> Hauptwerke: Discours sur L'Origine et les Fondements de l'Inégalité parmi les Hommes (1755); Du Contrat Social ou Principes du Droit Politique (1762); Èmile ou de l'Éducation (1762).
>
> Weiterführende Literatur:
>
> - Wolfgang Kersting (Hg.): Die Republik der Tugend. Jean-Jacques Rousseaus Staatsverständnis, Baden-Baden 2003.
> - Oliver Hidalgo (Hg.): Der lange Schatten des Contrat social. Demokratie und Volkssouveränität bei Jean-Jacques Rousseau, Wiesbaden 2013.

Dadurch, dass jeder seine Rechte an die Gemeinschaft überträgt, entsteht die politische Republik, womit sich der – nur am egoistischen Privatinteresse orientierte – *bourgeois* zum die Gemeinschaft verkörpernden *citoyen* verwandelt. Die Republik als Gesamtkörper besteht aus einem gemeinsamen Ich (*moi commun*) und einem gemeinsamen Willen (*volonté générale*); beide zielen immer auf das Gemeinwohl und das objektiv Gute. Da die *volonté générale* sich in den von der Vollversammlung aller Bürger verabschiedeten Gesetzen äußern soll, handelt es sich um eine unmittelbare plebiszitäre Volkssouveränität auf Basis des Gesellschaftsvertrags (vgl. Kersting 2003: 11ff.). Der souveräne Wille ist weder teilbar noch delegierbar, die Souveränität damit unbeschränkt. Wer sich weigert, dem Gemeinwillen zu folgen, kann von der gesamten Körperschaft dazu gezwungen werden, was bedeutet, dass man „ihn zwingt, frei zu sein" (Rousseau 2003: 21).

3.2. Recht, Kontrolle, Gewalt

Die Vertragsidee ist die Grundlage der liberalen Demokratie – auch wenn Hobbes aufgrund seiner Sympathien für absolute Souveränitätsvorstellungen ebenso wenig in Gänze als liberaler Denker gehandelt werden kann, wie Rousseau mit Blick auf seinen Republikanismus oder seine radikale Identitätstheorie. Dennoch liegt bei den Vertragstheoretikern der Schlüssel für die Etablierung der modernen Demokratie, da Herrschaft von nun an legitimiert werden musste – wie aber sollte sie organisiert und vor allem kontrolliert werden? Die demokratietheoretische Diskussion im zeitgenössischen Kontext der Vertragstheoretiker fokussierte stärker auf diese Fragen nach der Begrenzung und Kontrolle von Macht, der verbindlichen Durchsetzung gleicher Grundlagen und damit der (rechtlichen) Sicherung von Freiheit – auch wenn freilich die Frage der Gewaltenteilung von Locke (und, in Ablehnung einer Teilung, von Rousseau) auch bereits thematisiert worden war.

Dem sich etablierenden Besitz- und Bildungsbürgertum ging es um Verfahren und Institutionalisierungen einer möglichst ungehinderten Entfaltung von individueller Freiheit, die – dies zeigen die großen Menschen- und Bürgerrechtserklärungen wie die *Virginia Declaration of Rights* (1776), die amerikanische *Unabhängigkeitserklärung* (1776) und *Verfassung* (1787) sowie die *Bill of Rights* (1791) oder die *Déclaration des Droits de l'Homme et du Citoyen* (1789) – politische Partizipation ermöglichen, persönliche Freiheitsrechte garantieren und eine einheitliche Verfassung und Rechtsordnung schaffen sollten. Bei einer grundsätzlichen Trennung von Staat und Gesellschaft sollte der Staat die Rechtsordnung sichern und den Frieden garantieren, nur zu diesem Zwecke solle Freiheit durch den Staat eingeschränkt werden, wie etwa Wilhelm von Humboldt (1967 [EA 1851]) argumentiert hat. Das willkürliche Handeln sowohl durch die Herrschenden wie auch zwischen den Beherrschten zu beschränken, wurde zur obersten Prämisse des idealtypischen liberalen *Rechts-Staates*:

> „Das Recht ist also der Inbegriff der Bedingungen, unter denen die Willkür des einen mit der Willkür des andern nach einem allgemeinen Gesetze der Freiheit zusammen vereinigt werden kann." (Kant 1956: 337 [EA 1797])

In der französischen Debatte der Aufklärung hatte Charles de Montesquieu (1951 [EA 1748]) eine rechtliche Begrenzung von Macht und eine Teilung der Gewalten gefordert, der er das Postulat einer Volkssouveränität zu Grunde legte, die – im Rahmen einer konstitutionellen Monarchie gedacht – repräsentativ ausgeübt werden sollte. Im Geist der Gesetze, dem *Esprit des Loix*, sah er einen wesentlichen Grund für die Differenzen zwischen politischen Ordnungen und denen sie jeweils konstituierenden Gesellschaften mit ihren jeweils eigenen politischen Kulturen. Auch Emmanuel Joseph Sieyès (1975 [EA 1788/90]) proklamierte die Volkssouveränität im Kontext einer Gleichheit vor dem Gesetz, die ebenfalls durch ein Konzept geteilter Gewalten hergestellt werden sollte, aber im Unterschied zu Montesquieu auf ein Modell repräsentativer Herrschaft orientierte, das nicht mehr monarchisch, sondern bürgerlich war (vgl. Thiele 2009). Liberale deutschsprachige Denker der Aufklärung wie Immanuel Kant oder Georg W. F. Hegel wollten staatliche Souveränität an die individuelle Freiheit binden (vgl. Ottmann 2009; Pauly 2009), die rechtlich garantiert werden sollte, so dass sich der Gedanke des (demokratischen) Rechtsstaates von dem des (absoluten) Machtstaates abhob und die formelle institutionelle und juristische Dimension von Politik betonte.

Vor allem in der angelsächsischen Diskussion wurde dabei die Bindung von Staatsgewalt an das gesellschaftliche (d.h. zunächst bürgerliche) Interesse betont, das auf ein Auftragsverhältnis zwischen Gesellschaft und Regierung (*trust*), also zwischen Beherrschten und Herrschenden abstellte und im Begriff des *government* voll zum Tragen kam. Besonders nachhaltig in diese Richtung argumentierte John Stuart Mill (1971, 1974), der sich für die Notwendigkeit einer legitimen Herrschaft durch eine repräsentative Verfassung mit plebiszitären Elementen und die Teilung von gesellschaftlicher und politischer Gewalt mit starken sozialliberalen Elementen stark machte (vgl. Asbach 2009; Höntzsch 2010, 2011). In der amerikanischen Diskussion betonten die so genannten *Federalists* (die drei Autoren Alexander Hamilton, James Madison und John Jay, die mit ihren 1787/88 unter dem Pseudonym „Publius" in New Yorker Zeitungen publizierten *Federalist Papers* maßgeblich Einfluss auf die amerikanische Verfassungsdebatte genommen haben) das Prinzip der *checks and balances*, einer horizontalen und vertikalen Gewaltenteilung, bei der Gemeinwohl, Sicherheit und Eigentum durch eine Ver- und gleichzeitig Beschränkung der Gewalten im Rahmen einer repräsentativen und föderativen Ordnung gewährleistet werden sollten (vgl. Hamilton/Madison/Jay 2007 [EA 1787/88]; siehe systematisch auch Benz 2020).

Weltanschaulich betrachtet steht der durch diese Überlegungen konstituierte Liberalismus unter dem Primat der Freiheit, die gleichermaßen politisch und rechtlich, wie gesellschaftlich und ökonomisch eingefordert wird. Da der erkenntnistheoretische Ausgangspunkt des Liberalismus das von den absolutistischen, feudalen und klerikalen Zwängen befreite Individuum ist, werden Freiheitsvorstellungen stets vom Individuum aus begründet und legitimiert, so dass im Mittelpunkt die Autonomie des Menschen als erkenntnisfähiges Subjekt steht. In seiner aufgeklärten, säkularen Vernunftethik konzipiert der Liberalismus Gesellschaftsmodelle, in denen Herrschaft durch Vertragsschlüsse legitimiert werden muss, die wiederum eine Gleichheit vor dem Kontakt begründen und diese damit vollzogene Übertragung – und Einschränkung – von individueller Freiheit in einer staatlichen Ordnung begründen, deren zentrale Funktion in der Aufrechterhaltung von allgemeiner Freiheit besteht. Der Staat soll die funktionale Aufgabe erfüllen, die als unveräußerlich verstandenen, letztlich naturrechtlich legitimierten Rechte dauerhaft und mit gleicher Sanktionswirkung zu sichern.

Während der Mensch für den Liberalismus, wie Kurt Lenk und Berthold Franke (1987: 61 u. 65) formuliert haben, damit das „Maß aller Dinge" darstellt, wird der kapitalistische Markt zugleich zum „Maß aller Menschen": Denn die Freiheitsvorstellungen des Liberalismus sind genuin mit einem positiven Eigentumsbegriff verbunden, der zwar – wie John Stuart Mill zeigt – nicht zwingend exkludierend mit Blick auf politische Partizipationsrechte angelegt sein muss, der aber stets die Sicherung des Eigentums – als das insofern auch zumeist der Mensch selbst verstanden wird, weil infolge des durch John Locke formulierten Paradigmenwechsels Eigentum nicht mehr durch Okkupation, sondern durch Arbeit begründet wird (vgl. Brocker 1992) – zur zentralen Prämisse erklärt und als zentrales Element von Freiheitlichkeit proklamiert. Denn der liberale Staat als Sicherungsinstanz der freien Konkurrenz des kapitalistischen Marktes antizipiert nicht nur die Autonomie der Subjekte, sondern auch die einer Herrschaft des Gesetzes, die auf Allgemeinheit und Generalität rekurriert und damit, in den Worten von Franz L. Neumann (1937: 48), die „höchste Form der formalen Rationalität" darstellt.

Auf eine Kurzform gebracht, liegt der theoretische Kern des Liberalismus somit in der unterschiedlich konkretisierbaren Ambivalenz, *immer zugleich* die Freiheit von Zwang, aber auch die Freiheit von Sicherheit zu bedeuten – wie das Verhältnis zwischen Zwang und Sicherheit austariert und in welcher Weise die Freiheit eine absolute oder eine relative ist, konkretisiert sich innerhalb der Pluralität der politischen Theorien des Liberalismus. Die liberale Demokratietheorie wiederum ist die Institutionalisierung dieser Ambivalenz: der/die Eigentümer/in als Bürger/in – die Idee, dass die Freiheit von Zwang Ziel, die Freiheit von Sicherheit aber nicht Hindernis für Gesellschaft sein soll, so dass sich eine strukturelle Partizipationseinschränkung daraus ergibt, dass selbst eine abstrakte Rechtsgleichheit noch nicht eine konkrete Partizipationsmöglichkeit generiert, da die individuellen Voraussetzungen in sozialer und ökonomischer Hinsicht differieren.

Übungsaufgaben

- Warum kommt den Vertragstheorien demokratietheoretisch eine exponierte Bedeutung zu?
- Diskutieren Sie das Spannungsverhältnis von Vertragstheorien und liberaler Demokratietheorie. Inwiefern sind die Vertragstheorien Bestandteil des Liberalismus, inwiefern nicht?
- Warum bestehen zwischen der Sicherung der Lebensgrundlagen (durch den Souverän) und der individuellen Freiheitsentfaltung Widersprüche?

4. Gegner, Feinde, Kritiker: Die Demokratie zwischen sozialer Erweiterung und autoritärer Ablehnung

Während das Bildungs- und Besitzbürgertum durch die bürgerlichen Revolutionen im 18. und 19. Jahrhundert politischen Einfluss gewonnen und seinen sozialen Aufstieg verfestigt hatte, war der Siegeszug der Liberalisierung für andere gesellschaftliche Schichten eine Niederlage: Adel und Klerus, über Jahrhunderte hinweg in unterschiedlicher Konstellation unangefochten in ihrem Monopol über das Politische und ihrer Sicherung sozial-ökonomischer Privilegien, wurden entthront. Aus ihrer Sicht sollten die verlorenen Privilegien zurückerlangt, die geistige Hoheit über die Deutung von Politik und Gesellschaft zurückerobert werden. Der klassische Konservatismus, der ideengeschichtlich zwar bereits frühere Wurzeln hatte, war sozialgeschichtlich die Reaktion auf die Französische Revolution (vgl. Ottmann 2008: 1f.), eine Gegen- und Abwehrbewegung, die darauf zielte, die – im Sinne von Thomas S. Kuhn (1962) – neuen Paradigmen von Aufklärung und Demokratie zu delegitimieren und zu revidieren. Es ging, wie der konservative Theoretiker Joseph de Maistre (2000 [EA 1794]) formulierte, um einen „Anti-Gesellschaftsvertrag", die Wiederherstellung eines Zustandes ungeteilter, unlegitimierter und unangreifbarer Souveränität in einer absoluten Monarchie.

4.1. Abwehr der Demokratie: der Konservatismus

Das Anliegen des klassischen Konservatismus zielte darauf, die Erfolge und Errungenschaften der Demokratisierungsbewegung umzukehren oder – wenn die Revolutionen (noch) nicht erfolgreich gewesen waren – diese zu verhindern, er war also in seiner Grundausrichtung reaktiv mit Blick auf revolutionäre Veränderung oder stellte eine Art „Präventivreaktion" dar. Da der klassische Konservatismus sich damit nicht nur gegen die Erfolge der Modernisierung wandte, sondern die Perspektiven für die Zukunft in der Vergangenheit suchte, haben Gerhard Göhler und Ansgar Klein (1991: 318ff.) konservatives Denken auch als historisch und modernisierungsskeptisch charakterisiert, verbunden mit einer konkreten Ausgestaltung im Denken, einer hierarchischen Vorstellung von Politik und Gesellschaft sowie einer grundsätzlich religiösen Fundierung der Weltanschauung.

Die durch die bürgerlichen Revolutionen hergestellten Versachlichungen der Beziehungen zwischen den Menschen, die entscheidend durch das Rationalitäts- und Vernunftpostulat mit Blick auf die politische Sphäre, durch den Geist des Liberalismus und die Aufklärung geprägt war, hatten das Weltbild von Adel und Klerus vom Kopf auf die Füße gestellt. Die Fundierung der Welt in Moral und Ethik hatte ebenso ihre bewahrende Faszination für die politische Ordnung eingebüßt, wie der christliche Glaube. Zugleich führten die neu entstehenden Produktions- und Distributionsformen der kapitalistischen Ökonomie zu einer Entwurzelung derjenigen Schichten, die wie Bauern, Viehzüchter und Handwerker traditionell zu den stützenden Gruppen der Herrschaft von Adel und Klerus gehört hatten, so dass nicht nur die Privilegien für die vormals herrschenden Schichten schwanden, sondern sie nach und nach auch ihrer sozialen Basis verlustig gingen. Insofern führte der Siegeszug des Liberalismus zur Durchsetzung von legalen Herrschaftsformen im Unterschied zu traditionellen Herrschaftsformen: Dieser von

Max Weber (1966: 99ff.) formulierten Unterscheidung folgend opponierte der Konservatismus damit gegen eine Herrschaftsbegründung, die Kraft Satzung auf der Grundlage eines Vertrages formuliert wurde, deren Ziel der Ausschluss von Willkür war und die sich auf eine rational arbeitende Bürokratie und Verwaltung stützte.

Die traditionelle Herrschaft, die der Konservatismus im Gegenzug wieder hergestellt wissen wollte, zog ihre Herrschaft begründende Kraft doch aus dem Glauben bzw. der Herkunft und basierte als Grundlage auf persönlichen Abhängigkeitsverhältnissen. Die Herrschaftstechnik selbst zerfiel in Traditionsgebundenheit und Willkür.

	Legale Herrschaft	Traditionelle Herrschaft	Charismatische Herrschaft
Herrschaft kraft ...	Satzung	Glaubens	affektueller Hingabe
Grundlage	Vertrag	persönliches Abhängigkeitsverhältnis	Befehl
Herrschaftstechnik	Recht und Bürokratie	Tradition und Willkür	Irrationalität und Willkür
Herrscherperson	Vorgesetzter	Herr	Führer

Abb. 6: Die drei reinen Typen der legitimen Herrschaft nach Max Weber.
Eigene Darstellung in Anlehnung an Weber (1966) & Hofmann/Dose/Wolf (2007: 59).

Genau an das Moment der Traditionsgebundenheit knüpft der Konservatismus auch mit seiner historischen Orientierung an, wenn etwa der wichtigste Denker des klassischen Konservatismus, Edmund Burke, eine traditionelle Verbindung von Staat und Religion reklamierte, die keiner rationalen Begründung bedürfe. Burke (1790) schrieb dem Staat hingegen eine moralische und majestätische Relevanz zu, bei der jeder menschliche Vertrag nur eine Klausel im „großen Grundvertrag der Ewigkeit" darstelle, der als „unantastbarer Schwur" die sichtbare und die unsichtbare Welt verbinde und alle Lebewesen an ihrem festgelegten Platz halte (ebd.: 144). Politische Teilhabe basierte für ihn auf Besitz, wobei es im Besonderen um adligen Landbesitz ging, den er verteidigte und als wesentlich zur Aufrechterhaltung einer hierarchischen Harmonie in der Gesellschaftsordnung betrachtete. Über das Argument des historischen Traditionalismus wurde so versucht, die hierarchische Gliederung der Gesellschaft zu relegitimieren und dabei zugleich Religion als „Basis der bürgerlichen Gesellschaft und Ursprung alles Guten und Annehmlichen" (ebd.: 134) in den Mittelpunkt der Politik (zurück) zu rücken. Für Burke sollte damit auch der Ursprung des Staates in einen „dichten Nebel" (ebd.: 344) gehüllt werden, d.h. sich Legitimationsfragen generell entziehen. Während Burke allerdings die erfolgreichen Demokratisierungsbewegungen ernst nahm, ihre – ähnlich wie Alexis de Tocqueville (1961 [EA 1835/40]) – zeitgenössische Irreversibilität anerkannte und vor allem im Motiv der erkämpften bzw. ersehnten Freiheit ein zu respektierendes Moment sah, gingen die Konservativen vor allem im deutschsprachigen Raum in ihrer (Präventiv-)Abwehr der Demokratie deutlich weiter (vgl. Greiffenhagen 1971; Lenk 1989).

So lehnte Friedrich Julius Stahl den liberalen Vernunftstaat gänzlich ab und versuchte ihm gegenüber ein auf Autorität und Sittlichkeit basierendes christliches Reich zu begründen. In seinen Augen war „Gottes Weltordnung" (Stahl 1963a: 218 [EA 1833]) das Urbild aller positiven Rechtsbildung und die Gedanken und Gebote der göttlichen Weltordnung sollten wieder zu Richtmaßen für die Gesetze werden. Insofern galt ihm Recht auch als menschliche Ordnung zur Aufrechterhaltung der Weltordnung Gottes, womit die menschliche Ordnung in der göttlichen wurzelte; das deistische Postulat des Liberalismus sollte revidiert werden. Der menschliche Staat sei, so Stahl, eine „göttliche Institution". Insofern könnten Menschen auch keine obrigkeitliche Gewalt über andere ausüben, auch nicht durch einen Vertrag, da sie selbst nicht über ihr Leben und ihre Freiheit verfügen würden: „Das ist das göttliche Recht der Obrigkeit." (Stahl 1963b: 176 [EA 1837]) Der Staat wird für Stahl dabei zur von Gott verordneten Autorität, wobei gelte, dass dort wo Obrigkeit existiere, diese auch von Gott eingesetzt sei:

> „Der Staat aber, da er nicht ein Werk einzelner Menschen, sondern nur der Gemeinschaft als eines Ganzen ist, wird in der Gestalt Gottes Ordnung, in der er durch die Gemeinschaft, sei es in bewußtem Akt oder in Sitte und Herkommen, gebildet worden ist." (ebd.: 179)

Damit zeigt sich, dass der Konservatismus an die nach wie vor in den Gesellschaften vorhandenen religiösen Gefühle appellierte, und die politische Ideologie des Liberalismus auf diese Weise in Frage zu stellen suchte. Da Gesetz und Verfassung, wie Stahl formulierte, „eine Macht über dem Volke" (ebd.: 530) seien und nicht Ausfluss des Volkswillens, versuchte dieser christliche Appell, die Infragestellung von Herrschaftsverhältnissen selbst wieder in Frage zu stellen.

Überhaupt war die Ablehnung der aufgeklärten Naturrechtsidee und des liberalen Vertragsdenkens charakteristisch für den klassischen Konservatismus. Gegen die Intervention, die Herrschaft legitimieren wollte, stellte der Konservatismus seinen Appell an die vordergründig historische, faktisch aber lediglich als überzeitlich unterstellte Idee, die wiederum aristokratische Herrschaft religiös rechtfertigen sollte. Adam Heinrich Müller (1809: 62) sah herrschaftliche Ordnung auch von Natur bzw. Gott gegeben und betonte, dass der Staat „unabhängig von menschlicher Willkühr und Erfindung" existiere, er sei nicht künstlich, sondern natürlich. Damit wurde versucht, die Legitimationsfrage wieder aus dem Zentrum des politischen Denkens zu verbannen. Für Müller war der Staat die innige Verbindung „der gesamten physischen und geistigen Bedürfnisse, des gesamten physischen und geistigen Reichthums, des gesamten inneren und äußeren Lebens einer Nation zu einem großen energischen, unendlich bewegten und lebendigen Ganzen." (ebd.: 51) In der damit aufkommenden Lebensmetaphorik deutete sich auch der Zug des Konservatismus an, seine religiösen und hierarchischen Vorstellungen mit organischen Konzepten zu verknüpfen, die neben der Bezugnahme auf eine göttlich-sittliche Ordnung auch ein Postulat von scheinbarer Natürlichkeit in die Herrschaftsbegründung integrierten. Für Müller war der Staat „die Totalität der menschlichen Angelegenheiten, ihre Verbindung zu einem lebendigen Ganzen" (ebd.: 66), wobei die Frage danach, welchen Zweck und welche Funktion ein Staat habe, grundsätzlich abzulehnen sei, da der Staat selbst Zweck sei und nur sich selbst diene. In der Mitte des Staates stehe die unsterbliche Familie, an deren Spitze wiederum die Regentenfamilie mit dem Majoratsherren, so dass auch hier ein auf Abstammung und Herkunft bezogenes Rekrutierungsprinzip für politische Führung zu reaktivieren versucht wurde. Bemerkenswert ist, dass im klassischen Konservatismus und seinen Abwehrversuchen der Demokratisierung auch ein existenzieller Volksbegriff aufscheint: Während bis in die frühe Neuzeit hinein als Volk zuvörderst *das einfache Volk* und damit diejenigen Bevölkerungsschichten angesprochen waren, die nicht zum Adel und Klerus gehörten, wird das Volk nun zu einer „erhabenen Gemeinschaft einer langen Reihe von vergangenen, jetzt lebenden und noch kommenden Geschlechtern, die alle in einem großen innigen Verbande zu Leben und Tod zusammenhangen" (ebd.: 204) umdefiniert und die Individualexistenz in einen kollektivierten Deutungszusammenhang gerückt.

4.2. Kritik an sozialen Mängeln der Demokratie: der Sozialismus

Während der Konservatismus auf die bürgerlichen Revolutionen mit der Intention reagierte, vormalige Herrschaftsverhältnisse wiederherzustellen, entwickelte sich durch die neu entstandenen kapitalistischen Produktionsverhältnisse ein soziales Machtvakuum im Verhältnis zwischen Kapital und Arbeit, in dem nun soziale Ungleichheiten auch zur Entstehung neuer, weiter gehender Demokratisierungsforderungen führten: durch die Arbeiterbewegung. Wenngleich sozialliberale Denker wie Mill auch bereits für eine auf negative Freiheit orientierte Demokratie mit Elementen sozialer Inklusion plädiert hatten, war der liberale Diskurs insgesamt doch dominiert von der Vorstellung, dass es eine Verbindung von politischer Herrschaft und bürgerlichem Eigentum geben müsse – sei es als direkte Kopplung von Partizipationsmöglichkeiten an Besitzverhältnisse oder sei es als faktische Sicherung von Eigentumsverhältnissen, in denen die Mehrheit der Bevölkerung nicht wesentlich mehr als die eigene Arbeitskraft besaß, während die Minderheit (das Bürgertum) die Produktionsmittel und damit faktisch den gesellschaftlichen Reichtum kontrollierte. Sozialer Aufstieg war zwar in den Vorstellungen der frühbürgerlich-liberalen Demokratie möglich, faktisch aber durch den Besitz und das Privateigentum an Produktionsmitteln weitgehend ausgeschlossen.

Damit rückte die soziale Frage auf die Agenda der Demokratie. Orientiert an dem Gedanken, dass der „Mensch das höchste Wesen für den Menschen" sein solle, wie Karl Marx (1988: 382 [EA 1844]) es formulierte, wurde es zum Ziel der kommunistischen Bewegungen, „alle Verhältnisse umzuwerfen, in denen der Mensch ein erniedrigtes, ein geknechtetes, ein verlassenes Wesen ist." Während der Liberalismus die Gleichheit aller Staatsbürger verfocht, damit aber die Ungleichheit des Besitzes an Produktionsmitteln absicherte, war das Ziel der kommunistischen Bewegung die Abschaffung des Privateigentums an Produktionsmitteln und die Aufhebung der neu entstandenen bürgerlichen Klassengesellschaft. Der Kapitalismus galt als die Gesellschaftsform und Produktionsweise, die durch den Klassengegensatz zwischen Bourgeoisie – als sozialer Basis des Liberalismus – und

Proletariat gekennzeichnet sei, in deren Zentrum die kapitalistische Produktion von Mehrwert durch Ausbeutung der Produktivkräfte stehe.

> **Eckdaten zum Leben und Werk**
>
> *Karl Marx*
> deutscher Philosoph und Ökonom, geb. 5. Mai 1818 in Trier, gest. 14. März 1883 in London.
>
> *Friedrich Engels*
> deutscher Philosoph, geb. 28. November 1820 in Barmen/Wuppertal, gest. 5. August 1895 in London.
>
> Hauptwerke: Die deutsche Ideologie (1845/6, Marx/Engels); Manifest der Kommunistischen Partei (1848, Marx/Engels); Der achtzehnte Brumaire des Louis Bonaparte (1852, Marx); Das Kapital, 3 Bände (1867, 1885, 1894, Marx); Der Ursprung der Familie, des Privateigentums und des Staates (1884, Engels).
>
> Weiterführende Literatur:
>
> ■ Joachim Hirsch/John Kannankulam/Jens Wissel (Hg.): Der Staat der Bürgerlichen Gesellschaft. Zum Staatsverständnis von Karl Marx, 2. akt. u. erw. Aufl., Baden-Baden 2015.
> ■ Samuel Salzborn (Hg.): „... ins Museum der Altertümer". Staatstheorie und Staatskritik bei Friedrich Engels, Baden-Baden 2012.

Die liberale Demokratie wurde dabei als ideologische Erscheinung zum staatlichen Überbau der kapitalistischen Ökonomie gezählt, die in Abhängigkeit zu dieser bestehe und durch sie bestimmt werde – sie wurzele in den materiellen Lebensbedingungen der Gesellschaft, da nach Marxscher Auffassung das Sein das Bewusstsein bestimmt, also die sozial-ökonomische Beziehungen alle weiteren Dimensionen von Politik und Gesellschaft dominieren. Insofern firmierte gerade der liberal-demokratische Rechtsstaat in dieser Theorie als Instrument der herrschenden Klasse, der ungeachtet der formalen Gleichheit als faktische Absicherungsinstanz von sozialer Ungleichheit angesehen wurde, als „ideeller Gesamtkapitalist" (Engels 1973: 222 [EA 1880]). Analog der bürgerlichen Revolutionen erstrebten die Sozialisten eine – in ihrer Wahrnehmung – weiter gehende Demokratisierung, das Proletariat sollte nicht nur förmlich, sondern faktisch an allen Formen von politischer und sozialer Gleichheit partizipieren, was auf die revolutionäre Aufhebung der Klassengesellschaft zielte. Paradoxerweise sollte das, wie Marx (1964: 828 [EA 1894]) es genannt hatte, „Reich der Freiheit" (der Kommunismus, in dem niemand über niemanden mehr herrschen sollte) über den Umweg einer sozialistischen „Diktatur des Proletariats" erreicht werden, einer autoritären Zentralisierung und Aufhebung der liberalen Demokratie mit all ihren Freiheitsrechten – in dem utopischen Glauben, durch die Zerstörung einer als rudimentär empfundenen Demokratie eine umfassendere verwirklichen zu können, die sich auf soziale Gleichheit gründen sollte. Die historischen Vorbilder wie etwa die Pariser Kommune, die Marx und Engels im Geist Rousseaus als Ansatz einer demokratischen Republik galt, wurden in der Praxis der Kommunistischen Internationale im 20. Jahrhundert dann zu diktatorischen Zwangsregimen entstellt, die in ihrer Beschneidung von Freiheit und ihrer Nivellierung von Subjektivität *jede* demokratische Dimension zerstörten. Aus der utopischen Idee einer sozialen Demokratisierung von Marx und Engels wurde bei Lenin (1951: 10 [EA 1918]) die Akklamation der „gewaltsamen Revolution" mit der „Vernichtung des von der herrschenden Klasse geschaffenen Apparates der Staatsgewalt" und später bei Stalin die Praxis totalitärer Herrschaft.

Die sozialistische Idee bildete zugleich aber auch den Ausgangspunkt, die sozialen Defizite der liberalen Demokratie tatsächlich in dem Blick zu nehmen und nach Möglichkeiten einer Sozial(demokrat)isierung der liberalen Demokratie zu fragen. Es waren vor allem die so genannten Revisionisten, die im späten 19. und frühen 20. Jahrhundert Marx' und Engels' Interpretation des bürgerlichen Staates und der liberalen Demokratie kritisierten und einen Ausgleich von liberalen Freiheitsrechten und sozialen Gleichheitsforderungen für möglich hielten. So sah Eduard Bernstein (1922: 88) im bürgerlichen Staat nicht einfach eine Unterdrückungsinstanz, sondern ein Organ, dass durch die Kämpfe der Arbeiterbewegung seinen „sozialpolitischen Charakter" verändere und durch ein allgemeines und gleiches Wahlrecht tatsächlich von der „großen Volksmehrheit" bestimmt werden könne, so dass die Demokratie wesentlich zur Verwirklichung des Sozialismus beitrage. Karl Renner (1917), der Vater der österreichischen Sozialdemokratie, ging noch weiter und interpretierte die Logik bürgerlicher Vergesellschaftung selbst als Ursache für eine zunehmende Sozialisierung des liberalen Staates: Soziale Einrichtungen wie etwa Krankenkassen müssten auch im Interesse des Bürgertums (zur Erhaltung von Arbeitskräften) ausgeweitet werden und insofern sei es die Aufgabe der Arbeiterbewegung, soziale Forderungen systematisch in Verfassungen zu verankern und so den Staat faktisch zu sozialisieren. Und auch Karl Kautsky machte sich für eine funktionsfähige und effektive Bürokratie stark, die eine notwendige Errungenschaft der Demokratie sei und deren Problem lediglich in der faktischen Umsetzung (mit zu viel autonomer Macht und Selbstüberschätzung von Einfluss), nicht aber in der systematischen Organisation liege: „Das Volk in seiner Gesamtheit kann sich nicht selbst verwalten. Es bedarf eigener Organe zur Führung der Verwaltungsgeschäfte seiner Organisationen. Es bedarf ihrer am meisten in der gewaltigsten seiner Organisationen, im Staate." (Kautsky 1929: 461) So wandelte sich die Erkenntnis sozialer Defizite der liberalen Demokratie von ihrer radikalen Ablehnung in der kommunistischen Theorie in die sozialdemokratische Idee der Reformierbarkeit durch aktive Partizipation und Mitbestimmung.

4.3. Forderung nach Partizipationserweiterung: Republikanismus und Antikolonialismus

Durchaus im ideengeschichtlichen Kontext des Sozialismus, aber mit anderer Ausrichtung der Kritik am Liberalismus, sind republikanische und antikoloniale Reaktionen auf die Entstehung liberaler Demokratie zu sehen. Gary S. Schaal und Felix Heidenreich (2006: 55ff.) haben in ihrer idealtypischen Bestimmung des republikanischen Theorieparadigmas dessen holistisches Menschenbild betont und hervorgehoben, dass aus der Wert- und Tugendgebundenheit des Republikanismus eine Vorstellung von aktiver Partizipation und gemeinwohlorientierter Gemeinschaft begründet wird, die den/die mündige/n und selbstbestimmte/n Bürger/in zum Leitbild hat. Der Republikanismus wendet sich damit historisch gegen einen doppelten Mangel des Liberalismus (vgl. Honohan/Jennings 2006; Laborde/Maynor 2008): einen Mangel an Partizipationsintensität und einen Mangel an Sozietät. Ersteres, die erstrebte Partizipationserweiterung, orientiert auf eine Verbreiterung und Vertiefung von Partizipationsmöglichkeiten für politisch und/oder sozial ausgeschlossene Teile einer Gesellschaft und zielt darauf, die vom Liberalismus historisch erkämpfte und dem Adel und Klerus abgetrotzte Erweiterung der sozialen Basis von Herrschaft – wenngleich in der Analyse different, so im Ziel doch ähnlich sozialistischen Forderungen – weiter zu pluralisieren und zu intensivieren, also Herrschaftspartizipation qualitativ und quantitativ zu maximieren (vgl. Gelderen/Skinner 2002). Letzteres, die Herstellung oder Vertiefung einer politischen Gemeinschaft, rekurriert umgekehrt nicht ausschließlich auf eine Fortsetzung und Erweiterung des vom Liberalismus erkämpften Fortschritts, sondern appelliert zugleich auch an ein Politikverständnis, das ideengeschichtlich mit Machiavelli überwunden schien: die Rückkehr zur tugendhaften Gemeinschaft, die eben nicht einfach die liberale (Konkurrenz-)Gesellschaft sein, sich nicht nur auf Normen, sondern auch substanziell auf Werte und Tugenden verständigen soll und insofern das ethisch-moralische Moment, das die Aufklärung für die Sphäre des Politischen zu überwinden versprach, in die demokratietheoretische Diskussion zurückholt (vgl. Olson 2006) – und damit auf dem schmalen Grat zwischen einer (tendenziell fortschrittlichen) Politisierung von Gesellschaft und einer (generell regressiven) Substituierung von Gesellschaft durch Gemeinschaftsphantasien balanciert, der letztlich nur in einem Republikanismus gelöst werden kann, der sich vom Subjektbegriff der Aufklärung nicht verabschiedet. Ziel ist es dabei, den Ausschluss von Partizipation, den der Liberalismus generiert, zu kritisieren und damit eine systematische Erweiterung des *demos* einzufordern – eine Erweiterung, die nun die Ausgeschlossenen einschließen, also Partizipationsmöglichkeiten für vor allem Frauen, Juden, Kolonisierte oder Sklaven schaffen soll. Das partizipationserweiternde Moment des Republikanismus kritisiert insofern den Mangel an Repräsentation und die soziale Ungleichheit und fordert neben der formalen Rechtsgleichheit des Liberalismus die republikanische Aktivbürgerschaft: nicht *bourgeois*, sondern *citoyen*, lautete die Parole.

Der Republikanismus hat aber von Anfang an, also eben auch seit Rousseau, eine dunkle Kehrseite, eine Ambivalenz, die neben die Partizipationserweiterung die Gemeinschaftsbildung setzt – die nur allzu oft, bewusst oder unbewusst, als Gegenmodell zur aufgeklärten Vergesellschaftung verstanden wird, auch weil Schlüsselbegriffe wie Moral oder Tugend faktisch amorph sind und aus *allen* politischen Richtungen für sich reklamiert und mit Inhalt gefüllt werden können: Während die liberale Gesellschaft die Freiheit des Individuums verspricht (mit allen Risiken, die das bedeutet), initiiert der Republikanismus nun den Zwang zur Gemeinschaft, die zwar idealiter eine politische sein soll (und damit: reversibel), zu allermeist aber auch essentialistisch oder mindestens homogen verstanden wird. Diese negative Kehrseite des Republikanismus kritisiert am Liberalismus seine fehlende Sozialhomogenität und unterstellt die Gemeinschaft als Alternative, wobei sie aufgrund ihrer Moral- und Tugendorientierung nach dem substanziellen (und eben nicht nur empirischen und damit fortwährend wandelbaren) Volkswillen sucht und insofern eine politische Gemeinschaft herstellen will, die faktisch oft keine Willensgemeinschaft ist, sondern eine Zwangseinrichtung. Diese Ambivalenz des Republikanismus ändert nichts an seiner historischen Funktion, dem Liberalismus oft eine massive Zunahme an Partizipationsmöglichkeiten abgetrotzt zu haben.

Neben dem Republikanismus orientierte der Antikolonialismus gleichsam auf das Moment der Erweiterung von Partizipationsmöglichkeiten (vgl. Ehrmann 2021; Kerner 2012). Eine Vielzahl der frühen Formen antikolonialer Abwehr des Liberalismus lassen sich dabei ideengeschichtlich nur verstehen, wenn man begreift, dass die Abwehrprozesse aus der Auslieferung gegenüber direkter, physischer Gewalt resultierten, also die Arroganz und Überheblichkeit des westlichen Kolonialismus und Imperialismus nicht nur eine intellektuelle, sondern vor allem eine unmittelbar gewaltförmige Dimension hatte (vgl. Osterhammel/Jansen 2012). Der Nativismus war dabei, wie Bassam Tibi (1987: 364) sagt, die erste und unmittelbarste Form antikolonialer Abwehr, die oft von einer scheinbaren Theorielosigkeit getragen war: zum einen, weil in vielen kolonialisierten Gebieten schriftlose Kulturen existierten, die sich dem westlichen Zugriff auf verschriftlichtes Gedankengut strukturell entzogen, zum anderen aber, weil die Gewaltförmigkeit so brutale Züge angenommen hatte, dass die physische Abwehr dieser Gewalt wichtiger war als ihre konzeptionelle Begründung.

Der frühe Antikolonialismus artikulierte sich dabei maßgeblich in Lateinamerika, wobei neben der notwendigen Kritik an der Kolonialpolitik auch der Grundstein für einen antiaufklärerischen Antiamerikanismus gelegt wurde, der die Ambivalenzen der Aufklärung nicht mehr zu sehen in der Lage war und Amerika in der Folgezeit für alles in Regress nehmen sollte, was an der Moderne nicht verstanden wurde. Der kubanische Antikolonialismus von José Martí im späten 19. Jahrhundert war eine frühe Form eines antiamerikanischen Antikolonialismus, die die Ambivalenzen der liberalen Moderne nicht sah und den Kampf für die nationale Unabhängigkeit Kubas von der spanischen Kolonialmacht und den damit verknüpften Kampf für soziale Gleichheit – die er allerdings kubanisch-exklusiv und aufgrund seines Kulturalismus antiuniversalistisch verstand – unmittelbar verband mit antiamerikanischen Ressentiments, die massiv verschwörungsphantastische Züge trugen (vgl. Martí 1975). Antikolonialer Widerstand war aber weltweit nicht identisch, vor allem der indische Subkontinent wies Varianten und Facetten auf, die neben dem *theorielosen und gewalttätigen* auch den *theoretischen und gewaltfreien* Widerstand kannte. Vor dem Hintergrund der von Rabindranath Tagore (1918) proklamierten partikularistischen Strategie mit universalistischem Geltungsanspruch, nach der einerseits der Nationalstaatsgedanke als westlicher Import kritisiert und die Spezifik indischer Politikorganisation betont, andererseits aber der weltweite Sendungsauftrag indischer Spiritualität hervorgehoben wurde (vgl. Banerji 2015; Brown/Parel 2011; Collins 2012), steht die „politische Religion" (Deppe 2003: 484) Mohandas Karamchand Gandhis als unkonventionelle Reaktionsweise auf den Kolonialismus. Denn Gandhi proklamierte seine Forderungen nach *swaraj* und *satyagraha* – einer Idee der Selbstregierung und der Suche nach spiritueller Wahrheit – in enger Verbindung mit einem Paradigma aktiver Gewaltfreiheit (*ahimsa*). Gandhis Konzept des *swaraj* war faktisch ein stark traditionalistisches Konzept der Subsidiarität und Selbstbestimmung für lokale, dörfliche Einheiten, die in letzter Konsequenz bis zur Selbstverwaltung des Elends reichten, verband dies aber mit einer spezifisch innerlichen Spiritualität. Damit zeigt sich im frühen Antikolonialismus, dass dieser gleichermaßen republikanische und sozialistische, aber auch konservative Züge haben konnte und insofern die gemeinsame Erfahrung von Unterdrückung, Diskriminierung und Leid zu theoretisch ausgesprochen differenten Reaktionsbildungen geführt hat, die im Spannungsfeld zwischen Partikularismus und Universalismus sowohl kulturalistische wie aufgeklärte Theorieentwürfe hat entstehen lassen.

4.4. Feinde der Demokratie: Faschismus und Nationalsozialismus

Die vierte Gegenbewegung zum Liberalismus war der am Ende des 19. Jahrhunderts entstehende und im 20. Jahrhundert zur Massenbewegung werdende Faschismus. Sozialisten sahen im Faschismus eine Radikalisierung des Konservatismus, Konservative betonten hingegen die sozialistischen Elemente der faschistischen Bewegungen. Richtig ist beides: Die europäischen Faschismen radikalisierten Momente beider Ideologien und stellten sie unter ein genuin neues weltanschauliches Primat: das des völkischen Denkens (vgl. Aly 2003; Mosse 1991; Hermand 1995; Stöver 1993). Im Zentrum der Kritik stand dabei der (rationale) Individualismus, den der Chefideologe des italienischen Faschismus, Alfredo Rocco (1938), als gemeinsame Wurzel für Liberalismus, Demokratie und Sozialismus ansah und gegen den er die (emotionale) Gemeinschaft stellte. Die faschistischen Bewegungen stellten insofern ein als homogene Einheit unterstelltes Volk in den Mittelpunkt ihres Denkens, dem eine historische Verbindung mit einem geografischen Ort zugeschrieben (die NS-Parole „Volk und Raum" brachte dies auf den Punkt) und das als organisches Kollektiv begriffen wurde. Konflikte und Widersprüche innerhalb einer Gesellschaft wurden negiert und externalisiert (als Konflikte zwischen Völkern) und innenpolitisch eine nationale Homogenität ohne Interessenwidersprüche proklamiert. Der um die Wende zum 20. Jahrhundert aufkommenden Gedanke eines Spannungsverhältnisses zwischen Gemeinschaft und Gesellschaft (vgl. Tönnies 1887) wurde von den faschistischen Bewegungen einseitig zugespitzt und auf eine antidemokratische Gemeinschaftsideologie verengt, die ethnisch dominiert war (vgl. Salzborn 2005a): Aus dem *demos* wurde das *ethnos*, aus der Gesellschaft die Gemeinschaft, aus dem Pluralismus der Interessen der Monismus der Identität, aus dem Denken das Handeln, aus dem Konflikt das Schicksal, aus dem Gegner der Feind und aus dem Streit der Kampf. Die Volkstums- und Rassenideologie der europäischen Faschismen fand ihre radikale und barbarische Zuspitzung im Antisemitismus des deutschen Nationalsozialismus, der einen Großteil seiner alltagsrelevanten Brutalität daraus zog, dass im antisemitischen Weltbild all das, was als bekämpfenswert galt, mit dem Judentum identifiziert wurde: Freiheit, Gleichheit, Aufklärung, Liberalismus, Sozialismus, kurzum die gesamte Moderne und die Demokratie (vgl. zum Antisemitismus ausführlich: Salzborn 2010). In gewisser Hinsicht war die faschistische Antwort auf die Demokratie auch die Antwort derer, die die Versprechen der Demokratie deshalb nicht ertragen konnten, weil sie niemals vollständig eingelöst werden können.

Die faschistische Gegnerschaft zur Demokratie zielte auf die bedingungslose Zentralisierung von politischer Macht in einer Hand mit unbedingter Gewaltkompetenz – mit dem *fascio*, dem Rutenbündel, als Sinnbild. Diese Zentralisierung unterschied sich dabei, wie u.a. Franz L. Neumann (1944) und Ernst Fraenkel (1941) mit Blick auf den deutschen Nationalsozialismus und Hannah Arendt (1951) im europäischen Vergleich herausgearbeitet haben, deutlich von der rechtlich gebundenen, geteilten und durch Freiheitsrechte legitimierten staatlichen Souveränität der nationalen Ordnung des 19. Jahrhunderts, da sie *ratio* in *voluntas*, Recht in Macht verwandelte und damit Herrschaftsverhältnisse dem Primat persönlicher Willkür unterwarf, mit einer Führungsfigur an der Spitze, die – in den Worten Max Webers – charismatisch, d.h. ohne Bindungen an (konservative) Traditionen oder (liberale) Rechtsgrundsätze herrschte. Die faschistischen Ordnungsvorstellungen des 20. Jahrhunderts waren damit nicht nur antidemokratisch und autoritär, sondern lösten das nationalstaatliche System einer souveränen Ordnung, wie sie seit dem Westfälischen Frieden entstanden war, auf (vgl. Breuer 2001).

Dabei wurden hierarchische Prinzipien des Heeres bzw. des Militärs auf die herrschaftliche, oftmals reichisch gedachte Ordnung übertragen und der Herrschaftsverband als organische Einheit gedacht. Der Vordenker des Austrofaschismus Othmar Spann etwa proklamierte eine organische Ganzheitlichkeit als Grundlage für einen autoritären Ständestaat, der durch die Ablehnung jedweder Form von demokratischer Partizipation gekennzeichnet sein sollte. In seiner autoritären Ständestaatstheorie wird nicht nur ein Vorrang der Gemeinschaft vor dem Individuum betont, sondern die gesellschaftliche Relevanz von Individuen überhaupt in Frage gestellt und der Individualismus einer scharfen Kritik unterzogen. Die als Gemeinschaft verstandene Gesellschaft galt Spann (1931) als Organismus mit „eigener Wesenheit", die für ihn nicht aus Individuen zusammengesetzt ist, sondern *nur* als „Ganzheit" existiert, deren „Teile nicht eigentlich selbstständig, sondern gewissermaßen nur Organe dieser Ganzheit sind." Für Spanns Ständestaatstheorie hatte insofern das als geistig-kulturell homogen unterstellte Kollektiv unbedingten Vorrang, wobei er von einer „inneren Gleichartigkeit der Gemeinschaft" ausging. Ordnendes Prinzip sollte ein Stufenbau mit der „Unterordnung des Niederen unter das Höhere" auf der Basis einer organischen Gemeinschaftsvorstellung sein.

Interessengegensätze innerhalb einer politischen Ordnung wurden negiert, die (liberale) Trennung von Politik und Gesellschaft aufgehoben und durch eine Identität von Herrschern und Beherrschten ersetzt – einer der Gründe, weshalb Karl R. Popper (1945) auch eine Analogie von antiker Philosophie und faschistischer Ideologie ausmachte, nämlich in ihrer Feindschaft gegen die „offene Gesellschaft". Die faschistischen Regime strebten dabei eine totale Ordnung an, in der alle Lebensbereiche erfasst, organisiert und kontrolliert wurden – ohne private Räume und Freiheiten. Innergesellschaftliche Widersprüche wurden in der Ideologie der „Volksgemeinschaft" negiert und eine völkische Identität aller Staatsangehörigen angestrebt. Das Konzept der Gemeinschaft gab dabei vor, die konkurrierenden Interessen aufzuheben und suspendierte sie damit faktisch. Auf diese Weise wurden reale Konflikte negiert und – da ihr Potenzial nicht wirklich aufgehoben werden konnten – alternative (symbolische, mythische) Formen zur Ausagierung institutionalisiert.

Die Freiheit innerhalb einer Gemeinschaft bestand nicht mehr darin, sich für oder gegen sie entscheiden zu können, sondern wurde kollektiviert: Die negative Freiheit als Abwesenheit von Zwang wurde ersetzt durch eine positiv definierte, homogene Zielvorstellung bzw. Utopie des Kollektivs. Diese kollektive Unfreiheit bedeutete auch die kategorische Auflösung negativer Freiheit, denn das Kollektiv erkämpfte sich sein positives Ideal (z.B. ethnische Homogenität) gerade gegen das Individuum. Daraus resultierten starre Vorstellungen der Identifizierung, die nicht reversibel waren; es ging nicht mehr um individuelle Identitätsangebote, sondern um kollektiven Identitätszwang. Gesellschaftliche und politische Konflikte wurden damit essentialisiert, was den Wesenskern von Demokratie aufhob. Der völkische „Unstaat" (Franz L. Neumann) wurde zur totalen Einheitserscheinung, in dem eine bedingungslose Vorzugsstellung des Einheits-, Ordnungs- und Gemeinschaftsgedankens galt, deren Alltag im Sinne einer „totalen Mobilmachung" (Ernst Jünger) militarisiert und durch starre, ethnisierte Freund-Feind-Vorstellungen homogenisiert wurde. Entscheidungen über (Nicht-)Zugehörigkeit lagen nicht mehr beim Individuum, sondern beim Kollektiv.

Denn dieses sei, wie Carl Schmitt formulierte, durch „existenzielles Teilhaben und Teilnehmen" gekennzeichnet. Die für die totalen Systeme von Faschismus und Nationalsozialismus unterstellte Identität von Staat und Gesellschaft wird als Begründung dafür genommen, dass diese Identität ihrer Möglichkeit nach alles – zumindest prinzipiell – politisch mache, damit aber wiederum auch den Staat und sein spezifisches Unterscheidungsmerkmal des Politischen außer Kraft setze:

> „Es ist eben der andere, der Fremde, und es genügt zu seinem Wesen, daß er in einem besonders intensiven Sinne existenziell etwas anderes und Fremdes ist, so daß im extremen Fall Konflikte mit ihm möglich sind, die weder durch eine im voraus getroffene generelle Normierung, noch durch den Spruch eines ‚unbeteiligten' und daher ‚unparteiischen' Dritten entschieden werden können." (Schmitt 1963: 27)

> **Eckdaten zum Leben und Werk**
>
> *Carl Schmitt*
>
> *deutscher Staats- und Verfassungsrechtler, geb. 11. Juli 1888 in Plettenberg, gest. 7. April 1985 in Plettenberg.*
>
> Hauptwerke: Politische Theologie (1922); Verfassungslehre (1928); Der Hüter der Verfassung (1931); Der Begriff des Politischen (1927/1932); Völkerrechtliche Großraumordnung mit Interventionsverbot für raumfremde Mächte (1939).
>
> Weiterführende Literatur:
>
> - Reinhard Mehring: Carl Schmitt. Aufstieg und Fall, München 2009.
> - Rüdiger Voigt (Hg.): Freund-Feind-Denken. Carl Schmitts Kategorie des Politischen, 2. Aufl., Baden-Baden 2021.

Damit spitzt Schmitt das (pseudo-)rechtliche Postulat der faschistischen Demokratieablehnung einerseits unter Rückgriff auf die Identitätstheorie von Rousseau, andererseits durch die Einführung einer antidemokratischen Entscheidung, der Dezision, zu. Schmitt verachtet die Vernunft. Er ist nicht nur Denker der Dezision, sondern auch der Homogenität. Steht die Identität bei Rousseau im Dienst der Vernunft, steht sie bei Schmitt in keinerlei Dienst, sondern ist selbst der ontologische Fixpunkt seines homogenisierenden Denkens. Schmitt fokussiert auf den „Willen des Volkes", der für ihn nichts weiter ist als die ontologisch bestimmte „Substanz" eines völkischen Homogenitätsideals, der Widerspruch nicht toleriert und Abweichung bis zur Vernichtung sanktioniert. Die generelle Normierung wird suspendiert und damit das rechtliche Fundament des liberalen Demokratiedenkens wie die Versprechen des Liberalismus auf Aufklärung, Freiheit, Subjektivität und Privatheit verworfen. Der antidemokratische Appell von Schmitt kulminiert schließlich in der Zuspitzung im Begriff des (völkisch verstandenen) Volkes als bewusstem Gegenbegriff zur auch republikanisch denkbaren Nation als basaler Grundlage der Freund-Feind-Unterscheidung. Wenn ein Volk die Freund-Feind-Unterscheidung nicht mehr durchführen könne, mangels Fähigkeit oder Willen, höre es auf, politisch zu existieren: „Ein Krieg hat seinen Sinn nicht darin, daß er für Ideale oder Rechtsnormen, sondern darin, daß er gegen einen wirklichen Feind geführt wird." (ebd.: 50f.) Damit wird der Krieg zum Selbstzweck, die Unterscheidung zwischen Freund und Feind zur *selffulfilling prophecy*. Denn das gesellschaftlich erstrebte Ideal von Homogenität, von Einheitlichkeit und von Gemeinschaftlichkeit entlang eindeutiger Freund-Feind-Zuschreibungen umfasst explizit auch die „doppelte Möglichkeit: von Angehörigen des eigenen Volkes Todesbereitschaft und Tötungsbereitschaft zu verlangen, und auf der Feindesseite stehende Menschen zu töten." (ebd.: 46)

II. Demokratietheorien und die Ideengeschichte der Demokratie

Übungsaufgaben

- Welche Demokratievorstellungen existieren im Konservatismus, Sozialismus, Republikanismus, Antikolonialismus und Faschismus?
- Diskutieren Sie die unterschiedlichen Volksbegriffe, die im Liberalismus, im Konservatismus, im Sozialismus, im Republikanismus, im Antikolonialismus und im Faschismus vorherrschen. Wer ist jeweils der *demos*?

5. Demokratischer Staat: der Streit um das „wie"

Die demokratietheoretischen Überlegungen nach der Niederschlagung des Nationalsozialismus waren geprägt von Kontinuitäten und Brüchen (vgl. Göhler/Zeuner 1991). Das kontinuierliche Moment bestand darin, dass die traditionellen Strömungen der politischen Theorie (Liberalismus, Konservatismus, Sozialismus) auch nach 1945 prägenden Einfluss auf die Demokratietheorien hatten. Vor dem Hintergrund der nationalsozialistischen Barbarei wurden aber die demokratischen Ansprüche neu justiert, so dass gerade in dem kontinuierlichen Moment auch die Diskontinuität lag: Traditionelle Überlegungen wurden zwar aufgegriffen, aber nachhaltig modifiziert und zum Teil dabei auch scheinbar gegensätzliche Ansätze integriert. Die zentrale Frage im Streit um die konkrete Ausgestaltung demokratischer Ordnung(en), die die nationalen wie internationalen Debatten bis in die 1970er Jahre geprägt hat, war eine grundsätzliche nach der Perspektive der Demokratietheorie: Orientiert Demokratie eher auf den Input oder eher auf den Output?

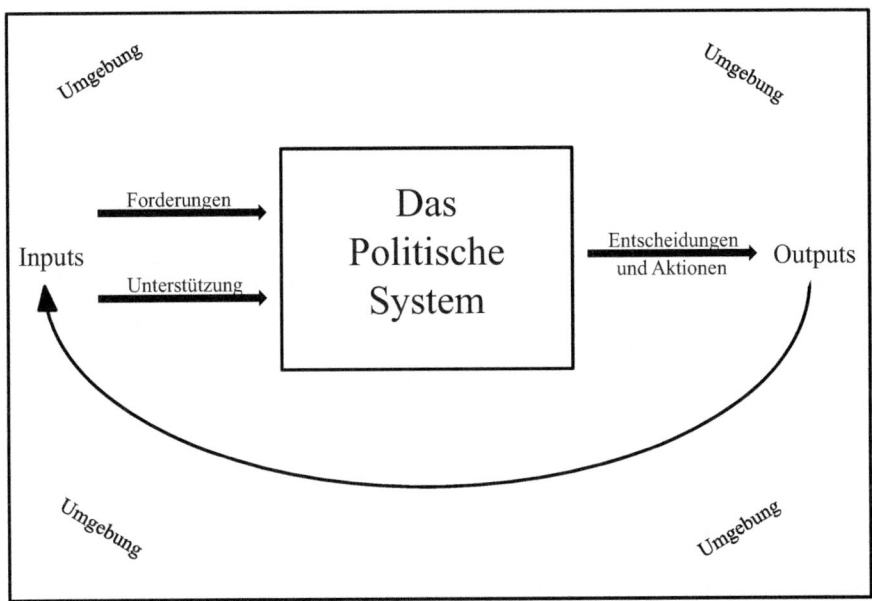

Abb. 7: Input-Output-Modell von David Easton.
Quelle: Easton 1965: 32 (eigene Übersetzung).

Während die Betonung der Input-Orientierung den Fokus auf den *dēmos* legte und danach fragte, mit welchen Mechanismen und Strukturen Partizipations- und Repräsentationsmöglichkeiten möglichst umfassend garantiert und der demokratische Konflikt organisiert werden kann, zielte die Output-Orientierung auf das *krateīn*, also die Optimierung von stabilen Strukturen und effizienter Steuerung und damit auf die politische Elite. Auf der einen Seite ging es darum, den Vorrang von Freiheit vor Sicherheit zu betonen und somit das Ziel einer Diskussion um die *Demo*kratie, auf der andere Seite wurde der Vorrang von Sicherheit vor Freiheit mit dem Ziel einer starken Demo*kratie* betont.

Auch wenn sich nicht alle Vertreter/innen der Demokratietheorie der ersten drei Nachkriegsdekaden umstandslos in diese Klassifizierung einordnen lassen, macht sie doch idealtypisch deutlich, welche Bruchlinienkonflikte die Diskussionen prägten – aber auch, dass der Beginn der zweiten Hälfte des 20. Jahrhunderts demokratietheoretisch ungeheuer produktiv und inspirierend war, da unter der Kontextbedingung von real existierenden Demokratien intensiv und kontrovers über konkrete, handlungspraktische Fragen gestritten wurde, *ohne* dass dabei die Existenz der demokratischen Ordnung selbst wirklich in Frage gestellt worden wäre (wie etwa noch im 18. oder 19. Jahrhundert durch die Macht der Aristokratie und des Klerus oder im frühen 20. Jahrhundert durch die demokratiefeindlichen Bewegungen von Faschismus und Nationalsozialismus). Für die westdeutsche Debatte kam begünstigend noch hinzu, dass sich die neu etablierte Politikwissenschaft explizit als Demokratiewissenschaft verstand und sich positiv am normativen Auftrag der Westalliierten orientierte (nicht wenige der deutschen Nachkriegspolitologen hatten bereits im Exil an Demokratisierungskonzepten gearbeitet, z.T. auch im Auftrag von ausländischen Geheimdiensten), aktiven Einfluss auf die Reeducation der deutschen Bevölkerung zu nehmen (vgl. Beyme 1986; Bleek 2001).

5.1. Input-Theorien: Partizipation und Repräsentation

Die Diskussion über die politische Ordnung war in der unmittelbaren Nachkriegszeit geprägt von kritischen Analysen autoritärer und totalitärer Staatskonzeptionen (vgl. Arendt 1951; Fraenkel 1941; Friedrich/Brzezinski 1956; Neumann 1944). Ein führender Kopf in der Auseinandersetzung mit den personellen und institutionellen Nachlässen des NS-Staates in der Bundesrepublik war der Sozialist Wolfgang Abendroth (vgl. Balzer u.a. 2001). Abendroth (1966; 1972) fokussierte seine Analyse auf die Schnittstelle zwischen Politik und Recht und widmete sich der Interpretation des Grundgesetzes und der rechtlichen Verfasstheit der westdeutschen Demokratie. Er sah Recht als zentrale Steuerungsinstanz des Politischen und begriff die rechtliche Ordnung eines Staates als Regulierungsinstrument der ökonomischen wie politischen Machtverhältnisse. Im Mittelpunkt seiner demokratietheoretischen Überlegungen stand die – auf marxistischer Grundlage – entwickelte Forderung nach weitreichenden Demokratisierungen von Staat und Gesellschaft, nach Fundierung einer sozialen Demokratie und Entwicklung eines demokratischen Sozialismus. Dabei hielt Abendroth an dem von Marx formulierten Klassenbegriff fest und versuchte die ökonomischen Konfliktlinien im Kampf um juristische Positionen deutlich zu machen. Bei der politischen Auseinandersetzung um ein soziales und demokratisches Recht, insbesondere Verfassungsrecht, unterschied Abendroth dabei zwischen einem bürokratischen Staatsapparat mit bisweilen autoritärer Exekutivmacht und einer demokratischen Verfassung, die es zu verteidigen und auszubauen gelte. Damit knüpfte er an den sozialistischen Analyseansatz einer Diskrepanz zwischen Anspruch und Wirklichkeit demokratischer Verfassungen an, die Otto Kirchheimer (1930) und Franz L. Neumann (1932) während der Weimarer Republik herausgearbeitet hatten. Abendroth vertrat dabei ein historisches Verständnis von Demokratie, weil er stets die Veränderbarkeit staatlicher Organisation durch politische (Klassen-)Kämpfe betonte:

> „Demokratische Verfassungsrechte sind das Produkt des Kampfes gesellschaftlicher Klassen, entstehen als Kompromiß und sind in der konkreten Ausprägung das Resultat von Machtkonstellationen. In diesem Sinne kann die Verfassung als Waffenstillstandslinie divergierender politisch-gesellschaftlicher Kräfte bezeichnet werden." (Seifert 2001: 74)

Im Unterschied zu sozialistischen Ansätzen der Nachkriegszeit hat der (Neo-)Pluralismus die sozialistische Kritik an Machtkonzentrationsprozessen zwar aufgriffen, aber mit liberalen Überlegungen und einer konsequent antitotalitären Implikation verknüpft (vgl. Buchstein 2011; Steffani 1980). Inspiriert von Harold Laski, der jedoch in den 1920er Jahren Pluralismus noch als gesellschaftlichen, d.h. staatsfernen Ansatz begriffen hatte, argumentierten Ernst Fraenkel und Franz L. Neumann – in der Weimarer Republik beide noch im sozialistischen Milieu aktiv – für einen entlang von nicht-kontroversen Leitnormen strukturierten und sanktionierenden Staat, der die soziale und politische Pluralität der Gesellschaft in höchst möglichem Maße strukturell (v.a. durch Recht) ermöglichen und so den kontroversen Sektor stärken sollte (vgl. Ooyen/Möllers 2009; Salzborn 2009a).

Eckdaten zum Leben und Werk

Ernst Fraenkel

deutsch-amerikanischer Jurist und Politikwissenschaftler, geb. 26. Dezember 1898 in Köln, gest. 28. März 1975 in Berlin.

Hauptwerke: Kollektive Demokratie (1929); The Dual State (1941); Das amerikanische Regierungssystem (1960); Deutschland und die westlichen Demokratien (1964).

Weiterführende Literatur:

- Gerhard Göhler/Hubertus Buchstein (Hg.): Vom Sozialismus zum Pluralismus. Beiträge zum Werk und Leben Ernst Fraenkels, Baden-Baden 2000.
- Robert Chr. van Ooyen/Martin H. W. Möllers (Hg.): (Doppel-)Staat und Gruppeninteressen. Pluralismus – Parlamentarismus – Schmitt-Kritik bei Ernst Fraenkel, Baden-Baden 2009.

Die ungeteilte Souveränität, die den Staat ins seismografische Zentrum des Politischen rückt, wird in ihrer *neo*-pluralistischen Wendung dann zu einem Ermöglichungspotenzial von Freiheit, die ihrem Wesen nach negativ bestimmt ist und insofern auf Dauer konflikthaft sein muss, da sie im Verbund mit dem Gemeinwohl einer prozesshaften Konstituierung und damit auch einer permanenten Revision unterzogen wird. Die (Neo-)Pluralismustheorie basiert insofern auf der Annahme, dass die Vertretung von konkurrierenden Interessen einer Demokratie nicht schadet, sondern vielmehr deren Fundament bildet. Auf der Basis der Anerkennung konkurrierender sozialer Lebensformen soll ein kontroverser Prozess der Willensbildung stattfinden, dem jedoch ein gemeinsam anerkannter Wertkodex zugrunde liegen müsse. Gemeinwohl ist, wie Fraenkel (1964) argumentiert hat, kein *a priori* fixierbarer Ort, sondern ein *a posteriori* sich konstituierender Prozess, der gerade in seinem Konflikt besteht, der organisiert, aber nicht gelöst werden muss. Das Gemeinwohl ist insofern nicht abstrakt definierbar, sondern muss in konkreten Interessenauseinandersetzungen immer wieder aufs Neue entschieden werden. Demokratie wird damit in der (neo-)pluralistischen Perspektive auch nicht als Zustand, sondern als Prozess begriffen, da reale Demokratien in dem Begriff von Robert A. Dahl (1971) „Polyarchien" sind: Repräsentativsysteme mit allgemeinem Wahlrecht, die jedoch mit Blick auf mögliche Partizipations-, Inklusions-, Vermittlungs- und Kontrollverfahren noch unvollständig sind (vgl. Schaal 2002: 264ff.; Schmidt 2010a: 212ff.). Der (Neo-)Pluralismustheorie geht es damit um den Fokus auf die legitimationspolitischen Desiderate, wie die mit ihnen verknüpften partizipatorischen Potenziale der Demokratie. Staatlicher Idealtyp ist im Begriff von Fraenkel (1969: 314) der „autonom legitimierte, heterogen strukturierte, pluralistisch organisierte Rechtsstaat", in den der Konflikt von Interessen ebenso eingelagert ist, wie die staatliche Souveränität.

Zentraler Modus für die Limitierung herrschaftlicher Gewalt sollen vor allem das „Recht und institutionelle Kontrollen der öffentlichen Gewalten" (Schmidt 2010a: 211) sein, wobei in der Rechtsform auch eine Ambivalenz liegt: Die Rechtsnorm als „hypothetisches Urteil des Staates über ein künftiges Verhalten der Untertanen" (Neumann 1937: 37) basiert auf dem Gesetz als Grundform. Die rechtliche Gleichheit, die alle Bürger/innen vor dem Gesetz haben, verschleiert aber die ökonomische Herrschaft des Bürgertums und damit die gesellschaftliche Ungleichheit. Deshalb ist die Idee des neutralen Staates auch eine Fiktion – denn dessen politische und rechtliche Neutralität sichert stets nur die ökonomische Ungleichheit. In ähnliche Richtung argumentierte auch Johannes Agnoli (1967), der darüber hinaus jedoch kritisch gegen den (neo-)pluralistischen Ansatz ins Feld führte, dass aufgrund dieser ökonomischen Machtverhältnisse faktisch keine echter *demos* in der kapitalistischen Gesellschaft existiere. Fritz W. Scharpf (1975: 52) gab hingegen zu bedenken, dass die „pluralistische Fragmentierung" der Politik dazu führe, dass letztlich „die Arena und der Adressat für die Austragung fundamentale Konflikte" fehle.

Während die Pluralisten die Skepsis gegenüber der Faktizität von ökonomischer Macht im politischen Prozess mit den Sozialisten teilten, verband sie ihre Orientierung an der persönlichen Freiheit und der Autonomie der Individuen mit dem freiheitlich-liberalen Denken der 1950er und 1960er Jahre. Isaiah Berlin (1969) differenzierte zwischen zwei Dimensionen von Freiheit: einer negativen und einer positiven. Während negative Freiheit die Freiheit von Zwang meint, wird positive Freiheit durch die Möglichkeit der Selbstverwirklichung bestimmt. Da die positive Freiheit in einem politischen Gemeinwesen die Tendenz zur Überregulierung und damit strukturell zum autoritären Eingriff in die Freiheitsrechte der Individuen hat, sah Berlin die negative Freiheit als das zentrale Gut an. Karl R. Popper (1945) argumentierte ähnlich, wenn er die „offene Gesellschaft" in den Mittelpunkt seiner Überlegungen rückte – diejenige Gesellschaft, die sich gegen Utopien und

Ideologien stellt, da in diesen stets einige wenige das (vermeintliche) Wohl aller erkannt zu haben glauben und dieses, nicht selten mit autoritären Ambitionen, durchzusetzen trachten. Die Aufgabe des demokratischen Gemeinwesens besteht für Popper in der staatlichen Garantie von Freiheit als negativer Freiheit und damit der Verhinderung von schlechter Herrschaft.

Neben der Betonung struktureller Freiheitsdimensionen, wie sie Berlin und Popper formuliert haben, ist ein wichtiges Fundament der (sozial)liberalen Diskussionen in den ersten Nachkriegsjahrzehnten die argumentative Stärkung von Repräsentanz- und Repräsentationsmomenten in der Demokratie. Karl Loewenstein (1957) ging es dabei darum, demokratische Regierungsformen durch eine gezielte Kontrolle von Macht und effektive Kontrollmechanismen der Regierung zu stärken, wobei auch für ihn die individuelle Freiheit zentral war. Hanna Fenichel Pitkin (1967) machte in ihren Überlegungen zum *Concept of Representation* demokratische Repräsentation als Vergegenwärtigung von etwas im Zeitpunkt der Repräsentation nicht Wahrnehmbaren kenntlich, als *standing for* und *acting for*, wobei die Qualität demokratischer Repräsentation je nach Realitätswahrnehmung der handelnden Repräsentanten differieren kann. Insofern liegt in der Repräsentation eine gewisse Ambivalenz zwischen der Notwendigkeit der relativierenden Filterung durch die Repräsentierenden und der damit strukturell verknüpften Indifferenz der vollständigen Interessenverwirklichung der Repräsentierten.

5.2. Output-Theorien: Steuerung und Stabilität

Die an effizienter Steuerung und hoher Stabilität demokratischer Ordnungen interessierten Output-Ansätze der ersten Nachkriegsjahrzehnte knüpften an Max Weber (1980) und Joseph A. Schumpeter (1942) an, die bereits vor 1945 erste funktionsdemokratische Modelle formuliert hatten. Weber hatte eine Theorie der „plebiszitären Führerdemokratie" entwickelt, in der ein starker, direkt gewählter Präsident als Chef der Exekutiven mit weitreichenden regulativen Eingriffsrechten gegenüber dem Parlament (Auflösung, Volksbefragung) über einen scharfen Wettbewerb der Parteien wachen sollte (vgl. Schmidt 2010a: 164f.); der *demos* sollte in diesem Konkurrenzkampf aktive Mitgestaltungskompetenz haben, seine Macht aber in entscheidenden Fragen letztlich auf den Führer übertragen, so dass Weber seine analytischen Konzepte legaler und charismatischer Herrschaft normativ verknüpfte. Schumpeter wiederum argumentierte aus einem ökonomischen Blickwinkel für eine starke Konkurrenzdemokratie, dessen Grundgedanken der vitalen Konkurrenz sich nicht nur die Effizienz- und Steuerungstheoretiker, sondern auch die (Neo-)Pluralisten zu eigen machten (Saage 2005: 267). Schumpeter reduzierte Demokratie dabei auf ihre kapitalistischen Strukturelemente und begriff sie als Markt, auf dem um Wählerstimmen geworben und um Akzeptanz gerungen werde. Damit begriff er Demokratie als Wettbewerb der Eliten, so dass eine konzeptionelle Füllung des Demokratiebegriffs hinter einen formal-methodischen Aspekt zurücktrat: Demokratie als formaler Akt der Wahl und des Wahlkampfes, worin aber auch eine rationale Abgrenzung gegenüber (fiktiven) Gemeinwohlorientierungen lag (vgl. Schmidt 2010a: 184ff.).

II. Demokratietheorien und die Ideengeschichte der Demokratie

Die in der Tradition des Konservatismus stehenden Eliten- und Effizienztheorien, die an Weber und Schumpeter anknüpften und sich fast ausnahmslos der Terminologie und Ideologie von Biologie, Technik und/oder Ökonomie bedienten, zielten darauf, explizit und/oder implizit die demokratischen Partizipationsmöglichkeiten zu limitieren und damit den *output* des demokratischen Systems zu effektivieren. Während der elitentheoretische Konservatismus von Helmut Schelsky dabei unter expliziter Formulierung von Herrschaftsinteressen argumentierte, kaschierten die effizienztheoretischen Ansätze von Anthony Downs und Niklas Luhmann unter dem Postulat einer scheinbaren Interessenlosigkeit ihre konservative Funktion der Systemerhaltung und strukturellen Eliminierung des Politischen. Gemeinsam ist ihnen, wie Richard Saage (2005: 270) herausgearbeitet hat, die Abwendung vom Leitbild des „mündigen Bürgers" – und damit die Hinwendung zur Demokratie als bloßer (Verfahrens-)Technik.

Schelsky (1961) versuchte den Staat von einem demokratischen Mitbestimmungs- zu einem funktionalen Lenkungsorgan zu machen, in dem Partizipation abgelöst werden sollte von einem technisch erfolgreichen Funktionieren der staatlichen Ordnung. Dabei begriff er den modernen Staat als „universalen technischen Körper" und verknüpfte damit die organische Ständestaatstheorie von Othmar Spann mit einem technokratischen Funktionalismus. Der Staat erschien (wieder) als unauflösliche Einheit, die im biologischen Sinn organisiert sein und im technischen Sinn funktionieren müsse. Die gesellschaftliche Institution Staat wurde zur natürlichen und auf diese Weise nicht im grundsätzlichen Sinn hinterfragbaren Institution verklärt. Insofern konsequent vertrat Schelsky die Auffassung, dass der politische Wille des Souveräns (des Volkes) hinter die Sachgesetzlichkeit zurücktrete und folglich von untergeordneter Bedeutung sei. Staatliche Souveränität würde durch die Kontrolle der höchsten Wirksamkeit der in einer Gesellschaft verfügbaren technisch-wissenschaftlichen Mittel hergestellt. Die Legitimitätsfrage wurde von Schelsky grundsätzlich verworfen: Der technische Staat sei kein Staat der unmittelbaren Herrschaft von Menschen über Menschen, sondern eine funktionale Struktur, die nicht legitimiert werden müsse – eben weil sie funktioniere. Diese „Legitimation durch Verfahren" (Niklas Luhmann) sollte den Staat der demokratischen Kontrolle durch den Souverän entheben, da seine Legitimität allein durch seine Funktionalität gewährt sei. Herrschaftsverhältnisse hätten sich deshalb im technischen Staat auch aufgehoben und „von innen her" aufgelöst und je mehr technische Erkenntnisse und wissenschaftliche Techniken staatlich angewandt würden, desto höher werde die Wirksamkeit staatlichen Handelns. Schelsky beschrieb damit einen politischen Prozess der Entdemokratisierung staatlicher Herrschaft, den er zwar als idealtypisch charakterisiert, zugleich aber auch für eine konsequente und sinnvolle Entwicklung hielt.

Anthony Downs (1957) setzte mit seiner ökonomischen Theorie der Politik an Schumpeter an, verschärfte aber das Effizienzargument mit einer Fokussierung von Demokratie auf den Wahlakt. Die Bürger/innen traten bei Downs als Wähler/innen in Erscheinung und wurden dabei faktisch als Käufer/innen bzw. Konsument(inn)en verstanden: Im Kontext einer prozessual funktionsfähigen parlamentarischen Demokratie würden sich die Parteien dem Konkurrenzwettbewerb um Wählerstimmen stellen und diese wiederum bei ihrer Wahlentscheidung den für sie erzielbaren politischen Nutzen „rational" abwägen. Ein solcher Rational-Choice-Ansatz verkennt, dass politische Entscheidungen auch emotionale und irrationale Dimensionen beinhalten und verengt Demokratie auf die technische Zwecklogik eines formalen Rationalismus. So wird die auf inhaltlichen Kontroversen und konkurrierenden Interessen basierende Konkurrenz in der Demokratie lediglich als ökonomischer Akt wahrgenommen, Politik zum komplexen Tauschsystem vereinfacht. Die Reduktion von Demokratie auf eine Eliten orientierte Effizienzsteigerung politischer Entscheidungen, die Downs in seinem technischen Blick auf den Wahlakt konzeptualisiert, hat Niklas Luhmann zu einem kompletten gesellschaftstheoretischen System erweitert.

Die moderne Gesellschaft galt Luhmann (1969, 1975, 1998) als funktional differenziertes und komplexes System, das nicht mehr nach sozialen Rangordnungen, sondern nach unterschiedlichen Funktionsbereichen (Politik, Recht, Wirtschaft, Religion etc.) gegliedert sei. Soziale Systeme zeichneten sich dadurch aus, dass in ihnen „Sinn" mit dem Ziel von Kommunikation verwirklicht werde. Die moderne Staatsverfassung verbinde dabei die nach innen gerichtete Organisation der Staatsgewalt mit einer nach außen gerichteten Abgrenzung, wobei die damit ablaufenden Prozesse sozialer Schließung zu einer Einschränkung von Kommunikations- und Interaktionsmöglichkeiten auf der einen und einer systemimmanenten Stärkung des bürokratischen Apparats auf der anderen Seite führten, der die faktische Kontrolle innerhalb des politischen Systems übernehme. Das Ziel der politischen Ordnung wurde von Luhmann in ihrer Selbsterhaltung und in der Herbeiführung kollektiv bindender Entscheidungen gesehen, wobei demokratische Legitimität lediglich darin bestehe, Entscheidungen durchsetzen zu können – ohne Rücksicht auf die Frage, um welche Entscheidungen es sich handelt und mit welchen Mittel sie durchgesetzt werden. Liest man Luhmanns Theorie empirisch, dann finden sich durchaus Aspekte, die die prozessuale Dimension demokratischer Herrschaft beschreiben helfen (etwa mit Blick auf die in etablierten Demokratien zunehmend festzustellende selbstreferenzielle Ausrichtung von Parteien in Regierungsverantwortung mit dem Ziel der Macht- und Ämtererhaltung); folgt man aber Luhmanns gesellschaftstheoretischem Anspruch, dann führen seine Überlegungen zur Rechtfertigung einer schleichenden Entdemokratisierung, da sie einen „Enthauptungsschlag" (Saage 2005: 280) gegen die demokratische Orientierung an einer Selbstbestimmung des *demos* beinhalten: Denn die Legitimationsfrage wird in einer scheinbar empirischen, faktisch aber normativen Argumentation aus der demokratietheoretischen Agenda herausrediziert, Politik wird zur Technik degradiert.

5.3. Dahrendorf und die demokratietheoretische Vermittlung

Die eliten- und effizienztheoretischen Ansätze der 1960er und 1970er Jahre haben die Stabilisierung der politischen Ordnung in den Mittelpunkt ihrer Betrachtungen gerückt und dabei – trotz aller Kritik an der damit einhergehenden partizipatorischen Verkürzung von Demokratie – kenntlich gemacht, dass politische Stabilität und Kontinuität wesentliche Funktionsvoraussetzung für Demokratie sind, da

II. Demokratietheorien und die Ideengeschichte der Demokratie

demokratietheoretische Debatten über die Erweiterung von Partizipations- und Mitbestimmungsmöglichkeiten immer eine souveräne, rechtlich homogene und effiziente Normenordnung voraussetzen. Und insofern das Verhältnis zwischen Freiheit und Sicherheit stets umstritten ist, so ist es in seiner Ambivalenz letztlich in einer demokratischen Ordnung doch unauflöslich: keine Freiheit ohne Sicherheit, aber eben auch keine Sicherheit ohne Einschränkung von Freiheit (vgl. Salzborn 2012a).

Obgleich er selbst seine demokratietheoretischen Überlegungen nicht so verstanden hat, liefert das Konzept von Ralf Dahrendorf (1961, 1968, 2007) eine gewisse Vermittlung zwischen den beiden großen Polen der demokratietheoretischen Diskussion der drei Nachkriegsjahrzehnte: Für Dahrendorf steht die Freiheit im Zentrum seiner Überlegungen, wobei er sich von den liberalen Denkern der Nachkriegszeit dadurch unterschied, dass er die Ambivalenzen von politischer und ökonomischer Freiheit sah und auch begriff, dass politische Freiheit immer auch politische Gleichheit, also die gleiche Chance auf Teilhabe bedeutet.

> **Eckdaten zum Leben und Werk**
>
> *Ralf Dahrendorf*
>
> *deutsch-britischer Soziologe und Politiker, geb. 01. Mai 1929 in Hamburg, gest. 17. Juni 2009 in Köln.*
>
> Hauptwerke: Homo Sociologicus (1959); Gesellschaft und Freiheit (1961); Gesellschaft und Demokratie in Deutschland (1965); Konflikt und Freiheit (1972).
>
> Weiterführende Literatur:
>
> - Hansgert Peisert/Wolfgang Zapf (Hg.): Gesellschaft, Demokratie und Lebenschancen. Festschrift für Ralf Dahrendorf, Stuttgart 1994.

Ausgehend vom Individuum sah Dahrendorf die Freiheit durch die Momente Recht und Macht konstituiert: Das Recht bilde den legalen Rahmen für die Freiheit, die immer mit Elementen von Zwang versehen sei. Das Gesetz als oberste Instanz, über der niemand stehen soll (also kein absoluter Herrscher o.ä.), garantiere die formale Herrschaft des Rechts. Die Zwangsstruktur der rechtlichen Reglementierung gilt dabei nach Dahrendorf als angemessen, wenn sie lediglich die unbedingt notwendigen Bereiche betrifft, also nur rechtlich geregelt ist, was zwingend geregelt werden muss – in anderen Worten: diejenigen gesellschaftlichen Bereiche, in denen Konflikte aufgrund unterschiedlicher Interessen nicht aufhebbar sind. Das zweite Element der von Dahrendorf beschriebenen Verfassung der Freiheit, die Macht, knüpfte hieran an. Als entscheidend gilt hier die Frage nach der Begrenzung und Kontrolle von politischer Macht, etwa durch Wahlen, repräsentative Strukturen oder direkte Partizipations- und Interventionsstrukturen. In seinem liberaldemokratischen Ansatz begriff er Demokratie somit als institutionelle Ordnung, die das Verhältnis zwischen Bürgern und Staat regeln sollte. Der gesellschaftliche und politische Konflikt – und da war Dahrendorf den (neo-)pluralistischen und in gewisser Weise sogar den sozialistischen Ansätzen nahe – sei dabei nicht Ausdruck von Störungen oder Dysfunktionen des politischen Systems, sondern ganz im Gegenteil der Motor sozialen Wandels und Fortschritts. Wesentlicher Ort zur Aushandlung und Ausagierung von sozialen Konflikten sei die Öffentlichkeit, die sich in einen aktiven, einen passiven und einen latenten Teil untergliedere. Der passive Teil kontrolliere den aktiven, d.h. die politischen Eliten werden (sporadisch) in ihrem Handeln überwacht, was sich zentral den Wahlakt, aber eben auch auf die öffentliche Debatte bezog. Die latente Öffentlichkeit sei hingegen durch Nichtteilnahme gekennzeichnet. Dahrendorf sieht nun aber – und damit näherte er sich den Eliten- und Effizienztheorien an – in dieser Latenz und Passivität kein Problem, sondern im Gegenteil eine Garantie für die praktische Wirksamkeit von demokratischer Freiheit: Hohe politische Partizipation – der aktive Teil der Öffentlichkeit macht zwischen einem und zehn Prozent der Wähler/innen aus – gilt ihm als Ausdruck einer Störung von Demokratie.

Übungsaufgaben

- Worin unterscheiden sich die Input- und die Output-Orientierung der Demokratietheorie?
- Gibt es alternative Klassifizierungsmöglichkeiten der Demokratietheorien der ersten Nachkriegsjahrzehnte?
- Diskutieren Sie das Spannungsverhältnis von Freiheit und Sicherheit in der Demokratie.

6. Uneingelöste Versprechen der Demokratie und die Internationalisierung der Debatte

Aus den Debatten über das Verhältnis von Input- und Output-Orientierung entwickelte sich in den späten 1960er Jahren eine demokratietheoretische Diskussion, die ein neues Grundmotiv auf die Agenda setzte: die Frage danach, ob die Gewissheiten und Selbstverständlichkeiten, von denen in der Auseinandersetzung mit Demokratie stillschweigend ausgegangen wurde, tatsächlich verwirklicht waren – oder ob es sich lediglich um Versprechen der Demokratie handelte, die entweder nie eingelöst worden waren oder nur partiell Verwirklichung gefunden hatten. Vor dem Hintergrund von internationalen (Re-)Autoritarisierungsprozessen und weltweiten (Bürger-)Kriegen in den 1960er und 1970er Jahren, die oft von innenpolitischen Entdemokratisierungen begleitet waren, entstand somit eine demokratietheoretische Irritation: War das, was als sicher und unverbrüchlich galt, *überhaupt* zutreffend – oder entpuppten sich die Versprechen der Demokratie als Ideologie? (vgl. Comtesse u.a. 2019; Flügel-Martinsen 2020).

6.1. Die uneingelösten Versprechen der Demokratie

Gerade die Internationalisierung der Perspektive in der demokratietheoretischen Debatte seit den späten 1960er Jahren zeigte, dass gesellschaftliche Emanzipation und politische Partizipation trotz formaler Gleichheiten faktisch limitiert waren. Claus Offe (1969, 1972) argumentierte, dass bestimmte gesellschaftliche Gruppen aufgrund ihrer faktischen Distanz zum konventionellen politischen Prozess von Partizipation und Repräsentation ausgeschlossen seien (siehe auch Richter 2020). Überdies sei es ein Dilemma der Demokratie, für bestimmte Fragen kein institutionalisiertes Forum zu finden, da sie keine konkrete Interessenvertretung oder Lobby hätten: „Das pluralistische System von organisierten Interessen sperrt alle Bedürfnisartikulationen aus dem politischen Willensbildungsprozeß aus, die allgemein und nicht an Statusgruppen gebunden sind." (Offe 1969: 171) Insofern sei es ein strukturelles Dilemma der Demokratie, bestimmte gesellschaftliche Gruppen wie konflikthafte Themenfelder von ihrer Agenda auszuschließen, da es keine institutionalisierte Dimension zur Durchsetzung ihrer Interessen gebe.

Der Gedanke der strukturellen Unrepräsentiertheit fand sich später auch bei Ingeborg Maus (1986, 2011, 2015), die ihren Fokus auf das Motiv der Volkssouveränität legte. Maus argumentierte, dass die innenpolitische Dimension der Souveränität zu oft mit Blick auf die Betonung des staatlichen Gewaltmonopols und ihre Funktion der Herstellung einer exekutiv orientierten administrativen Ordnung den eigentlichen Kern des Souveränitätsgedankens, die Bindung an die Freiheit in Form der Volkssouveränität, vernachlässige. Insofern galt das partizipatorische Versprechen der Demokratie mit Blick auf die Institutionalisierung von Repräsentationsmechanismen nur halbiert, ein sich verselbstständigender Staats- und Verwaltungsapparat minimierte die Partizipation, wogegen Maus das Prinzip einer möglichst weit reichenden Übertragung legislativer Kompetenzen an die gesellschaftliche Basis des *demos* stellte.

Offe wie Maus knüpften damit an die Grundüberlegungen der identitären Demokratietheorie von Rousseau an, wandten sie aber mit einem empirischen Blick auf die realen Defizite der repräsentativen Demokratie an, was später auch noch einmal in der Bürgergesellschaftsdebatte (vgl. Brink/Reijen 1995) um eine „strong democracy" (Barber 1984) zum Ausdruck kommt. Die zivilgesellschaftlichen Defizite sah auch Norberto Bobbio (1988), der auf der Basis demokratischer Grundregeln eine Integration von repräsentativ- und basisdemokratischen Elementen anregte, da für ihn plebiszitäre Elemente grundlegende Diskussions- und Entscheidungsdimensionen der repräsentativen Demokratie nicht ersetzen könnten. Auch Anton Pelinka (1974: 116) schlug in seiner Theorie der „dynamischen Demokratie" vor, Demokratie genuin als unfertig zu begreifen, verknüpft mit dem fortwährenden Bemühen, aus „‚apathetics' ‚spectators' und aus diesen ‚gladiators' zu machen", womit er vor allem die gesellschaftliche Dimension von Demokratie betonte:

> „Das Ziel ist, diejenigen, die ökonomische oder politische Macht als gleichsam unabänderlich und unbeeinflußbar erleben, unzufrieden mit ihrer Machtlosigkeit zu machen. Das weitere Ziel ist, unter Ausnutzung des Schwindens der Apathie bestehende demokratische Formen mit Inhalt zu füllen und auf die Schaffung neuer demokratischer Formen zu drängen. Das Ziel ist die Beteiligung möglichst vieler an möglichst allen Formen von Macht." (ebd.)

Die Ursachen für eine Gefährdung von Demokratie sah Pelinka dabei in zu geringen Formen der Beteiligung, der durch eine Verbreiterung der gesellschaftlichen Basis in Partizipationsfragen begegnet werden sollte. Auch er kritisierte – ähnlich wie Offe und Maus – die durch „funktionale Autorität transformierte Macht" (ebd.: 118), die den Ausschluss von Teilen der Gesellschaft an der Partizipation zur Folge habe. Als wesentlich für demokratische Partizipation benannte Pelinka (1976: 135) drei Voraussetzungen: die grundsätzliche Durchschaubarkeit politischer Prozesse, die grundsätzliche Durchlässigkeit der Gesellschaft und die grundsätzliche Verantwortlichkeit aller Machtträger.

Eckdaten zum Leben und Werk

Anton Pelinka

österreichischer Politikwissenschaftler, geb. 14. Oktober 1941 in Wien.

Hauptwerke: Dynamische Demokratie (1974); The Politics of the Lesser Evil (1999); Democracy Indian Style (2003); Vergleich politischer Systeme (2005); Vom Glanz und Elend der Parteien (2005).

Weiterführende Literatur:

- Andrei S. Markovits/Sieglinde K. Rosenberger (Hg.): Demokratie – Modus und Telos. Beiträge für Anton Pelinka, Wien 2001.

Das in den Kritiken an den uneingelösten Versprechen der Demokratie der 1970/80er Jahre zentrale Motiv war eine radikale Praxiskritik, bei der zwar die abstrakten Voraussetzungen von Demokratie und ihre ideengeschichtliche Verortung nicht außer Acht gelassen wurden, aber vor allen Dingen die faktischen Strukturprinzipien, die sich in demokratischen Gesellschaften empirisch etabliert hatten, in den Fokus rückten. Die Kritik an der geschlechterpolitischen Dimension demokratischer Herrschaft avancierte dabei zur dominantesten Strömung innerhalb der Demokratietheorien, die ihre Ursprünge in den 1960/70er Jahren hatten. In feministischer Perspektive ging es zunächst um das Argument, dass in der demokratiepolitischen Debatte Frauen mehr oder weniger komplett ausgeschlossen seien – was einerseits die Nichterwähnung von demokratischen Interventionen durch Frauen im Kontext der Ideengeschichte betraf, andererseits aber auch auf die androzentrische, d.h. männlichkeitszentrierte Perspektive in der Demokratietheoriebildung selbst aufmerksam machte. Denn das demokratische Versprechen auf Freiheit und Gleichheit war unter der Hand stets ein männlich-exklusives Versprechen gewesen, an dem Frauen explizit nicht nur nicht beteiligt gewesen waren, sondern implizit überdies durch die rollenspezifische Zuweisung von Frauen in die Sphäre des Privaten und von Männern in die Sphäre des Öffentlichen ein systematischer Herrschaftsausschluss bei gleichzeitiger Zuschreibung einer Reproduktionsfunktion für Frauen erfolgt war (vgl. Holland-Cunz 1998; Löffler 2011; Ludwig/Sauer/Wöhl 2009; Seemann 1996).

So wurde in der feministischen Demokratietheorie nicht nur an wesentliche Vordenkerinnen im historischen Kontext erinnert, die wie Olymp de Gouges praktisch für Frauenemanzipation und Geschlechtergleichheit gestritten (und dafür in der Französischen Revolution den Kopf verloren) hatten oder die wie Mary Wollstonecraft Frauen- und Bürgerinnenrechte theoretisch begründeten (vgl. Holland-Cunz 2003), sondern auch klassische Demokratietheorien einer systematischen Revision unterzogen. Carole Pateman (1988) etwa stellte in ihrer Auseinandersetzung mit dem Kontraktualismus fest, dass der Gesellschaftsvertrag zugleich auch ein Geschlechtervertrag gewesen sei. Letzterer habe die vollständige Unterwerfung der Frau unter männliche Herrschaft begründet, da er die Trennung der Gesellschaft in eine öffentliche (männliche) und eine private (weibliche) Sphäre vollzogen habe. Durch die Institutionen Ehe und Familie sei das besitzindividualistische Denken des liberalen Kontraktualismus auf den Körper angewandt und der weibliche Körper der männlichen Kontrolle unterworfen worden. Insofern sei die proklamierte Freiheit der bürgerlichen Gesellschaft stets nur eine halbierte gewesen, da in der geschlechterhierarchischen Gesellschaft Frauen strukturell von Partizipation ausgeschlossen seien.

> **Eckdaten zum Leben und Werk**
>
> *Carole Pateman*
>
> *britische Politikwissenschaftlerin, geb. im Dezember 1940 in Sussex.*
>
> Hauptwerke: Participation and Democratic Theory (1970); The Problem of Political Obligation (1979); The Sexual Contract (1988); The Disorder of Women (1989).
>
> Weiterführende Literatur:
>
> ▪ Daniel I. O'Neill/Mary Lyndon Shanley/Iris Marion Young (Hg.): Illusion of Consent. Engaging with Carole Pateman, Pennsylvania 2008.

Eva Kreisky (1995: 85) hat später herausgearbeitet, dass das staatliche Gewaltmonopol das Zusammenspiel von „häuslichem Frieden" und „innerstaatlichem ‚sozialem Frieden'" auf Kosten der Frauen institutionalisiert habe, da im Gewaltmonopol nicht alle Gewalt monopolisiert worden sei – es bleibe die männliche Souveränität in der häuslichen Sphäre: „Der Staat war und ist keine geschlechtsneutrale Instanz." (ebd.: 87) Im Staatsapparat materialisierten sich patriarchale Prinzipien, da staatliche Institutionen ihrer Provenienz nach sedimentierte männliche Lebenserfahrungen und Interessen seien. Im Mittelpunkt stünden dabei Rituale und Zeremonien einer „exklusiven männlichen Vergemeinschaftung" (ebd.: 101), in der Freundschaft, Verbrüderung, Homoerotik, Initiationen, künstliche Feindbilder, Männerseilschaften und Heldenmythen im Zentrum stünden. Militär und Bürokratie seien die Kernstrukturen eines männerbündischen Staatsapparates.

Iris Marion Young (2000) hat ihre Kritik der modernen Demokratie am Ideal der universalen Staatsbürgerschaft orientiert und betont, dass trotz dieses Idealbildes Gruppendifferenzierungen einer heterogenen Gesellschaft auszumachen seien, da Statusgleichheit zu sozialer Ungleichheit führe, bei der es zu Unterdrückung und Marginalisierung von Minderheiten komme, nicht nur unter geschlechterspezifischer Perspektive. Young befürwortete aufgrund ihres Ansatzes dabei weniger eine nachholende Integration von Partizipationsmöglichkeiten in der Demokratie, sondern die Schaffung separierter Öffentlichkeiten mit institutionalisierten Rechten der Selbstorganisation und Vetomachtoptionen. Dass direktdemokratische Verfahren ein wesentliches Mittel zur Erhöhung von Partizipationsmöglichkeiten sein können, verknüpfte Birgit Sauer (2001: 252) hingegen mit der strukturellen Forderung nach einer Quotierung von Herrschaft und kompromissorientierter Gleichstellungspolitik, so dass in einer „doppelgleisigen Demokratiedebatte" institutionelle Veränderungen im demokratisch-institutionellen System selbst ergänzt werden müssten um die normative Dimension feministischer Demokratiekritik.

6.2. Gerechtigkeit, Umwelt, Frieden

Eine auch gesellschaftlich einflussreiche Strömung, die sich aus den Debatten der 1970/80er Jahre über Defizite der Demokratie entwickelte, war die grüne Demokratietheorie. Im internationalen Kontext wird grüne Theoriebildung vor allem unter dem Paradigma der Umwelt- und Ökologieorientierung diskutiert (vgl. Garner/Ferdinand/Lawson 2009: 146ff.); allerdings zeigen sich auch klare demokratietheoretische Konturen: Unter dem Fokus der Orientierung auf globale Gerechtigkeit sollte Demokratie aus grüner Perspektive nicht mehr ein nur nationales, sondern zuvörderst ein internationales Projekt sein, so dass sich die Referenzkontexte im Vergleich zu allen anderen Demokratietheorien grundlegend verschoben – da der demokratische Regulierungsanspruch sich nicht mehr primär an den innerstaatlichen Herrschaftsverhältnissen orientierte, sondern aufgrund des unterstellten überstaatlichen Anliegens generell die souveräne Weltordnung in Frage stellte. Einerseits fand dabei eine Rückholung der aristotelischen Perspektive auf Politik statt, die das Primat eines normativen Gemeinwohlbegriff betonte und im internationalen Kontext Gerechtigkeit und Frieden herstellen wollte; andererseits integrierte die grüne Demokratietheorie darüber hinaus konservative und liberale Aspekte: konservative, aufgrund der historischen Verankerung des Umweltschutzgedankens in der Natur-, Heimatschutz- und Lebensreformbewegung Ende des 19. Jahrhunderts und deren antimoderne Orientierung auf Zivilisationsablehnung und Natürlichkeitsglauben (vgl. Geden 1996); liberale, aufgrund der ökonomischen Verknüpfung mit einem notwendigen Maß an individuellem und gesellschaftlichem Reichtum und damit am Konzept des Besitzindividualismus, ohne den Umwelt- und Naturschutz nicht finanzierbar wären.

Demokratietheoretisch bedeutsam ist darüber hinaus die Ambivalenz, dass Naturschutzpolitik immer eine steuernde Dimension inkorporiert, selbst dann, wenn ihr Paradigma ein biotopischer Nichteingriff sein sollte, da auch dieser faktisch eine Entscheidungsfindung voraussetzt und insofern, wenn Natur- und Umweltschutzargumente mit einer Referenz auf etwas angeblich Objektives im Framing von ökozentrischen oder biozentrischen Paradigmen formuliert werden (vgl. Piechocki 2010), immer eine individualethische Vorstellung *als* generelle Sozialethik implementiert wird: Die Argumentation mit „der" Natur, „der" Umwelt, „dem" Ökosystem, „der" Wildnis oder „der" Gesundheit als quasi-essentialistische Entitäten blockiert aber strukturell aufgrund ihrer Referenz auf unterstellte Objektivität die Möglichkeit des Verhandelns und des Streitens – und konterkariert damit den Konflikt als Kern der Demokratie.

Im Mittelpunkt grüner Demokratietheorie stehen die Werte globale Gerechtigkeit, Umwelt- und Naturschutz und Friedenssicherung im internationalen Kontext. Da aber sowohl Gerechtigkeits-, wie Umweltschutz- und Friedensfragen eine notwendig globale Dimension haben, orientierte die grüne Demokratietheorie auf die „Perspektiven der Weltgesellschaft" (Beck 1998) – jenseits staatlicher Referenzsysteme. Im Zentrum dieses Demokratiemodells stehen damit die Kooperation und der Diskurs, die als Schlüsselhandlungen zur Veränderung demokratischer Partizipationsdefizite verstanden werden. Waren noch in den 1980er Jahren starke basisdemokratische und quotenorientierte Ansätze als Impulse aus der feministischen in der grünen Demokratietheorie wahrnehmbar, entkoppelten sich beide Strömungen seither zunehmend. Im Zentrum grüner Demokratietheorie steht seither vor allem das Motiv der Deliberation, das federführend von Jürgen Habermas vertreten wird.

Das Konzept der deliberativen Demokratie sieht im Begründungszusammenhang von Recht und Öffentlichkeit ein Desiderat, das die Vermittlungsfunktion zwischen Beherrschten und Herrschenden entweder nicht hinreichend genug erfüllt (so etwa die Vorschläge zur teilweisen Zunahme von deliberativen Momenten in der liberaldemokratischen Praxis durch *deliberative polls* oder *citizen juries*) oder das in Gänze dem normativen Anspruch demokratischer Partizipation als Integrationsprojekt nicht gerecht wird (vgl. Abramson 1994; Ackerman/Fishkin 2004; Dryzek 2000; Fishkin 1991; Richter 2008). Es geht also um eine Verstetigung des Gleichheitspostulats liberaler Demokratien, das über den Horizont individueller Gewährungen in Form von negativen Freiheitsrechten hinausweist und eine integrative Gemeinwohlbestimmung zum Ziel hat, bei dem Bürger/innen nicht lediglich ihre Eigeninteressen, sondern ihre Vorstellungen von Gemeinwohl in den demokratischen Prozesse einspeisen sollen (vgl. Buchstein/Jörke 2007: 36): Die Legitimation von politischen Prozessen, exakt auch von rechtlichen Ordnungen und damit Gesetzen obliegt in den Worten von Jürgen Habermas (1992: 370) somit der „sich selbst organisierenden Rechtsgemeinschaft", was auf ein Konzept der „Identität der Autoren und Adressaten des Rechts" verweist (Strecker 2009: 65). Ziel deliberativer Politik ist es, einen „internen Zusammenhang" zwischen „Verhandlungen, Selbstverständigungs- und Gerechtigkeitsdiskursen" herzustellen (Habermas 2009: 79).

Infolge von Verhandlungen soll ein deliberativer Konsens entstehen, in dem scheinbar keine vermachteten sozialen Beziehungen mehr vorhanden sein sollen und in denen die Instanz des Richters, die die Konzepte von Hobbes und Locke, später aber auch John Rawls (1971) der gesellschaftlichen Sphäre entrissen hatten, um sie im demokratischen Souverän politisch zu zentralisieren und zu monopolisieren, wieder in die Subjekte zurückverlagert werden soll: Alle sollen an Entscheidungen teilhaben, es soll keine qualitativ höherwertigen Urteile einer unabhängigen Instanz und damit keine Hierarchien mehr geben, was zugleich aber eben auch heißt: keine Garantien, dass Verstöße effektiv, gleich oder auch überhaupt nur sanktioniert und damit Normen tatsächlich erst garantiert werden.

Die im Postulat einer sich selbst regierenden, deliberativen Weltgesellschaft angelegte Entsouveränisierung der internationalen Staatenordnung argumentiert dabei gegen den Staat als zentralen Akteur der Weltpolitik (vgl. Albrow 1996; Habermas 1998), kann dies aber nicht ohne doch auf ihn Bezug nehmen zu müssen, weil es keine formierte politische Ordnung gibt, die sich praktisch als symmetrische Alternative formiert hätte (vgl. Müller 2009; Richter 2011). In dieser systematischen Asymmetrie liegt auch eine der großen Unklarheiten des Gedankens der Selbstregierung durch Öffentlichkeit: die Antwort auf die Frage nach der Vorherrschaft, also danach, wer normativ entscheiden soll bzw. wer faktisch entscheidet?

6.3. Interesse, Konflikt, Krieg

Die utopische Vision deliberativer Demokratietheorie war seit den 1990er Jahren Anlass, im Kontext der Internationalisierung der Demokratietheorie realistische Theorieansätze zu formulieren, die von realen Krisen- und Konfliktszenarien der Weltpolitik ausgehen und nach dem demokratischen Potenzial sowohl in der Interaktion von Demokratien, wie auch zwischen demokratischen und nicht-demokratischen Regimen fragten. Diese Versachlichung der Demokratietheorie nahm nun wieder Bezug auf den Ausgangspunkt moderner Demokratietheorie und ihre empirische Fundierung etwa durch Machiavelli und Hobbes und plädierte erneut für eine Entteleologisierung und Entmoralisierung der Demokratiedebatte: Nicht eine abstrakte globale Gerechtigkeit sollte im Mittelpunkt stehen, sondern Demokratie wurde (wieder) begriffen als Ordnungskonzept, das Interessenkonflikte auszuagieren hilft und dabei, gerade im internationalen Kontext, auch kriegerische Dimensionen einschließt. Auch hierin bestand ein ideengeschichtlicher Anschluss an die kontraktualistische Demokratietheorie von Hobbes und Locke und die ihnen folgenden konfliktorientierten Ansätze, nur dass das Konfliktpotenzial nun nicht mehr eine rein innenpolitische (zwischen Interessengruppen innerhalb einer Demokratie), sondern auch eine internationale Dimension bekommen hatte, die ihre besondere Dynamik durch den weltweit agierenden islamistischen Terrorismus erhielt.

Chantal Mouffe und Ernesto Laclau (1985) haben in ihrem Plädoyer für eine „radikale Demokratie" mit der Forderung nach einer fundierten Volkssouveränität bei möglichst großer Erweiterung von Partizipationsmomenten und Einräumung von pluralen Autonomieräumen zahlreiche Forderungen, die aus der Analyse der Defizite des modernen Demokratieversprechens resultierten, aufgegriffen und unter dem Paradigma des Konflikts – in Abgrenzung zu liberalen, aber auch zu konsensorientierten Demokratietheorien – von einem „demokratischen Paradox" (Mouffe 2000) gesprochen, das auf einem agonistischen, den Kampf und Konflikt betonenden Demokratiemodell aufbaut und radikale, wie plurale Dimensionen integriert. In ihrer Widerrede gegen die Utopie einer Weltgesellschaft hat Mouffe eine eindringliche Warnung vor dem postpolitischen Zeitgeist und der antipolitischen Vision formuliert, die in der „kosmopolitischen Illusion" einer moralischen Weltgesellschaft aufscheine (Mouffe 2007). Politische Differenzierung entlang agonistischer Interessen werde dabei in moralische Kategorien und Zuschreibungen aufgelöst. Entscheidend ist die Annahme, dass die Orientierung des Politischen auf den Konsens nicht nur eine Illusion sei, sondern dass das Wesen der Demokratie gerade nicht im Konsens bestehe, sondern im Konflikt, in der Notwendigkeit, über Interessen und Werte zu streiten, seine Positionen zu fundieren und durchaus auch zu revidieren, aber vor allem anzuerkennen, dass das Grundideal der Demokratie der Konflikt ist. Der Wunsch nach deliberativer Herstellung eines moralischen Konsensus, die Auflösung des Politischen in eine amorphe Weltgesellschaft, zielt dabei laut Mouffe notwendig auf die Auflösung des Politischen selbst und damit auf die Nivellierung jedes demokratischen Potenzials. Das Politische wird dabei in seinen konzeptionellen Grundlagen von interessenbedingten Konflikten bestimmt und somit durch den für die menschliche Gesellschaft konstitutiven Antagonismus, der sich entlang von Interessen organisiert und stets konflikthaft sein muss. (vgl. Salzborn 2021b)

6. Uneingelöste Versprechen und die Internationalisierung der Debatte

> **Eckdaten zum Leben und Werk**
>
> *Chantal Mouffe*
>
> *belgische Politikwissenschaftlerin, geb. 17. Juni 1943 in Wanfercee-Baulet.*
>
> Hauptwerke: Hegemony and Socialist Strategy (zus. m. Ernesto Laclau) (1985); The Return of the Political (1993); The Democratic Paradox (2000); On the Political (2005).
>
> Weiterführende Literatur:
>
> - Martin Nonhoff (Hg.): Diskurs – radikale Demokratie – Hegemonie. Zum politischen Denken von Ernesto Laclau und Chantal Mouffe, Bielefeld 2007.

Die konflikthafte Dimension demokratischer Politik im internationalen Kontext haben Samuel P. Huntington, Francis Fukuyama und Herfried Münkler betont. Huntington (1996) rückte dabei die realpolitische Gefährdung der westlich-demokratischen Welt durch kulturpolitisch aufgeladene Konflikte in den Mittelpunkt seiner Betrachtungen. Nicht mehr die zwischenstaatlichen Konflikte der bipolaren Weltordnung stünden seit 1989/90 im Mittelpunkt, sondern die Konflikte entlang von kulturell demarkierten Identitätsdispositiven: „The next world war, if there is one, will be a war between civilizations." (Huntington 1993: 39) Er sah die maßgebliche Gefahr in einem größeren, eigentlichen Kampf, dem Kampf zwischen Zivilisation und Barbarei; Barbarei, die sich ausdrückt durch gescheiterte Staaten und (damit) in vielen Teilen der Welt eine zunehmende Anarchie. Recht und Ordnung (und damit Souveränität und Staat) seien Vorbedingungen von Zivilisation und damit eines jeden Kulturkreises, jedoch schienen diese in vielen Teilen der Welt in Auflösung begriffen oder zumindest in starke Bedrängnis zu geraten. Das Gegenstück zur demokratischen Vision sah Huntington in einer sich weiter zuspitzenden Barbarisierung nicht-demokratischer Staaten, in der statt freier und gleicher Rechtsordnungen anarchische Strukturen dominierten.

Münkler (2002: 224) plädierte für eine Versachlichung der Demokratiedebatte und hob die Notwendigkeit hervor, abstrakte rechts- oder moralphilosophische Erörterungen durch eine Analyse der „Dynamiken und Eskalationsmechanismen der innergesellschaftlichen und transnationalen Kriege" zu ersetzen. Denn Kriegslogik folge nicht den „Imperativen einer Menschenrechtspolitik oder des Weltbürgerrechts", sondern denen eines politisch-ökonomischen Kalküls (ebd.: 225). Die neuen, asymmetrischen Kriege suspendierten auch die Regeln zwischenstaatlicher Kriegsführung, die noch auf einem legalen Konsens zwischen den Staaten beruht hatten.

Fukuyama (1992, 2004) hat nun wiederum aus dem „Ende der Geschichte" – eine polemische Anspielung auf die mit der osteuropäischen Transformation von 1989/90 gescheiterte Marxsche Prophezeiung, nach der die Geschichte im Kommunismus an ihr Ende kommen würde – die Notwendigkeit der interventionistischen Einleitung von demokratischen Staatsbildungsprozessen abgeleitet – und diese Forderung angesichts des massiven antidemokratischen *Rollbacks* seit der Jahrtausendwende auch mit einer Revision der eigenen These verbunden, so dass er inzwischen wieder von einer „Future of History" (Fukuyama 2012: 53) spricht. Ausgehend von der These, dass der Zusammenbruch der bipolaren Weltordnung nun wiederum zu einer weltweiten Durchsetzung der Idee der liberalen Demokratie und der Marktwirtschaft führen werde, entwickelte Fukuyama den Vorschlag für die weltweite Notwendigkeit, aktiv *State-Building*-Prozesse nach westlich-demokratischem Vorbild in Gang zu setzen und so eine Demokratisierung, notfalls auch gegen den Willen von autokratischen Regimen, d.h. militärisch durchzusetzen (siehe hierzu auch Erdmann/Kneuer 2009; Grimm 2010; Weiffen 2009). Allen dreien – Huntington, Münkler und Fukuyama – ist gemein, dass sie Krieg als nicht im Widerspruch zu Demokratie interpretieren, sondern ganz im Gegenteil aufgrund historischer und/oder empirisch-vergleichender Analysen herausarbeiten, dass Krieg faktisch immer Bestandteil von internen und internationalen Demokratisierungsprozessen war und ist.

6.4. Die Unlösbarkeit des Streits um das „Wesen" der Demokratie

In die Begründung moderner Demokratietheorie ist gerade in jüngeren Debatten, die immer wieder um das Verhältnis von Repräsentation und Identität, von Mitbestimmung und Selbstbestimmung, von Steuerung und Partizipation kreisen, ein Spannungsverhältnis eingelagert, das letztlich objektiv unlösbar bleibt: das zwischen ökonomischer und politischer Freiheit (vgl. Salzborn 2012b). Hat sich die Demokratie als spezifische Staatsform der bürgerlichen Gesellschaft entwickelt, die geistesgeschichtlich ohne die Aufklärung nicht denkbar gewesen wäre, so ist in ihr seismografisches Zentrum derselbe Widerspruch eingelagert, wie in die moderne Gesellschaft. Ward in dem Versprechen der Aufklärung auf Emanzipation des Menschen zum Subjekt ein grandioses Freiheitspostulat eingeschrieben, das zugleich auch in eine grandiose Selbstüberhöhung des Menschen münden konnte, also eine Dialektik aus der Emanzipation zum Subjekt und ihrer instrumentellen Verkehrung, so ward in das Versprechen der Demokratie auf politische Freiheit die Ambivalenz eingelagert, dass diese Freiheit immer nur eine halbierte sein konnte, stets nur eine, die zwar politische Gleichheit versprach, dies aber nur ob des Preises der ökonomischen Ungleichheit tun konnte. Denn Freiheit, wie sie der Liberalismus als Leitideologie des Übergangs von der Vormoderne zur Moderne als eine vollkommene suggerierte, war und ist immer nicht nur die Freiheit von Zwang, sondern auch die von Sicherheit – wer frei sein will, muss auch ertragen können, frei zu sein (vgl. Dahrendorf 2007), denn keine Freiheit vom Zwang ohne das unendliche Risiko, die Freiheit von Sicherheit nicht ertragen zu können, ohne die, wie Erich Fromm (1998 [EA 1941]) es nannte, „Furcht vor der Freiheit".

Die Emanzipation des Bürgertums war eine politische und rechtliche, mit dem Zweck der ökonomischen Emanzipation – freie und gleiche Rechte für alle heißt aber eben nicht: freie und gleiche Möglichkeiten für alle. So wie die Freiheit dem/der einen den Horizont des subjektiven Glücks aufspannte, so verdunkelte sie ihn für den/die andere/n. Gleichwohl: der qualitative Unterschied des modernen, aufgeklärten Subjekts ist einer ums Ganze, ist er nämlich überhaupt erst einmal in der Welt, als Forderung nach Legitimation von Herrschaft, wie sie die Demokratie mit der Moderne auf die Agenda der Ideen- und Realgeschichte gesetzt hat, ist er nicht mehr aus der Welt zu schaffen (vgl. Salzborn 2013). Dennoch begründete die Sinnstiftung der bürgerlichen Gesellschaft als Eigentumsgesellschaft ein Spannungsverhältnis zur Freiheit, das gleichermaßen konstituierend wie unlösbar ist – es wird innerhalb der bürgerlichen Gesellschaft immer zu Konflikten führen müssen, da die Freiheit der Ungleichen zugleich auch die Ungleichheit der Freien bedeutet und in das Egalitätspostulat des Rechts auch der ökonomische Prozess der fortwährenden Akkumulation bei *gleichzeitiger* Pauperisierung eingeschrieben ist, den Marx (1975: 674f. [EA 1890]) beschrieben hat.

Mit dem Eigentum, so lässt sich das entwicklungsgeschichtliche Grundmotiv von Rousseaus Naturrechtslehre paraphrasieren, begann somit das Elend der Menschheit – zugleich, dies zu begreifen verstellte sich für Rousseau notwendig, da es seinem Kritikansatzpunkt widersprochen hätte, war das Eigentum aber eben auch der Motor, um überhaupt aus der Utopie von Freiheit ein Versprechen und dann, wenn auch limitiert und reglementiert, eine Realität werden zu lassen. Im Eigentumsverständnis der bürgerlichen Gesellschaft, das – wie Locke und Engels gezeigt haben – auf Arbeit und nicht auf Aneignung basiert (vgl. Brocker 1992), konkretisiert sich das Versprechen auf die Legitimation von Herrschaftsverhältnissen in der Demokratie, die ihrerseits Ergebnis wie Ausgangspunkt von Machtbeziehungen zwischen Herrschenden und Beherrschten notwendig in der „Unbeständigkeit der Zahl" (Hobbes 1966: 147 [EA 1651]) gefangen ist, da eine Diskrepanz zwischen dem Anspruch, nach dem alle Subjekte über ihr eigenes Schicksal mitentscheiden können sollen, und der Möglichkeit für diese Subjekte, sich von ihrem Mündigkeitspotenzial zu einer tatsächlichen informierten Mündigkeit zu emanzipieren, über die Freiheit mediatisiert wird: sich für den „plébiscite de tous les jours" (Ernest Renan) faktisch zu rüsten, bedarf der Möglichkeit zu einem freien Müßiggang, den Marx (1964: 828 [EA 1894]) als „Reich der Freiheit" erst jenseits der bürgerlichen Gesellschaft hypostasiert hatte. Anders gesagt: wer tatsächlich mündig agieren will, wer politisch mitentscheiden will, bedarf der Freiheit von Zeit, sich auch durch Informationsbeschaffung und Interessenabwägung hinreichend kompetent zu machen – nur die Zeit, die im ökonomischen Sinn völlig nutzlose Zeit, fehlt ihm strukturell in der bürgerlichen Gesellschaft, weil er sie für seine eigene Reproduktion benötigt. Noch einmal anders gesagt: wer arbeiten muss, kann nicht (ausgiebig) reflektieren – die strukturelle Antiintellektualisierung sozialer Medien zeigt dies in umgekehrter Weise geradezu paradigmatisch, da hier in der kommunikativen Beschleunigung Intellekt durch Emotion suspendiert wird und so der Zeitmangel zum genuinen Kommunikationsprinzip wird, das unreflektiert bleiben muss, aber fortwährend dokumentiert wird, weil sich die vermeintlichen Subjekte dem Beschleunigungsparadigma freiwillig unterwerfen.

Insofern verspricht die Demokratie die Freiheit und kann sie, weil sie selbst auf einer gesellschaftlichen Formierung basiert, die auf Lohnarbeitsverhältnissen aufsattelt, niemals vollständig einlösen. Würde sie es versuchen, zerstörte sie ihr ökonomisches und mit ihm ihr rechtliches Fundament. Dies ist der verdeckte Ursprung des Repräsentationsgedankens, der oft nur unter pragmatischen Gesichtspunkten in seiner ideengeschichtlichen Konstituierung beschrieben wird. Er ist aber alles andere als pragmatisch – er ist unverzichtbar für die bürgerliche

Gesellschaft, wie er unverzichtbar ist für jede Gesellschaft, die auf Arbeitsteilung und Lohnarbeit basiert, da Politik – mit Weber (1992 [EA 1917/19]) gesprochen – durch die Rationalisierung der Moderne selbst zum Geschäft wird, ja mehr noch als Weber dachte, zum Geschäft werden muss: denn letztlich kann nur der/die Berufspolitiker/in überhaupt gewährleisten, dass seine/ihre zur Verfügung stehende (entlohnte!) Zeit aufwendbar ist für die Beschaffung von Informationen und die Abwägung von Konfliktstrukturen seines/ihres eigenen Handelns und der der gesellschaftlichen Interessengruppen. Rousseau hat dies selbstredend nicht antizipieren können, aber trotzdem begriffen, dass in diesem Spannungsverhältnis ein dauerhaftes Konfliktverhältnis für eine Gesellschaft liegen muss – und insofern versucht, den Konflikt um die Frage von Partizipation und Repräsentation als einen politischen zu lösen; obgleich er faktisch ein ökonomischer, ja letztlich ein Eigentumskonflikt ist.

Im Zentrum des Verhältnisses von Repräsentation und Partizipation steht hingegen politisch in der Demokratie ein anderer, gleichsam durch die bürgerliche Eigentumsordnung begründeter Vermittlungszusammenhang: der von Privatheit und Öffentlichkeit. Dadurch, dass die Moderne überhaupt erst private *und* öffentliche Räume geschaffen hat, hat sie auch im soziologischen Sinn das Geheimnis erfunden – oder, genauer gesagt, es verändert: In vormodernen Gesellschaften, in denen die Differenzierung von Privatheit und Öffentlichkeit inexistent war, oder, wie in der attischen Antike, Freiheitsverständnisse nur dann als realisierungsfähig galten, wenn sie mit einer dauerhaften Totalöffentlichkeit verbunden waren, also die Distanz zur Öffentlichkeit als Ausweis von Unfreiheit galt, gab es eine die gesamte Gesellschaft in ihrer vertikalen Differenzierung erfassende Öffentlichkeit überhaupt nicht. Moderne Öffentlichkeit hat sich in Relation zur höfischen Ordnung insofern transformiert, als sie zur potenziellen Öffentlichkeit der gesamten Gesellschaft in ihrer vertikalen Totalität geworden ist. Wissen wurde potenziell universell verfügbar gerade dadurch, dass politische Herrschaft durch die bürgerlichen Revolutionen erstmals einer Legitimationsnotwendigkeit ausgesetzt wurde. Eine Herrschaft von Gottes Gnaden war nicht nur gänzlich unüberprüfbar, sie war zugleich auch unhinterfragbar – wer seine Machtausübung als politische Herrschaft aber nicht durch übermenschliche Instanzen proklamiert, muss sie legitimieren, was Kern des gesamten modernen Kontraktualismus ist, denn die vertragstheoretische Diskussion hat theoriengeschichtlich betrachtet erstmals die tatsächliche Legitimation von Herrschaft im Unterschied zur lediglichen Affirmation von Herrschaftsausübungsvariationen in den Mittelpunkt des politischen Denkens gerückt.

Und wer Herrschaft legitimieren muss, muss notwendig um Legitimation in Form von Zustimmung werben, die neben materiellen stets auch auf immaterielle Güter referenziert. Denn materielle Vorteilsverschaffungen sind dabei als Herrschaftslegitimationsinstrumente stets, allein aufgrund von Ressourcenknappheit, nur limitiert dazu in der Lage, politische Legitimierungen zu stiften und gänzlich unfähig, diese Legitimation auf Dauer zu stellen. Dies kann allein eine Idee oder ein Sinnangebot, das nun wiederum notwendigerweise nur funktioniert, wenn es von einer hinreichenden Menge an Menschen geteilt wird, was zwingend seine Bekanntheit voraussetzt. Insofern die Idee der Legitimation von Herrschaft eine genuin moderne ist, erzwingt sie notwendig die Entstehung einer öffentlichen Ordnung und eines sozialen Raumes als politischem Raum (vgl. Greven 2009). Und mit der Öffentlichkeit entsteht in der Moderne das Geheimnis: Nicht jeder kann, will oder darf alles wissen, politische Ordnung kann nur funktionieren, wenn sie nicht-öffentliche Elemente inkorporiert. Denn die diskursive Fiktion von Öffentlichkeit, mit Otwin Massing (1991: 411) begriffen als „Schein absoluter Freiheit, als Modell des herrschaftsfreien Diskurses gesellig miteinander verkehrender Privatleute, des vernünftigen Publikums", täuscht darüber hinweg, dass eine der zentralen Funktionsvoraussetzungen von Demokratie das Geheimnis ist.

Denn während politische Partizipation in einem Auftragsverhältnis immer auf Vertrauen angewiesen ist (vgl. Schaal 2004), das im Kontext der Delegierung politischer Entscheidungsprozesse in der zu stabilisierenden Hoffnung besteht, dass eigene Interessen hinreichend Gehör im Kontext von konflikthaften Auseinandersetzungen finden werden, um im politischen Prozess Wirksamkeit entfalten zu können, ist der Ort, an dem politische Partizipation garantiert wird, letztlich nur dann wirkungsvoll zu installieren, wenn er nicht-öffentlich agiert: Souveränität, die die Voraussetzung für jede wirkliche Garantie von Freiheit ist, kann nur dann überhaupt vorhanden sein, wenn sie systematisch Sphären des Nichtöffentlichen generiert. Denn während politische Willensbildung unmittelbar der Öffentlichkeit bedarf, ja sie selbst historisch mit dieser genealogisch verbunden ist, muss politische Entscheidung nicht-öffentlich sein, da jede Entscheidung über konflikthafte Strukturen tendenziell auf den Ausnahmezustand verweist (vgl. Salzborn/Voigt 2010). Der Modus der Demokratie als derjenigen Herrschaftsform, die dem Menschen garantiert, uneins mit anderen sein zu dürfen und damit den Konflikt zu garantieren und den Zwang zum Konsens zu verhindern, ist insofern auch die Entscheidung:

> „Conflict – handled in democratic ways, with openness and persuasion – is what makes democracy work, what makes for the mutual revision of opinions and interest." (Pitkin/Shumer 1982: 47f.)

Die Garantie von Demokratie ist, wie auch ihre Entstehung, in letzter Instanz nicht demokratisch möglich, weil die Gegner/innen der Demokratie sich keiner demokratischen Mittel bedienen und insofern Demokratie in letzter Konsequenz immer nur durch den Ausnahmezustand garantiert werden kann. Denn selbst die Entscheidung einer Rechtsordnung für demokratische Prinzipien ist letztlich keine rechtliche, sondern eine politische Entscheidung, die eben rein juristisch weder begründet noch garantiert werden kann, worauf Wolfgang Böckenförde (1976) hingewiesen hat. Während über die Praxen des Ausnahmezustandes eine öffentliche Debatte *post festum* zeigt, ob tatsächlich eine demokratische Öffentlichkeit existiert, die demokratische Herrschaftsprozesse effizient beeinflussen und damit unmittelbar an ihnen teilhaben und sie modifizieren kann, kann diese niemals *ab ovo* geführt werden und Szenarien des Ausnahmezustandes diskutieren, weil sie sie damit konterkarieren und letztlich ihre eigene Existenz gefährden würde. Der Grundgedanke moderner Vergesellschaftung besteht also darin, dass Demokratie

II. Demokratietheorien und die Ideengeschichte der Demokratie

genuin Sphären des Nichtöffentlichen benötigt, um überhaupt existenzfähig sein zu können.

Denn die Freiheit, die nicht nur Grundwert, sondern auch zugleich normatives Ziel von Öffentlichkeit ist, bedarf zur Sicherung ihrer Grundlagen auf einem Fundament rechtlicher Gleichheit das Monopol von Gewaltsamkeit eben nicht nur in legitimer Hinsicht, sondern vor allem auch in physischer Hinsicht (vgl. Weber 1980: 29 u. 516 [EA 1921]). Die staatliche Souveränität ist damit der *einzige* Garant für die Etablierung von Öffentlichkeit, wiewohl er dieses paradoxerweise auch systematisch wieder einschränken muss, um sie gewähren zu können. Eine Totalöffentlichkeit wäre nicht nur im liberalen Sinne des Schutzes von Privatem nicht wünschenswert, sondern würde auch institutionell den Schutz der Demokratie infrage stellen. Wer Freiheit will, braucht Sicherheit, auch wenn diese Freiheit einschränkt. Ohne das zentrale Gewaltmonopol mit seiner Verfügungsgewalt über den Ausnahmezustand ist Freiheit nur in Zeiten, in denen sie nicht infrage gestellt wird, aufrechtzuerhalten – aber eben nicht zu sichern, weil Sicherung den Konfliktfall impliziert und dieser suspendiert, rein logisch betrachtet, die Normenordnung in den Ausnahmezustand, auch wenn dies nur graduell oder punktuell der Fall sein mag.

Übungsaufgaben

- Wenn von uneingelösten Versprechen der Demokratie die Rede ist, liegt diesen unausgesprochen ein bestimmter Demokratiebegriff zugrunde. Diskutieren Sie die Annahmen dieses Demokratiebegriffs unter Einbezug anderer Demokratietheorien.
- In der feministischen Demokratietheorie werden Quotierungen und basisdemokratische Initiativen als Mittel für eine geschlechtergerechte Demokratie angesehen. Überlegen Sie sich Beispiele, die für und die gegen diese Annahmen sprechen.
- Ein wichtiger Teil der demokratietheoretischen Diskussion der Gegenwart orientiert vor allem auf unterschiedlichen Annahmen über globale Konflikte und internationale Politik. Worin liegt die „internationale" Dimension dieser demokratietheoretischen Diskussion?

Literatur zur Einführung zu II.

Comtesse, Dagmar/Oliver Flügel-Martinsen/Franziska Martinsen/Martin Nonhoff (Hg.): Radikale Demokratietheorie. Ein Handbuch, Berlin 2019.
David Held: Models of Democracy, 3. Aufl., Stanford 2006.
Oliver W. Lembcke/Claudia Ritzi/Gary S. Schaal (Hg.): Zeitgenössische Demokratietheorie. Band 1: Normative Demokratietheorien, Wiesbaden 2012.
Peter Massing/Gotthard Breit/Hubertus Buchstein (Hg.): Demokratietheorien. Von der Antike bis zur Gegenwart. Texte und Interpretationshilfen, 9. Aufl., Schwalbach/Ts. 2017.
Paul Nolte: Was ist Demokratie? Geschichte und Gegenwart, München 2012.
Sieglinde K. Rosenberger /Birgit Sauer (Hg.): Politikwissenschaft und Geschlecht. Konzepte – Verknüpfungen – Perspektiven, Wien 2004.
Richard Saage: Demokratietheorien. Historischer Prozess – Theoretische Entwicklung – Soziotechnische Bedingungen. Eine Einführung, Wiesbaden 2005.

Samuel Salzborn: Kampf der Ideen. Die Geschichte politischer Theorien im Kontext, 2. akt. Aufl., Baden-Baden 2017.
Manfred G. Schmidt: Demokratietheorien. Eine Einführung, 6. Aufl., Wiesbaden 2019.
Hans Vorländer: Demokratie. Geschichte, Formen, Theorien, 3. überarb. Aufl., München 2019.

Weiterführende Literatur zu II.

Klaus von Beyme: Geschichte der politischen Theorien in Deutschland 1300–2000, Wiesbaden 2009.
Manfred Brocker (Hg.): Geschichte des politischen Denkens. Ein Handbuch, Frankfurt 2007.
Manfred Brocker (Hg.): Geschichte des politischen Denkens. Das 20. Jahrhundert, Berlin 2018.
André Brodocz/Gary S. Schaal (Hg.): Politische Theorien der Gegenwart (3 Bände), 4. Aufl., Opladen 2016.
Hubertus Buchstein/Gerhard Göhler (Hg.): Politische Theorie und Politikwissenschaft, Wiesbaden 2007.
Hans Fenske/Dieter Mertens/Wolfgang Reinhard/Klaus Rosen: Geschichte der politischen Ideen. Von der Antike bis zur Gegenwart, 3. Aufl., Frankfurt 2008.
Iring Fetscher/Herfried Münkler (Hg.): Pipers Handbuch der politischen Ideen (5 Bände), München 1985ff.
Gerhard Göhler/Mattias Iser/Ina Kerner (Hg.): Politische Theorie. 25 umkämpfte Begriffe zur Einführung, 2. akt. u. erw. Aufl., Wiesbaden 2011.
Eva Kreisky/Marion Löffler/Georg Spitaler (Hg.): Theoriearbeit in der Politikwissenschaft, Wien 2012.
Marcus Llanque: Politische Ideengeschichte – Ein Gewebe politischer Diskurse, München/Wien 2008.
Henning Ottmann: Geschichte des politischen Denkens (4 Bde. in 9 Teilbänden), Stuttgart/Weimar 2001ff.
Dieter Oberndörfer/Beate Rosenzweig (Hg.): Klassische Staatsphilosophie. Texte und Einführungen von Platon bis Rousseau, München 2000.
Samuel Salzborn (Hg.): Handbuch politische Ideengeschichte. Zugänge – Methoden – Strömungen, Stuttgart 2018.
Walter Reese-Schäfer: Politische Theorie der Gegenwart in achtzehn Modellen, 2. Aufl., München/Wien 2012.
Gisela Riescher (Hg.): Politische Theorie der Gegenwart in Einzeldarstellungen von Adorno bis Young, Stuttgart 2004.
Rüdiger Voigt/Ulrich Weiß (Hg.): Handbuch Staatsdenker, Stuttgart 2010.

III. Demokratische Regierungsformen und der Vergleich von Demokratien

Die theoretisch-konzeptionellen Überlegungen zur Demokratie sind selbst Ergebnis von systematischen, oft auch von vergleichenden Analysen politischer Herrschaftsordnungen (vgl. Kaiser/Zittel 2004). Insofern ist in die Geschichte der Demokratietheorien die Analyse demokratischer Systeme und ihr Vergleich implizit immer auch bereits eingeschrieben. Der explizite Blick auf die Systematik von Demokratien und ihre Vergleichbarkeit fokussiert jedoch auf einen, wie Hubertus Buchstein (2004: 49f.) es formuliert hat, formalen Aspekt der Theoriebildung: Es geht darum, systematische Kategorien und Begriffsfelder zu formulieren, die einen Vergleich von Demokratien in diachroner und/oder synchroner Perspektive ermöglichen, also um konzeptionelle, methodologische und methodische Überlegungen, anhand derer konkrete Demokratien und (anti-)demokratische Bewegungen systematisch und vergleichend untersucht werden können.

7. Entwicklungslinien der vergleichenden Herrschafts- und Regierungsforschung

Die Analyse organisierter Formen von Herrschaft steht seit jeher im Mittelpunkt des politikwissenschaftlichen Erkenntnisinteresses. Die Begriffe, mit denen politische Herrschaftsphänomene zu fassen versucht werden, unterscheiden sich jedoch erheblich und gehen von *Staat* über *government/Regierung* und *politisches System* bis hin zu *governance*. Mit Blick auf die demokratische Dimension von Herrschaftsanalyse liegt in den Begriffen ein entwicklungsgeschichtliches Moment, an dessen Beginn der (demokratische) *Staat* als Strukturprinzip steht, die Perspektive sich auf den Akteur der (demokratisch) agierenden und kontrollierten *Regierung* hin zum (demokratisch) funktionierenden *Politischen System* wandelt, um Demokratie und Staat dann in der Idee des *governance* weitgehend zu entkoppeln und in der Gegenwart wieder bei einer Renaissance des – nun kontrollierten, funktionsorientierten, delegierenden und damit komplexen – *Staates* anzulangen.

Der vom italienischen *stato* abgeleitete Begriff *Staat* erlangte im deutschen Sprachraum im 17. Jahrhundert Relevanz (vgl. Beyme 2000a: 181f.). Im Übergang des vormodernen Personenverbandsstaates auf den Anstaltsstaat der Neuzeit entwickelt sich ein Politikverständnis, das eine Herrschaftsordnung begründete, die auf territorial klar umrissene, mit einer monopolisierten Zentralgewalt versehene und einer auf Kontinuität hin angelegten Staatsbevölkerung basierte. An der Schwelle von Vormoderne zu Moderne kumulierten zahlreiche Entwicklungsstränge in einem Prozess, in dem der moderne Nationalstaat entstand, den Georg Jellinek (1914) staatsrechtlich in seiner Einheit aus Staatsgebiet, Staatsgewalt und Staatsvolk charakterisiert hat. Max Weber (1980: 29 u. 516) hat dabei die Notwendigkeit eines Monopols legitimer psychischer Gewaltsamkeit betont, also gleichermaßen Legitimität, wie Souveränität betont.

Analog der Formulierung von Carl Schmitt (1934: 11), nach der souverän ist, wer über den Ausnahmezustand entscheidet, dominierten im deutschen Sprachraum im 18. und 19. Jahrhundert Verständnisse von Staatsräson und Souveränität, die diese zunächst noch als absolut verstanden. Die Staatsgewalt konzeptualisierte sich in einem obrigkeitsstaatlichen System, das einerseits von Ordnung und andererseits von wohlfahrtsstaatlichen Leistungen geprägt war, und zugleich als machtstaatliche Konzeptualisierung mit einem Primat außenpolitischer Entscheidung und einer Betonung des gesetzlichen Zwangscharakters in innenpolitischer Hinsicht. Dagegen wandten sich die Denker des Liberalismus wie Kant oder Hegel, die das Souveränitätsdenken an die individuelle Freiheit binden wollten. Diese sollte rechtlich garantiert werden, so dass sich der Gedanke des Rechtsstaates von dem des Machtstaates abhob und die formelle institutionelle und juristische Dimension von Politik betonte. Politik, so der Einwand des Liberalismus, fände immer dort statt, wo rechtliche Kodifizierungen vorliegen und ein allgemeines gleiches Gesetz begründet wird. Sowohl der machtstaatliche wie der rechtsstaatliche Ansatz nahmen dabei den modernen Staat als Herrschaftsverband zum Ausgangspunkt ihrer Analyse und begriffen das Politische als unauflöslich mit dem Staatlichen verbunden.

In beiden Fällen wurde der Staat als gesonderte Sphäre jenseits der Gesellschaft begriffen, womit die Seite des politischen Inputs, die Kontrolle staatlichen Handelns und die in der Gesellschaft widerstreitenden Interessen außerhalb der Betrachtung blieben. Die traditionelle deutschsprachige Staatslehre war somit einem Effizienzargument verpflichtet, dem die angelsächsische Tradition bereits durch ihre Betonung der Bindung von Staatsgewalt an das gesellschaftliche (d.h. zunächst bürgerliche) Interesse auf ein Auftragsverhältnis zwischen Gesellschaft und Regierung (*trust*), also zwischen Beherrschten und Herrschenden abstellte, das im Begriff des *government* voll zum Tragen kam. Besonders deutlich wurde dies bei Locke oder Mill, die die Repräsentativität von Regierung, die Notwendigkeit der Legitimität von Herrschaft und die Teilung von gesellschaftlicher und politischer Gewalt in den Mittelpunkt rückten.

Sowohl die Traditionslinie, die sich am Staatsbegriff orientierte, wie auch die, die stärker auf den Begriff des *government* abstellte, bildeten den Hintergrund für die in den späten 1940er und 1950er Jahren einsetzende Diskussion um Begriff und Inhalt moderner Herrschaftsordnung. Unter starker Anlehnung an die angelsächsische Tradition wurde nun im Konzept der Regierungslehre bzw. der vergleichenden Lehre von den Regierungssystemen versucht, die obrigkeitsstaatliche Tradition im Rahmen einer vergleichenden Demokratie- und Diktaturforschung zurück zu drängen, wobei den politischen Ordnungen ihr genereller Staatscharakter nicht abgesprochen wurde und ebenso wenig infrage stand, dass es der Staat ist, der den politischen Handlungsspielraum garantiert. Exemplarisch sind hier vor allem die Studien *Staat und Gesellschaft in Deutschland* (1956) von Theodor Eschenburg, Carl J. Friedrichs und Zbigniew K. Brzezinskis *Totalitarian Dictatorship and Autocracy* (1956), *Political Power and the Governmental Process* (1957) von Karl Loewenstein, Thomas Ellweins *Regierungssystem der Bundesrepublik Deutschland* (1963), *Deutschland und die westlichen Demokratien* (1964) von Ernst Fraenkel, *Deutschland zwischen Demokratie und Diktatur* (1964) von Karl Dietrich Bracher sowie Wolfgangs Abendroths *Das Grundgesetz* (1966) zu nennen.

7. Entwicklungslinien der vergleichenden Herrschafts- und Regierungsforschung

Die primäre Orientierung der Regierungslehre war normativ, wenngleich sie auch in vergleichenden Analysen auf eine Reihe von empirischen Dimensionen der Erforschung moderner Herrschaft zurückgriff. Im Mittelpunkt standen Bürgerfreiheit und Bürgerbeteiligung, welche die Bedingungen für die Stabilität einer politischen Ordnung bilden sollten. Es ging in einer solchen als Demokratiewissenschaft verstandenen Regierungslehre um das normative Postulat, nach dem die Regierung eine institutionelle Ordnung schaffen und garantieren sollte, in der die konkrete Ausgestaltung von Herrschaft gesichert wurde und die Funktionsweise und das Verhältnis der Institution innerhalb des Regierungssystems bestimmt und entlang der Prinzipien von Gewaltenteilung, Gewaltenbalance und Gewaltenkontrolle organisiert werden sollte. Dabei wurde nach den Chancen und Risiken von Konsens und Kompromissbildung im politischen Prozess gefragt sowie die Qualifikation der politischen Führung einer genaueren Analyse unterzogen, die wiederum als Voraussetzung für die Legitimation, Bereitschaft und die Legitimationsfähigkeit der Bürgerinnen und Bürger für ihre politische Ordnung angesehen wurden.

Die Staatszentriertheit und Staatsfokussierung dieses Ansatzes und damit die Frage, wie eine politische Ordnung ausgerichtet sein soll, wurde in den 1960er und 1970er Jahren zunehmend infrage gestellt (vgl. Bleek 2001: 265ff.): Die Norm wurde mit der Wirklichkeit konfrontiert. Es ging nunmehr pragmatisch darum, was ist und nicht mehr darum, was sein soll. Damit wurde der normative demokratietheoretische Anspruch der frühen Politikwissenschaft der 1950er Jahre mit Konzepten der politischen Kulturforschung konfrontiert (vgl. Iwand 1985), die nach der Verfassungswirklichkeit fragten und aus verschiedenen Blickwinkeln die Herrschaftszentriertheit der modernen Regierungslehre infrage stellten.

Die in den 1960er und 1970er Jahren aufkommenden Ansätze der *politischen Soziologie* legten dabei ein starkes Gewicht auf die machtpolitischen Strukturen innerhalb des Prozesses von Herrschaft und stellten die Legitimationsansprüche der bestehenden politischen Ordnung teilweise oder auch generell infrage. Staatsanalyse wurde oft im Sinne eines personalen oder organisatorischen Gesichtspunktes hin in den Bereich der politischen Prozessanalyse verlagert und somit weitgehend vom normativ-strukturellen Moment gelöst. Zu den wichtigsten Arbeiten in diesem Bereich zählen *Strukturprobleme der modernen Demokratie* (1958) von Gerhard Leibholz, Seymour Martin Lipsets *Political Man* (1960), Gabriel A. Almonds und Sidney Verbas *Civic Culture* (1963), Otto Stammers *Politische Soziologie und Demokratieforschung* (1965), *Social Origins of Dictatorship and Democracy* (1966) von Barrington Moore, *Demokratischer und autoritärer Staat* (1967) von Franz L. Neumann, Gerhard Lehmbruchs *Proporzdemokratie* (1967), *Antagonistische Gesellschaft und Politische Demokratie* (1968) von Wolfgang Abendroth, Dirk Berg-Schlossers Band *Politische Kultur* (1972) sowie *Democracy in Plural Societies* (1977) von Arend Lijphart.

Die zweite Richtung der Kritik an der Regierungslehre wurde vor allem in den 1970er Jahren vor dem Hintergrund einer Kritik der *politischen Ökonomie* formuliert und versuchte, die sozioökonomischen Voraussetzungen staatlichen Handelns kenntlich zu machen und damit die strukturelle Limitierung staatlicher

Organisation herauszuarbeiten. Der Staat wurde in dieser Tradition als gegenüber der politischen Ökonomie zu vernachlässigende Dimension des politischen Prozesses begriffen, die Bedeutung von Politik in den Bereich des Symbolischen verschoben und politische Herrschaft generell als Ausfluss von ökonomischen Herrschaftsverhältnissen begriffen. Wesentliche Arbeiten in diesem Bereich sind Gert von Eynerns *Grundriß der Politischen Wirtschaftslehre* (1968), Lelio Bassos *Zur Theorie des politischen Konflikts* (1969), Joan Robinsons *Die Gesellschaft als Wirtschaftsgesellschaft* (1971), Wolf-Dieter Narrs PVS-Sonderheft *Politik und Ökonomie* (1975), die Bände *Der bürgerliche Staat der Gegenwart* (1972) von Kurt Lenk, Arno Klönne, Wolf Rosenbaum und Gerhard Stuby und *Krise des Staates? Zur Funktionsbestimmung des Staates im Spätkapitalismus* (1975) von Michael Th. Greven, Bernd Guggenberger und Johano Strasser sowie Lothar Kramms *Politische Ökonomie* (1979).

Während politische Soziologie und politische Ökonomie die Regierungslehre aus der Richtung der Einforderungen einer Kritik der Voraussetzungen von Herrschaft kritisierten, wurde aus Richtung der *Verwaltungswissenschaft* in den 1960er und 1970er Jahren die Sinnhaftigkeit einer solchen Kritik bezweifelt, die Regierungslehre allerdings von einem anderen Standpunkt aus ebenfalls kritisiert. Hier ging es um die Frage des politischen Planungsanspruches und damit darum, ob die real stattfindende Ausweitung der Komplexität der faktischen Leistungen von Staat, Politik, Regierung, Parteien und Verwaltung überhaupt noch mit dem klassischen Instrumentarium von Staat und Demokratie gefasst werden können oder ob stattdessen nicht vielmehr die Frage der gesellschaftlichen Bedürfnisse und damit die Notwendigkeit der Anpassung staatlichen Handelns an die Anforderungen, die aus Gesellschaft und Ökonomie gestellt werden, anzupassen sei. Zentrale Arbeiten in diesem Bereich sind vor allem Thomas Ellweins *Einführung in die Regierungs- und Verwaltungslehre* (1966) und sein Buch *Regieren und Verwalten* (1976) sowie Carl Böhrets *Verwaltungsreformen und Politische Wissenschaft* (1978).

Aus wissenschaftstheoretischer Perspektive entwickelte sich zeitgleich zu diesen drei inhaltlichen Kritiken an der Regierungslehre auch der Vorschlag für eine systematische Revision des Blickes auf politische Herrschaft überhaupt. Ausgehend von David Easton und den Weiterentwicklungen von Niklas Luhmann begann die Ablösung der Analyse politischer Herrschaft von den Begriffen *Staat* oder *Regierung* hin zum Begriff des *politischen Systems* (vgl. Fuhse 2005; Hoffman/Graham 2009: 16ff.). Obgleich streitbar ist, ob Eastons oder Luhmanns Verständnis eines Systems, das letztlich stark positivistisch und funktional geprägt ist, sich letztlich auch für die politische Systemanalyse der Politikwissenschaft durchgesetzt hat, kann gleichwohl konstatiert werden, dass die Begriffsbildung durch die Schule der Systemtheorie nachhaltig erfolgreich war. Neben den beiden großen Arbeiten von Easton *The Political System* (1953) und *A Systems Analysis of Political Life* (1965) sind hier am Beginn der politischen Systemforschung vor allem Karl W. Deutschs *Nerves of Government* (1963), Gabriel A. Almonds und G. Bingham Powells *Comparative Politics* (1966) sowie die Einführungen *Grundzüge des politischen Systems der Bundesrepublik Deutschland* (1971) von Kurt Sontheimer und *Das politische System der Bundesrepublik Deutschland* (1979) von Klaus von Beyme zu nennen.

Die an den traditionellen Ansätzen von Staatstheorie oder Regierungslehre formulierten Kritiken aus dem Spektrum der *politischen Systemanalyse* zielten auf eine funktionale Differenzierung der Analyse, in denen auf der einen Seite theoretische Implikationen zumeist außer Acht gelassen wurden und auf der anderen Seite durch die funktionale Ausdifferenzierung des politischen Prozesses in die Bereiche *politics*, *polity* und *policies* die Gesamtstruktur und Organisation der Einheit des Staates segmentiert wurde. Die vorrangige Aufmerksamkeit wurde nun auf die Analyse der dem politischen System vorgelagerten gesellschaftlichen Bedürfnisse und auf die Bemessung der Leistungen dieses Systems gelegt und damit politisches Handeln als empirischer Prozess verstanden. Dabei wurden grundsätzliche Legitimität und Stabilität von politischen Ordnungen nicht mehr infrage gestellt, zugleich aber auch die Notwendigkeit von Revisionen innerhalb des Systems auf ihren lediglich prozesshaften Charakter fokussiert.

Den Vorteil, den der *politische System*begriff gegenüber dem des *Staates* und auch dem der *Regierung*(slehre) mit sich brachte, war, dass mit ihm auch Voraussetzungen, prozesshafte Abläufe, Strukturen und Leistungen von Politik erfasst werden konnten (vgl. Hartmann/Meyer 2005: 148ff. u. 209ff.) – allerdings primär in einer nur funktionalen Weise. Zugleich klammerte der Blick auf den Staat *als* politisches System aber auch herrschafts- und legitimationstheoretische Intentionen der klassischen Staatsanalyse weitgehend aus. In dem Verständnis eines politischen Herrschaftsverbandes als politisches System wird begrifflich dessen *Integriertheit* in andere Systeme wie z.B. der Gesellschaft oder der Ökonomie lediglich als *Interaktion* interpretiert, in diesem Segmentierungsprozess aber paradoxerweise über seinen theoretischen Ansatz der Input- und Output-Orientierung auch die Option für die Offenheit in der Analyse geschaffen. Insofern hat ein der Systemtheorie theoretisch innewohnender Hang zur Systemerhaltung und Systemeffizienz auf der anderen Seite auch eine Aufhebung der klassischen Zweiteilung zwischen Institutionenkunde und politischer Soziologie bewirkt und ermöglicht, dass staatliches Handeln auch mit seinen Interaktionen mit den so verstandenen Subsystemen begriffen werden kann.

Die verstärkte Europäisierung und Globalisierung von Politik seit den 1990er Jahren führte zu der Überlegung, ob nicht – statt von einem Zentrum politischer Herrschaft – von einer polykratischen Ordnung ausgegangen werden müsse, also von einem wechselseitigen Neben- und Miteinander staatlicher und nichtstaatlicher Akteure in einer interdependenten Machtordnung. Die Idee des *governance*, für die vor allem die Arbeiten *Implementing Public Policy: Governance in Theory and Practice* (2002) von Michael Hill und Peter Hupe, das von Gunnar Folke Schuppert und Michael Zürn herausgegebene PVS-Sonderheft *Governance in einer sich wandelnden Welt* (2008), der von Arthur Benz editierte Band *Governance – Regieren in komplexen Regelsystemen* (2004) und die Einführung von Schuppert *Governance-Forschung. Vergewisserung über Stand und Entwicklungslinien* (2005) stehen, konzentrierte sich auf horizontale und vertikale Gewaltteilungen, die von föderalen und regionalen Ordnungen bis hin zu weltpolitischen Regelungs- und Regulierungsstrukturen gehen. In der *governance*-Forschung, die gerade die Vermachtung politischer Beziehungen kenntlich machen kann, wurde jedoch tendenziell verkannt, dass sich am Staat als zentralen (positiven oder negativen) Referenzrahmen der modernen politischen Herrschaftsordnung nichts geändert hat.

Denn auch diejenigen, die gegen den *Staat* argumentieren, können dies nach wie vor nicht ohne ihn, weil es keine symmetrische Alternative gibt (vgl. Kapferer 2004; Voigt 2005, 2008). Auch deshalb kommt es in der Gegenwart zu einer Renaissance des *Staates*, einem *bringing the state back in* (Evans u.a. 1985). Der Staat als zentrale kategoriale Folie für politische Ordnungen und Demokratisierungsprozesse rückt vor allem auch deshalb wieder in den Fokus, weil die internationale Perspektive unterreflektiert war: Wenn auch in Westeuropa und Amerika Macht an Organe jenseits des Staates delegiert wurde, gilt dies für die anderen Weltregionen nicht. Gerade die osteuropäischen und südasiatischen Systemtransformationen zeigen, dass der *Staat* als begrifflicher Referenzrahmen zurückgekehrt ist und Demokratisierungsprozesse nicht mehr jenseits, sondern gerade mit dem *Staat* gedacht werden (vgl. Müller 2009). In Aufgreifung des Politikbegriffs von Andrew Heywood (2002, 2004) erscheinen die Termini *Staat* und *politisches System* nunmehr als segmentale Ausdifferenzierungen eines historisch kontingenten Organisationsrahmens des Politischen: Die Ordnungs-, Hegemonie- und Souveränitätsfunktion des *Staates* fällt im komplexen Staatsbegriff der Gegenwart zusammen mit der Evidenz- und Kontextualisierungsfunktion des *politischen Systems*.

> **Übungsaufgaben**
>
> - Sammeln Sie Assoziationen zu den Begriffen *Staat, Regierung, politisches System, governance*. Wie sind die Begriffe jeweils konnotiert, in welchem Bedeutungskontext werden sie im Alltag verwandt?
> - Diskutieren Sie das jeweilige Verhältnis von demokratischer Partizipations- und Ordnungsfunktion mit Blick auf die konkurrierenden Begriffe der vergleichenden Herrschaftsanalyse.
> - Aus welchen Gründen setzen sich Begriffe in konkreten historischen Kontexten gegenüber anderen durch – oder warum gelingt es ihnen nicht?

8. Zwischen Norm und Wirklichkeit: Demokratie, Verfassung und politische Kultur

Demokratische Ordnungen sind *idealtypisch* Verfassungsordnungen, die allgemeines, in genereller Satzbildung formuliertes, einem Rückwirkungsverbot unterliegendes Recht garantieren und souverän durchzusetzen in der Lage sind und dabei die Trennung von Recht und Politik durch Ausschluss von Generalklauseln in der Rechtsordnung gewähren. In einer Demokratie bestimmt die Verfassung die „Ordnung des Politischen" (Preuß 1994). Die Aufgabe der Verfassung besteht dabei nach Konrad Hesse (1999: 5ff.) zuvörderst darin, die politische Einheit eines Gemeinwesens zu garantieren und deren rechtliche Ordnung zu reglementieren. Im Unterschied zum älteren Verfassungsbegriff, der – analog zur vormodernen Herrschaftsordnung – lediglich darauf orientierte, den Herrschaftsverband als existent zu proklamieren und damit, in den Worten von Dieter Grimm (1991: 35) ein „Seins-Begriff" war, zielt der moderne Verfassungsbegriff auf eine Verfassung mit „systematischem und erschöpfendem Anspruch", die in einem rechtsförmigen Dokument niederlegt, „wie die Staatsgewalt eingerichtet und ausgeübt werden *sollte*." Damit bezieht sich der moderne Verfassungsbegriff, der auch Grundlage aller demokratischer Ordnungen ist, „nicht mehr auf den rechtlich geprägten Zustand, sondern die den Zustand prägende Norm." (ebd.: 36)

Die Geschichte der Demokratietheorien zeigt, dass eine enge Verknüpfung zwischen demokratischem Anspruch an ein Gemeinwesen und der formalen Organisation durch einen Vertragsschluss existiert (vgl. Depenheuer/Grabenwarter 2010; Elster/Slagstad 1988; Häberle 1998; Hönnige/Kneip/Lorenz 2011); die moderne Verfassung kann vor diesem Hintergrund auch als Grundlagenvertrag eines Gemeinwesens angesehen werden, in dem die Relationalität von Beherrschten und Herrschenden sowie die Organisation der Herrschaft selbst fixiert werden (vgl. Böckenförde 1992: 36ff.). Damit handelt es sich bei einer Verfassung um den „höchstrangigen Komplex rechtlich verbindlicher Regeln" (Helms 2003: 38), der eben sowohl integrative Wirkung für das Gemeinwesen, wie für die Gewaltordnungen in horizontaler und vertikaler Perspektive haben soll. Die Verfassung ist letztlich das höchste Recht einer demokratischen Ordnung, sie bindet sämtliche politischen Institutionen, einschließlich der unter der Verfassung stehenden Rechtsordnung. Hans Vorländer hat die zentralen Funktionen einer Verfassung folgendermaßen zusammengefasst:

> „Verfassungen geben dem Politischen eine institutionelle Ordnung. Sie bestimmen die Regeln politischer Entscheidungsfindung. Sie legen fest, wer, wie, welche Entscheidungen zu treffen befugt ist. […] Die Verfassung beinhaltet also Regeln der Organisation und der Ausübung von Herrschaft. Es sind dies Regeln der Bestellung, der Zusammensetzung und der Kompetenzen der ‚höchsten' Staatsorgane. Aber in dieser Funktion des Spielregelwerks des Politischen erschöpft sich die Verfassung nicht. Sie ist darüber hinaus auch ein gesellschaftlicher Ordnungsentwurf, der die Ziele, die Zwecke und die Prinzipien der gesellschaftlichen Verfaßtheit festlegt." (Vorländer 2004: 9f.)

Birgit Enzmann (2009) unterscheidet dabei systematisch zwischen vier Idealtypen demokratischer Verfassungsstaatlichkeit, mit denen differente Vorstellungen bezüglich der Funktionen von Verfassungen einhergehen: dem der radikalen Volkssouveränität, dem der Repräsentativverfassung, dem des modernen Republikanismus und dem der liberalen Demokratie. Allen vier gemeinsam ist die Betonung der Notwendigkeit einer Verfassung für ein demokratisches Gemeinwesen, allerdings differieren alle Modelle in der Begründung und Funktionsbestimmung von Verfassungen. Im Konzept der radikalen Volkssouveränität wird die Notwendigkeit einer Verfassung dadurch begründet, dass die Verfahrenstechniken und Institutionen einer Regierung geschaffen und in ihren Aufgaben und Befugnissen organisiert werden müssen, wobei deren Macht im Erlassen von Einzelfallvorschriften liegt, während die Kompetenz zur beliebigen Änderung von Verfassungsbestimmungen ebenso bei einer Volksversammlung liegt, wie die zur legitimen Rechtsetzung. Das Modell der Repräsentativverfassung geht von einer Verfassungsnotwendigkeit vor allem zur Herstellung von Unabhängigkeit der Repräsentanten und der Regularien von Wahlakten aus, wobei die Repräsentanten nicht über die Bedingungen ihrer eigenen Existenz entscheiden dürfen. Letzterer Aspekt findet sich auch im Konzept des modernen Republikanismus, der die Verfassung als identitäts- und gemeinschaftsstiftendes Symbol betont und die politischen Alltagsaufgaben auf nationaler Ebene in professionelle Hände legen will. Im Konzept der liberalen Demokratie wird schließlich die Notwendigkeit einer Verfassung aus der Notwendigkeit des individualrechtlichen Schutzes von Menschen- bzw. Grundrechten in Form von positivem Recht betont. (vgl. ebd.: 343ff.)

Ein Verfassungsvertrag wird zwar zumeist in Form einer geschriebenen, d.h. schriftlich fixierten und kodifizierten Verfassung geschlossen, aber bereits die zunächst rein hypothetische Unterstellung des Gesellschaftsvertrags im Rahmen der Theorien des Kontraktualismus zeigt, dass eine Verfassung zwar sehr wohl an Zustimmung und Vertrauen gebunden ist (vgl. Schaal 2004), jedoch nicht zwingend an eine Schriftform – obgleich von den demokratischen Staaten der Welt lediglich Großbritannien und Neuseeland keine geschriebene und Israel eine Verfassung hat, die einen jahrzehntelangen und bis dato unabgeschlossenen *work in progress* darstellt, in dem nur einige *basic laws* schriftlich fixiert sind, die in der Zukunft einmal zu einem Gesamtkorpus einer geschriebenen Verfassung werden sollen (vgl. Salzborn 2005b).

Wichtiger als die Frage, ob eine Verfassung im geschriebenen und damit handgreiflichen Sinn existiert, also ob die Verfassungsgrundlagen einer politischen Ordnung explizit kodifiziert sind oder nicht, ist die in dieser Unterscheidung von geschriebener und ungeschriebener Verfassung angelegte Differenz zwischen fixierten und formellen Regeln auf der einen und nicht-fixierten und informellen Regeln auf der anderen Seite. Denn diese Unterscheidung bezieht die Gesellschaft in einer Demokratie mit in die Überlegungen ein, da die potenzielle Diskrepanz zwischen (Verfassungs-)Norm und (Verfassungs-)Wirklichkeit verbunden wird mit der Frage nach der symbolischen Integrationswirkung (vgl. Vorländer 2002) und damit den (potenziellen) Konflikten zwischen geschriebener und ungeschriebener Verfassung innerhalb ein und derselben politischen Ordnung: Denn neben einer kodifizierten (oder, in Ausnahmefällen, nicht-kodifizierten) Verfassung existieren ungeschriebene Regeln, die sich aus politischen, religiösen, sozialen oder ethnischen Traditionen speisen, die gleichermaßen zur Stabilität der Verfassungsordnung beitragen können, wie auch zu ihrer Destabilisierung – je nachdem, ob und inwiefern sie in Einklang mit den verfassungsrechtlichen Grundnormen einer Gesellschaft stehen. Insofern ist die demokratische Verfassung in symbolischer Hinsicht gerade durch ihre „Deutungsoffenheit" (Brodocz 2003: 227) charakterisiert.

Denn der Verfassung kommt in symbolischer Hinsicht nicht nur die Funktion zu, auf sich selbst als Gründungsdokument einer politischen Ordnung zu verweisen, sondern zugleich auch den Sinnhorizont zu repräsentieren, der die Leitideen einer Gesellschaft erfasst und damit die „normativen Geltungsansprüche aufbewahrt" (Schulz 2004: 28). Und diese können in demokratischen Gesellschaften nicht nur innerhalb des durch die kodifizierte Verfassung festgelegten Rahmens existieren (und damit die Stabilität der Demokratie sichern), sondern auch außerhalb dieses Rahmens liegen und damit die verfassten Normen und symbolisierten Leitideen in Frage stellen. Genau in dieser unscharfen Grauzone der Verfassungswirklichkeiten einer Demokratie zwischen kodifizierter Norm und informellen Regeln der Gesellschaft oder einzelner Subkulturen liegt auch das Potenzial gesellschaftlicher Veränderung, sowohl in Richtung einer Erweiterung von demokratischen Repräsentations- und Partizipationsmöglichkeiten, wie auch in Richtung einer autoritären Entdemokratisierung: je nachdem, wie einfluss- und erfolgreich soziale Bewegungen mit ihren Versuchen der Einflussnahme auf die kodifizierte Verfassungsordnung sind.

Eine Kongruenz von Verfassungsnorm und Verfassungswirklichkeit ist dabei nicht nur hypothetisch unmöglich, sondern in den integrativen Wirkungen der Verfassung liegt unter den Prämissen demokratischer Ordnung immer eben auch ein dynamisches und prozessuales Moment, so dass die symbolische Integrativkraft der geschriebenen, kodifizierten Verfassung immer nur relativ sein kann. Das macht die Frage nach der/den Verfassungswirklichkeit/en in Demokratien so zentral, die auf ungeschriebene Regeln verweist, die in Teilsegmenten einer demokratischen Gesellschaft existieren und die als ungeschriebene Verfassungen bezeichnet werden können: als eine „Verfassung hinter der Verfassung" (Jestaedt 2009).

Das Konzept der ungeschriebenen Verfassung verweist auf die staats- und verfassungsrechtlichen Diskussionen während der Weimarer Republik (vgl. Waschkuhn/Thumfart 2002), in denen die Differenzierung zwischen Verfassungsnorm und Verfassungswirklichkeit (auch: Verfassungsrealität) konzeptionell entwickelt wurde. Carl Schmitt hatte in seiner *Verfassungslehre* (1928) die Ansätze des Normativismus und des Positivismus mit ihren jeweiligen Fokussierungen auf das geschlossene Normensystem und die positive Verfassungsordnung kritisiert und auf eine prozessuale Dynamik im politischen Raum hingewiesen, die mitnichten durch ein rein positives Rechtsverständnis begreifbar gemacht werden könne. Neben den positiven Normierungen von politischen Ordnungen spielten die individuellen wie kollektiven Verarbeitung- und Reflexionsprozesse innerhalb der jeweiligen Gesellschaften eine zentrale Rolle, insbesondere der politische Wille, woraus folgt, dass

Normexistenz und Normkenntnis eben nicht gleichbedeutend sind mit Normakzeptanz – was letztlich zu einer Schlüsselfrage der Demokratieforschung werden sollte: warum akzeptieren Menschen eine politische (demokratische oder auch autoritäre) Ordnung und was ist dabei ihre Integrationsfunktion?

Die rechtssoziologische Diskussion im Anschluss an Schmitt übernahm die Differenzierung zwischen Norm und Wirklichkeit (vgl. Grimm 1991; Hesse 1959; Loewenstein 1951/52), stellte aber die dezisionistische Formierung und die voluntaristische Neuakzentuierung der gesellschaftlichen Wirklichkeit in Gestalt eines ethnisch-homogenen Gemeinschaftsideals in Frage, die bei Schmitt zu einem Primat außerrechtlicher Kategorien (Wille, Volk, Gemeinwohl, Sitten etc.) für die Rechtsetzung geführt hatte (vgl. Fraenkel 1941; Neumann 1944; Ridder 1975). Insofern blieb die Annahme der Bedeutsamkeit einer oder mehrerer Verfassungswirklichkeit/en neben der Verfassungsnorm bestehen, wobei sich die rechtssoziologische Forschung empirisch vor allen Dingen auf das Spannungs- und Wechselverhältnis zwischen konkurrierenden politischen Werthaltungen in Relation zu den rechtlichen Normierungen konzentriert hat, in deren Mittelpunkt differierende Legitimationsvorstellungen stehen (vgl. Diekmann 1980; Kißler 1984; Röhl 1987).

Der wesentliche Impuls, den Gedanken einer Diskrepanz zwischen Verfassungsnorm und Verfassungswirklichkeit politikwissenschaftlich aufzugreifen, stammt aus der in den 1960er Jahren von Gabriel A. Almond und Sidney Verba begründeten politischen Kulturforschung. Das Ziel politischer Kulturforschung ist es, Erkenntnisse über das Verhältnis zwischen politischen Institutionen und Gesellschaft zu gewinnen und die subjektive Dimension des Politischen als „intervenierende Variable" (Waschkuhn 2002: 161) zwischen individuellen Orientierungen und sozialstrukturellen Kontexten zu ergründen und so Aufschluss über die „Verknüpfung von Mikro- und Makropolitik" (Reichel 1980: 391) zu erlagen. Die politische Kultur ist somit der *connecting link* zwischen Mikro- und Makropolitik (Almond/Verba 1965: 30).

In Anlehnung an und Erweiterung von Anton Pelinka (2006), Martin und Sylvia Greiffenhagen (1997) und Karl Rohe (1990, 1996) ist politische Kultur zu verstehen als das Ensemble der für eine Gesellschaft relevanten emotionalen und kognitiven Haltungen und der daraus resultierenden Formen stabilisierten Verhaltens, die sich jeweils im Spannungsfeld von politischer Norm und gesellschaftlicher Wirklichkeit bewegen – und damit als ungeschriebene Verfassung das öffentliche Reden und Handeln der Angehörigen der jeweiligen politischen Kultur „konditionieren" (Rohe 1996). Analytisch lässt sich dabei zwischen *Alltagskultur* und *Institutionenkultur* unterscheiden. Auf der Strukturebene ist die Alltagskultur geprägt durch langfristig tradierte Mentalitätsbestände, die sich im Bereich der primären und sekundären Sozialisation zumeist reproduzieren, aber – im Sinne eines Aufklärungsanspruches – immer auch in Frage gestellt werden oder gebrochen werden können. In der Alltagskultur drücken sich Vorstellungen und Einstellungen der Menschen gleichermaßen aus, die empirische Sozialforschung ermittelt in regelmäßigen repräsentativen Umfragen Meinungsfragmente, die Rückschlüsse auf Einstellungen zulassen, weniger und selten auch auf Vorstellungen. Die

Vorstellungen innerhalb einer politischen Alltagskultur sind relativ stabil und nur intergenerationell wirklich revidierbar – ein Beispiel für eine solche Veränderung wäre die jahrzehntelange Modifikation des Umweltschutzbewusstseins der Bürger/innen und der daraus folgenden Haltung zur (Nicht-)Nutzung von Atomenergie. Die Institutionenkultur ist im Gegensatz dazu deutlich normativer und weniger plural, da die Alltagskultur die Gesellschaft in zahlreiche Subkulturen – (partei-)politischer, religiöser, kultureller und anderer Provenienz – differenziert, die Institutionenkultur aber durch die rechtlichen Wirkbedingungen der jeweiligen Institutionen vorgeschrieben und damit normativ fixiert ist. Soll sich an diesen normativen Grundlagen etwas ändern, bedarf es prozedural einer langen Wirkmacht der Alltagskultur, die dann auch den normativen Rahmen der Institutionenkultur verändern kann. In ihrer Tendenz ist die Institutionenkultur stets repräsentierend, während die Alltagskultur immer eine deutlich subjektiv geprägte Dimension hat.

Insofern setzen sich die der *ungeschriebenen Verfassung* zu Grunde liegenden Haltungen gegenüber dem politischen System zusammen aus längerfristigen, historisch formierten Elementen, stabilen Vorstellungen in Form von weltanschaulichen Konzepten und kurzfristig entwickelten, in deutlich höherem Maße wandelbaren Einstellungen (vgl. Birsl/Salzborn 2016). In diesen drei Dimensionen verknüpfen sich jeweils kognitive mit emotionalen Elementen, auf deren manifestem historischem Kern sich eine normative Weltanschauung gründet, die wiederum in konkreten Situationen unterschiedliche Einstellungen zur Folge haben kann, die Ausdruck einer (be-)wertenden Haltung zur geschriebenen Verfassung und damit zur politischen Ordnung sind. Die Varianz der Einstellungsoptionen ist prädominiert von ihren historischen und normativen Grundlagen konstitutioneller, geistesgeschichtlicher, erkenntnistheoretischer und ethischer Provenienz (vgl. Hempfer/Schwan 1987; Schuppert 2008). Kontinuierliche Veränderungen von Einstellungen verweisen insofern zugleich auf tiefer liegende Wandlungsprozesse auf weltanschaulicher Ebene, in denen sich wiederum die Relevanzwahrnehmung historischer Referenzgrößen verändert, wobei sich Einstellungen dabei deutlich schneller ändern, als die ihnen zu Grunde liegenden Vorstellungen. Diese Grundüberzeugungen bedürfen in aller Regel eines intergenerativen Moments, um sich zu modifizieren.

Insofern hat der rechtswissenschaftliche Gedanke der bedeutsamen Existenz einer in Relation zur Verfassungsnorm stehenden Verfassungswirklichkeit in der politikwissenschaftlichen Forschung eine inhaltliche Konkretisierung erfahren (vgl. Hennis 1968; Leibholz 1958), die nicht nur dem Homogenitätspostulat von Schmitt widerspricht (vgl. Salzborn 2011b), sondern die überdies den Begriff der Verfassungswirklichkeit konkretisiert hat zu dem der ungeschriebenen Verfassung (Schuppert 2008: 48). Thomas Meyer (2006: 82) hat darauf hingewiesen, dass die „ungeschriebene Verfassung im eigentlichen Sinne [...] die politische Kultur eines Landes" sei. Sie bestehe in einem „speziellen Muster der Verteilung von politisch bedeutsamen Wertüberzeugungen, Verhaltensweisen, Einstellungen und allgemeinen Orientierungen, in denen sich die unsichtbaren Handlungsmuster der betreffenden Gruppen, die eine solche kollektive Kultur teilen, zur Politik überhaupt niederschlagen."

Auf diese Weise wird auch konzeptualisiert, in welchem Umfang und mit welchen Mitteln die politischen Akteure den Handlungs- und Geltungsspielraum, den die geschriebene Verfassung setzt, nutzen. Insofern sind auch beide, die geschriebene wie die ungeschriebene Verfassung, für politische Gemeinwesen von zentraler Bedeutung; sowohl das Institutionen- und Rechtssystem, wie die politische Kultur bilden die Grundlage für politische Handlungen im politischen Raum (vgl. Meyer 2006).

> **Übungsaufgaben**
>
> - Worin unterscheidet sich der vormoderne vom modernen Verfassungsbegriff?
> - Diskutieren Sie anhand von ausgewählten Beispielen Konflikte zwischen geschriebener und ungeschriebener Verfassung.
> - In welchem Verhältnis stehen geschriebene Verfassung, ungeschriebene Verfassung und politische Kultur in der Demokratie?

9. Typologien demokratischer Regierungsformen

Demokratische Herrschaftspraxen unterscheiden sich darin, wer als *demos* auf welche Weise über sich selbst herrscht; die jeweiligen organisatorischen Regularien sind nicht nur formale Organisationsprinzipien, sondern auch Ausdruck substanzieller Überlegungen über Strukturen und Funktionen von Demokratie. In den unterschiedlichen Verfahrenstechniken demokratischer Staats- und Regierungsformen kommt somit jeweils auch ein differentes Demokratieverständnis zum Ausdruck, bei dem zentrale demokratietheoretische Fragen systematisch beantwortet werden. Als Grundfrage demokratischer Herrschaftsformen kann dabei die nach dem Verhältnis von Herrschenden und Beherrschten gelten, bei der idealtypisch sowohl von einer Differenz wie von einer Identität ausgegangen werden kann: Während konfliktorientierte Demokratietheorien für eine repräsentative Ausgestaltung demokratischer Praxis eintreten und dabei gesellschaftliche Heterogenität in den Mittelpunkt rücken, argumentieren konsensorientierte Demokratietheorien für Formen identitärer Herrschaft, bei der eine (weitgehende oder vollständige) Homogenität von Herrschenden und Beherrschten erstrebt wird.

Geht es bei den Differenzen zwischen Repräsentation und Identität um konkurrierende Auffassungen über die Ausgestaltung der Volkssouveränität und damit die Frage des Grades der Inklusion des *demos* in die Herrschaftsausübung, so rücken die unterschiedlich ausgestalteten Demokratien mit Blick auf Macht und Machtbegrenzung von Parlament und Staatsoberhaupt die Kehrseite der Volkssouveränität in den Mittelpunkt: die Staatssouveränität. Welche Institutionen in einer Demokratie legislative und exekutive Kompetenzen ausüben, ist Gegenstand der Diskussion um die Herrschaftsfrage in parlamentarischen und präsidentiellen Demokratieformen. Die Herrschaftsfrage ist aber immer auch eine Konfliktfrage: Zielt das politische System mit seinen Institutionen auf Konfliktvermeidung und ggf. präventive Konsensstiftung, dann werden konsens- bzw. konkordanzdemokratische Varianten favorisiert, sollen Streit und Konflikte offen ausgetragen und durch Mehrheiten entschieden werden, handelt es sich um mehrheits- bzw. konkurrenzorientierte Regierungsformen. Faktisch sind alle Demokratien der Welt Mischformen dieser Idealtypen, in denen tendenziell jeweils das Moment der Volkssouveränität oder das Moment der Staatssouveränität stärker betont wird.

III. Demokratische Regierungsformen und der Vergleich von Demokratien

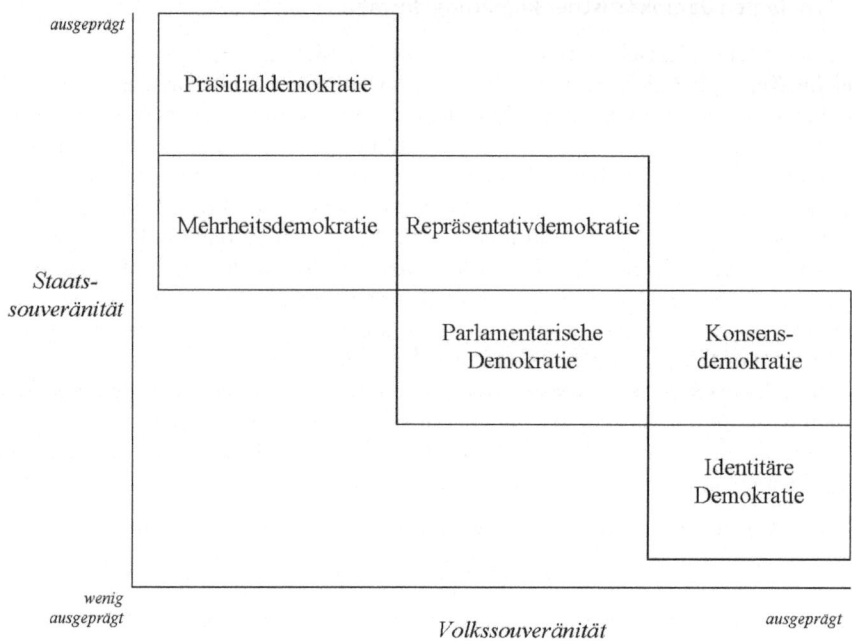

Abb. 8: Idealtypisches Verhältnis demokratischer Regierungsformen.
Eigene Darstellung.

9.1. Die Grundfrage: Repräsentative oder identitäre Demokratie?

Demokratische Herrschaft kann indirekt oder direkt ausgeübt werden, d.h. die Wege der Mediation des Willens des *demos* können eine repräsentative oder eine identitäre Form annehmen, in denen der *demos* vermittelt oder unvermittelt Herrschaft über sich selbst ausübt. Dabei geht es sowohl um die Frage der Urheberschaft von Gesetzen oder der Verfassung, wie auch um die nach der Zustimmung zu diesen politischen Regeln, die passiv wie aktiv erfolgen kann (vgl. Alonso/Keane/Merkel 2011). Im internationalen Vergleich der demokratischen Systeme zeigt sich, dass oft Mischformen von repräsentativer und identitärer Demokratie Anwendung finden, in denen repräsentative Systeme um identitäre Elemente ergänzt werden, beispielsweise durch Volksinitiativen, Volksbegehren oder Volksentscheide zu zentralen politischen Themen, die Direktwahl von Staatsoberhäuptern oder die Volksabstimmung über Verfassungsänderungen bzw. Verfassungsreferenden (vgl. Beyme 2014; Decker 2016; Kost 2013), so dass eine „Parlamentsgesetzgebung" durch eine „Volksgesetzgebung" ergänzt wird (Neumann 1995: 11).

Die Schlüsselfrage im Verhältnis von repräsentativer und identitärer Demokratie ist dabei, an welchen Stellen es unter den Prämissen gesellschaftlicher Pluralität und sozioökonomischer Interessenkonflikte *überhaupt* eine Identität von Beherrschten und Herrschenden geben kann? (vgl. Diehl 2015; Lindner 1990) Denn ein Minimalausschluss der Beherrschten von der konkreten Herrschaftsausübung ist, pragmatisch argumentiert, für die Garantie der Fortexistenz eines jeden politischen Systems unverzichtbar, wie Hermann Heller (1934: 359) betont hat:

> „Jede Organisation bedarf aber einer Autorität, und alle Machtausübung unterliegt dem Gesetz der kleinen Zahl; immer müssen diejenigen, welche die organisatorisch vereinigten Machtleistungen aktualisieren, über ein gewisses Maß von Entscheidungsfreiheit und damit von demokratisch nicht gebundener Macht verfügen."

Am deutlichsten wird diese Unverzichtbarkeit eines Minimums an Entscheidungsfreiheit für die Bestandsgarantie von Demokratien, die zugleich auf die grundsätzliche Unmöglichkeit eines vollständig identitären Systems verweist, im Ausnahmezustand: Denn eine Garantie von Demokratie ist in letzter Instanz nicht demokratisch möglich, weil die fundamentalen Gegner von Demokratie sich keiner demokratischen Mittel bedienen (sondern Gewalt, Terror usw. einsetzen) und insofern Demokratie in letzter Konsequenz immer nur durch den Ausnahmezustand garantiert werden kann (vgl. Salzborn/Voigt 2010). Während eine infolge einer Ausnahmesituation geführte öffentliche Debatte zeigt, ob tatsächlich eine demokratische Öffentlichkeit existiert, die demokratische Herrschaftsprozesse effizient beeinflussen und damit unmittelbar an ihnen teilhaben und sie modifizieren kann, kann diese niemals im Vorhinein geführt werden und eventuelle Szenarien des Ausnahmezustandes diskutieren, weil sie sie damit konterkarieren und letztlich ihre eigene Existenz gefährden würde.

So paradox es auch ist: Die Staatssouveränität ist der einzige *wirkliche* Garant für die Etablierung von demokratischer Freiheit, wiewohl sie diese auch systematisch wieder einschränken muss, um sie gewähren zu können. Eine Totalöffentlichkeit im Sinne einer Identität von Beherrschten und Herrschenden wäre nicht nur im Sinne des Schutzes von Privatem bedenklich, sondern würde auch institutionell den Schutz der Demokratie in Frage stellen. Wer Freiheit will, braucht Sicherheit, auch wenn diese Freiheit einschränkt. Ohne das zentrale Gewaltmonopol mit seiner Verfügungsgewalt über den Ausnahmezustand ist Freiheit nur in Zeiten, in denen sie nicht in Frage gestellt wird, aufrechtzuerhalten – aber eben nicht zu sichern, weil Sicherung den Konfliktfall impliziert und dieser suspendiert, logisch betrachtet, die Normenordnung in den Ausnahmezustand, auch wenn dies nur graduell oder punktuell der Fall sein mag.

Dieses Faktum machen sich die Konzepte der repräsentativen Demokratie zu eigen. Die Grundidee der Repräsentation geht historisch zurück auf den Versuch, ständische Partikularinteressen aufzuheben in einer gewählten Vertretung aller Beherrschten, die in freien Entscheidungen den Volkswillen vertreten sollten. Da die ständischen Partikularinteressen in der bürgerlichen Gesellschaft zwar aufgehoben, aber wiederum durch sozioökonomische Interessenkonflikte ersetzt wurden, führten die neuen Konfliktkonstellationen wieder zu (nun nicht mehr statischen, sondern reversiblen) Polarisierungen in den (jetzt gewählten) Versammlungen, die neue Formen der Zusammenschlüsse (Fraktionen, Parteien) entstehen ließen. Die Entstehung von Parteien ist insofern, wie Dieter Grimm (1995: 880) betont, eine „ebenso unbeabsichtigte wie unausweichliche Konsequenz der repräsentativen Demokratie mit Massenwahlrecht." Der Repräsentationsgedanke prägte die großen bürgerlichen Revolutionen in Frankreich, Großbritannien und Amerika (vgl. Matthée 1996). Giuseppe Duso (2006: 155) sieht deshalb den Gedanken der Repräsentation auch nicht einfach nur als Merkmal demokratischer Herrschaft, sondern als „das Kernelement der modernen politischen Form" überhaupt (siehe auch Manow 2008).

In der modernen Demokratietheorie wurde die Freiheit des Einzelnen betont, die einerseits den Weg zu einer unabhängig von Geburt, Stand oder Herkunft relevanten Beteiligung an Herrschaftsprozessen ebnete (*one man, one vote*), andererseits aber bereits in der Kontraktualismusdiskussion die Grundfrage der Diskrepanz in der Vertretungsidee aufmachte: Kann die individuelle Freiheit, die den Menschen zum Subjekt emanzipiert, delegiert werden? Liegt in der Übertragung eine Einschränkung oder eine Erweiterung, eine Orientierung auf ein Ergebnis, das mit den Interessen des Individuums noch übereinstimmt? Oder liegt in der Übertragung der Verantwortung gerade im Gegenteil ein demokratischer Prozess, der Konflikte auf die öffentlich relevanten Dimensionen reduziert? Die Debatte um repräsentative oder identitäre Demokratie basiert dabei auf dem Konflikt zwischen John Locke und Jean-Jacques Rousseau, in der amerikanischen Verfassungsdebatte wurde sie zwischen *Federalist* und *Anti-Federalists* geführt (vgl. Brunhöber 2010; Jörke 2011).

Das Argument der Repräsentation lässt sich dabei mit Andrew Heywood (2002: 224ff.) ideengeschichtlich in vier Dimensionen differenzieren: eine treuhänderische, eine delegierende, eine mandatierende und eine ähnlichkeitsorientierte Repräsentation. Die treuhänderische Variante, für die ideengeschichtlich vor allem Edmund Burke steht, sieht in der Wahl eines Abgeordneten keine Bindung der Entscheidungen des Abgeordneten an den Willen der Wähler, das Verhältnis zwischen Wählern und Gewählten ist eines von Respekt, nicht von Auftrag. Verantwortlich ist der Abgeordnete in diesem konservativen Repräsentationsmodell seinem eigenen Urteilsvermögen und der Verantwortung gegenüber der gesamten Nation. Das Delegationsmodell der Repräsentation geht hingegen von einem klaren Auftrag und klaren Anweisungen aus, die der Abgeordnete von seinen Wählern bekommt; die Kompetenz des Abgeordneten, eigene Präferenzen durchzusetzen oder Entscheidungen zu fällen, ist hingegen gering: „Representing here means acting in the interest of the represented, in a manner responsive to them." (Pitkin 1967: 209) Ziel ist es also, das Handeln der Repräsentierenden möglichst eng an den Willen der Repräsentierten zu binden, was bereits einen Anknüpfungspunkt an das identiäre Demokratieverständnis unter repräsentativen Prämissen zeigt. Das treuhänderische und das delegierende Modell lassen sich mit den Begrifflichkeiten von Hanna Fenichel Pitkin (1997) als Modelle eines *acting for* und eines *standing for* differenzieren, also des Handelns durch Repräsentation als weitreichende Bevollmächtigung der Repräsentierenden oder des Einstehens durch Repräsentation als weitreichende Interessenartikulation der Repräsentierten.

Sowohl das treuhänderische, wie das delegierende Modell der Repräsentation sind genealogisch vor der Entstehung von Parteien zu lokalisieren und gehen insofern noch von einer unmittelbaren und direkten Beziehung zwischen Kandidaten und Wählern aus. Das Mandatsmodell der Repräsentation kontextualisiert nun die individuelle mit der kollektiven Dimension, die zentral ist für den Wahlakt in einer Parteiendemokratie: Der Gewählte erhält ein Mandat aus persönlichen und parteilichen Gründen, wobei die Parteizugehörigkeit deutlich größeren Einfluss hat. Die Programmatik der Partei prädominiert die Wahlentscheidung und damit auch das Verhalten des späteren Abgeordneten.

Das Ähnlichkeitsmodell der Repräsentation schließlich, das an ökonomische und feministische Demokratietheorien anschließt, favorisiert ein Regierungssystem, in dem alle gesellschaftlichen Gruppen analog ihrer tatsächlichen gesellschaftlichen Relevanz vertreten sein sollen. Auf diese Weise soll entweder eine quantitative Relation zwischen Beherrschten und Herrschenden geschaffen werden, die den gesellschaftlichen Machtverhältnissen entspricht oder qualitativ eine Revision zugunsten unterrepräsentierter Gruppen wie Frauen oder von Minderheiten vorgenommen werden. Ein solches Repräsentationsverständnis formalisiert dabei den freien Willen, der in einer ergebnisorientiert vorgegebenen Struktur deutlich eingeschränkt wird.

Der Antipode der repräsentativen Demokratie, die Idee der identitären Demokratie, geht zurück auf Rousseau und dessen Gedanken, dass der Wille nicht repräsentiert werden könne: Jeder Untertan sei zugleich souverän, da Souveränität weder teil-, noch delegierbar sei und insofern nicht stellvertretend ausgeübt werden könne. In Rousseaus Überlegungen spielte das Konzept der Identität eine zentrale Rolle, weil in ihm über den Modus der Vernunft versucht wird, eine *volonté générale* zu ermöglichen, in der ein gemeinsamer Wille aller zur Grundbedingung für Herrschaft gemacht wird – als unmittelbare plebiszitäre Volkssouveränität, die sich auf Konsens gründet. Rousseau argumentierte damit gegen eine mögliche Heterogenität in der Gesellschaft und wollte die, die dem Gemeinwillen im Rahmen eines identitären Prozesses nicht zustimmen, dazu zwingen, „frei zu sein" (Rousseau 2003: 21).

Carl Schmitt hat Rousseaus Demokratietheorie aufgegriffen und das Motiv der Identität politisch weiter zugespitzt (vgl. Bergem 2005: 58ff.). Seine Kritik am Parlamentarismus zielt darauf, dass Diskussionen im (repräsentativ gewählten) Parlament nur Eigeninteressen formulierten und nicht den Gemeinwillen im Blick hätten, folglich der Egoismus im Mittelpunkt stünde und die Massendemokratie den Volkswillen aufhebe. Für Schmitt ist Parlamentarismus eine Gegenbegriff zur Demokratie, die für ihn, wie für Rousseau, absolute Homogenität des Gemeinwesens und die Identität von Regierten und Regierenden bedeutet – nur dass Schmitt den bei Rousseau noch vagen Gedanken konkretisiert: Schmitts (1923) Demokratiebegriff zielt auf den Ausschluss *aller* liberalen Elemente (wie Aufklärung, Freiheit, Subjektivität, Privatheit usw.), so dass letztendlich nur noch der Wille des Volkes als Substanz übrig bleibt.

Was aber ist der Wille des Volkes, wenn er nicht über parlamentarische oder öffentliche Diskussionen stets aus Neue ermittelt werden soll? Für Schmitt (1927) handelt es sich – hier im deutlichen Unterschied zu Rousseau – um einen Substanzbegriff, der nicht durch Vernunft ermittelbar, sondern durch eine charismatische Persönlichkeit verkörpert werden soll, fallweise ergänzt um plebiszitäre Voten. Identitäre Demokratie wird so – durch herausredigieren aller liberalen Elemente – zu einer Akklamation der Diktatur (vgl. Schmitt 1921): Der Diktator soll nun den Volkswillen verkörpern und die Identität des Volkes herstellen – durch faktischen Ausschluss alles Heterogenen, Fremden und Abweichenden.

Vor diesem Hintergrund liegt auch in der Paradoxie, dass totalitäre Regime sich selbst oft als (volks-)demokratisch verstehen, eine immanente Logik – die Logik dieser Form der Identitätstheorie: Zum *demos* wird immer nur eine bestimmte Teilgruppe der Gesellschaft erklärt (z.B. die „Arier" im Nationalsozialismus oder die Arbeiter und Bauern in der DDR), deren „Interesse" ontologisch bestimmt und das Gemeinwohl normativ formuliert wird, so dass eine (Interessen-)Identität zwischen Beherrschten und Herrschenden faktisch durch Ausschluss und Separation herzustellen versucht wird. In diesem Sinne sah sich Schmitt auch als Vordenker der identitären Demokratietheorie und proklamierte das *ethnos* als *demos*. Letztlich setzen identitär-demokratische Bewegungen damit oft ihr eigenes, subjektives Ideal als höherrangigen Wert im Sinne eines „Letztwertes" (Dieter Langewiesche) bzw. einer „Letztinstanz" (Reinhart Koselleck) fest, bei dem Mehrheitsverhältnisse und intermediäre Verfahren bewusst umgangen werden sollen, um eine Minderheitenposition durchzusetzen.

Zugleich wird in der Forderung nach einer direkten Beteiligung des *demos* bei demokratischen Entscheidungsprozessen aber auch ein struktureller Mangel repräsentativer Demokratieformen kenntlich gemacht: die, besonders bei treuhänderischen Repräsentationskonzepten implementierte, Möglichkeit einer Verselbstständigung der Herrschenden gegen den empirischen Willen des Volkes in konkreten Fragen, die in der Summe die Volkssouveränität als zentrale legitimatorische Grundlage von Demokratie konterkarieren kann. Das delegierende und das mandatierende Modell der Repräsentation greifen diese Kritik aus direktdemokratischer Perspektive auf und integrieren sie in ihre Herrschaftskonzepte: Denn die Option einer autoritären Radikalisierung von stark an der Staatssouveränität orientierenden Systemen ist im Konzept der Repräsentation genauso angelegt und wird in vielen Demokratien durch die zielgerichtete Integration von direktdemokratischen Elementen in die Repräsentativordnung zu minimieren versucht (vgl. Decker 2016; Linden/Thaa 2011; Thaa 2007).

Denn gerade jüngere Entwicklungen in Demokratien zeigen, dass aufgrund von sozialen Selektivitäten im Wahlverhalten, Vertrauens- und Mitgliederverlusten der politischen Parteien, der Überalterung des politischen Personals, wachsender sozialer Ungleichheiten, eines schwindenden Legitimitätsglaubens, der Dominanz von Exekutivorganen, des wachsenden Einflusses von sozioökonomischen Interessengruppen und einer sich relativierenden Regierungseffizienz repräsentative Demokratien vor erheblichen Herausforderungen mit Blick auf die tatsächliche Realisierung von Volkssouveränität stehen (vgl. Merkel 2011: 50ff.).

9.2 Varianten der Typologisierung: Konsens- oder Mehrheitsdemokratie, parlamentarische oder präsidentielle Demokratie

Die Typologisierung von Demokratieformen dient vor allem dem Ziel der Operationalisierung und damit der empirisch-vergleichenden Analyse von demokratischer Qualität (vgl. Abromeit/Stoiber 2006; Stoiber 2011), durch die der Intensitätsgrad der Demokratisierung eines politischen Systems, aber auch seine historischen Wandlungsprozesse begrifflich gefasst werden können.

Die hierfür zentrale idealtypische Unterscheidung zwischen Konsens(us)- und Mehrheitsdemokratie geht zurück auf Arend Lijphart (1984, 1999) und hat seither eine Reihe von begrifflichen Variationen erfahren: Die Konsensdemokratie wird in der Literatur auch als Konkordanz-, Proporz- oder Verhandlungsdemokratie diskutiert, während die Mehrheitsdemokratie auch als Konkurrenzdemokratie bezeichnet wird. Sind die Nuancen zwischen den einzelnen Begriffen auch vorhanden, orientieren sie letztlich alle auf die paradigmatische Differenzierung von Lijphart und den Grundgedanken, dass Mehrheitsdemokratien Macht und Gewalt stark konzentriert haben und durch die Herstellung von parlamentarischen Mehrheiten dazu in der Lage sind, politische Programme durchzusetzen, während Konsensdemokratien auf Machtteilungen und einen möglichst hohen Grad an Inklusion unterschiedlicher politischer und gesellschaftlicher Gruppen orientieren (vgl. Croissant 2010: 126f.). Mehrheitsdemokratien können insofern als staatssouveränitätsorientiert begriffen werden, Konsensdemokratien als volkssouveränitätsorientiert; bei beiden handelt es sich um durch den Vergleich von Demokratien gewonnene begriffliche Konkretisierungen, die den Dualismus von repräsentativer und identitärer Demokratie in praktische Umsetzungsmodelle überführen. Beide Demokratietypen reflektieren sowohl die Verfassungsnorm, wie die Verfassungswirklichkeit, setzen also Fragen nach der institutionellen und staatlichen Struktur in Demokratien in Beziehung zu Elementen der politischen Kultur und der intermediären Institutionen wie Parteien oder Medien.

	Mehrheitsdemokratie	Konsensdemokratie
Regierungstypus	Einparteienregierung	Koalitionsregierung
Parteiensystem	Zweiparteiensystem	Vielparteiensystem
Wahlsystem	Mehrheitswahlrecht	Verhältniswahlrecht
Verhältnis Exekutive/ Legislative	Exekutivdominanz	Kräftegleichgewicht
Verfassungsrigidität	Verfassungsänderung mit einfachen Mehrheiten (oder: Fehlen einer geschriebenen Verfassung)	schwer änderbare (schriftlich fixierte) Verfassung
Staatsaufbau	unitarisch/zentral	föderal/dezentral
Parlamentssouveränität	Letztentscheidungsrecht der Legislative	ausgebaute verfassungsgerichtliche Kontrolle

III. Demokratische Regierungsformen und der Vergleich von Demokratien

	Mehrheitsdemokratie	Konsensdemokratie
Verbändesystem	pluralistisch	korporatistisch
direkte Demokratie	gering ausgeprägt	stark ausgeprägt
politische Konfliktstruktur	eindimensional (rechts/links)	mehrdimensional (cross-cutting cleavages: Religion, Kultur, Sprache usw.)

Abb. 9: Mehrheits- und Konsensdemokratie im Vergleich.
Darstellung in Anlehnung an Croissant (2010: 128f.), Lijphart (1999), Pelinka (2005: 42) und Schmidt (2010a: 319f.).

Die Differenzierung der Demokratie in die Idealtypen der Mehrheits- und der Konsensdemokratie bietet die Möglichkeit für die vergleichende Demokratieforschung, sowohl systematische Differenzen wie auch Entwicklungsprozesse eines demokratischen Systems zu analysieren und insofern das Verhältnis von volks- und staatssouveränen Elemente im diachronen und/oder synchronen Vergleich herauszuarbeiten. Liegt der Fokus stärker auf die Beziehung zwischen Legislative und Exekutive, wird hingegen die Frage nach der Regierung zentral (vgl. Lijphart 1992).

Für Winfried Steffani (1979) liegt in den Modi der Abberufbarkeit einer Regierung der systematische Schlüssel für die typologische Unterscheidung von demokratischen Regierungssystemen: Sie bildet für ihn das wesentliche Kriterium zur Klassifikation von Regierungssystemen, die er als Parlamentarismus (parlamentarische Demokratie) und als Präsidialismus (präsidentielle Demokratie) benennt. Sofern ein Parlament (bzw. die Legislative) über ein systematisches Abberufungsrecht der Regierung verfügt, gilt es Steffani als parlamentarisch, sonst handelt es sich um präsidentielle Systeme. Die von Maurice Duverger (1955) und Manfred G. Schmidt (2010a) aufgeworfene Frage nach eventuellen Mischtypen (Semipräsidialismus) spielt für Steffani keine Rolle, gleichwohl differenziert er jeweils vier Strukturtypen des Parlamentarismus (Exekutivkooperation, Premier-/Kanzlerhegemonie, Parlamentarismus mit Präsidialdominanz, Versammlungsdominanz) und des Präsidentialismus (konstitutionelle Monarchie, Präsident als Inhaber aller Exekutivgewalt, Präsident im Ministerrat und Kollegialsystem) (vgl. Croissant 2010: 120).

Mit Manfred G. Schmidt (2010a: 293) lassen sich die wesentlichen Aspekte der präsidialen Demokratie – neben der Nichtabberufbarkeit der Regierung – in den Punkten einer geschlossenen Exekutiven, der Direktwahl der Präsidenten durch das Volk, einer zumeist vorgeschriebenen personellen Trennung von Parlamentsangehörigkeit und Regierungszugehörigkeit, die Inkompetenz des Regierungschefs zur Parlamentsauflösung, locker gefügten Parteien und einem weitreichenden Maß an Unabhängigkeit der regierenden Partei gegenüber der Exekutiven zusammenfassen. Für die parlamentarische Demokratie zentral sind hingegen – neben der politischen und fortwährenden Kompetenz zur Abberufung der Regierung – die

Herausbildung einer parlamentarischen Opposition, die ihrerseits in direkter Auseinandersetzung und Konkurrenz mit der von der Mehrheit des Parlaments getragenen Regierung steht.

Übungsaufgaben

- Diskutieren Sie Vor- und Nachteile repräsentativer und identitärer Regierungsformen.
- Welche Schwierigkeiten ergeben sich aus der idealtypischen Klassifizierung von Demokratietypologien für den empirischen Vergleich von Demokratien?
- Gibt es Schlüsselaspekte in demokratischen Staats- und Regierungsformen, die sich alternativ als zentrales Klassifizierungskriterium (d.h. als Alternative zur Frage der Abberufbarkeit von Regierungen) anbieten?

10. Akteure und Prozesse in der Demokratie

Obgleich eine generalisierende Aussage über die Akteure in einer Demokratie und die eine Demokratie kennzeichnenden Kommunikations- und Handlungsprozesse aufgrund der Heterogenität demokratischer Staatssysteme nicht möglich ist, lassen sich idealtypische und strukturelle Elemente charakterisieren, in deren Spannungsfeld demokratische Praxis stattfindet (vgl. Broughton/Donovan 1999; Derbyshire/Derbyshire 1996; Klingemann u.a. 1994; Niedermayer/Stöss/Haas 2006).

Grundlage von Akteurshandeln in Demokratien ist die jeweils spezifische, historisch entwickelte und kulturell formierte Struktur von gesellschaftlichen und politischen Konfliktlinien (*cleavages*). Diese *cleavages* können entweder Relevanz entfalten in einem bipolaren oder in einem multipolaren Sinn – als *cross-cutting cleavages*, die sich wechselseitig überlagern. Seymour M. Lipset und Stein Rokkan (1967) zufolge sind vor allem vier *cleavages* von Bedeutung: der Konflikt zwischen Kapital und Arbeit, der zwischen Stadt und Land, der zwischen Staat und Religion und der zwischen unterschiedlichen Ethnien bzw. Sprachen. Die Konfliktlinien führen zu Unterscheidungen in weltanschaulichen Fragen, die sich im politischen Handeln niederschlagen und auf diese Weise den politischen Inklusions- oder Exklusionsgrad einer demokratischen Gesellschaft beeinflussen.

Die wichtigsten Akteure in der modernen Demokratie sind auf der einen Seite die politischen Parteien, auf der anderen Seite die (Interessen-)Verbände. Da die Parteien – sofern sie in den Parlamenten als Fraktionen vertreten sind – aber auch selbst wiederum nicht nur Interessen artikulieren, sondern den politischen Prozess gestalten, gehören sie vermittelt nicht nur zu den legislativen, sondern auch zum Teil zu den exekutiven Strukturen in Demokratien.

Die Prozesse, in denen die Akteure in Demokratien aktiv die politische Ordnung gestalten, sind dabei zu unterscheiden in konventionelle und unkonventionelle – beide Begriffe sind historisch variabel, d.h. es ist nicht normativ entscheidbar, wann eine Partizipationsform konventionell, wann eine andere unkonventionell ist, sondern lediglich durch die Faktizität der konkreten politischen Ordnung selbst bestimmbar: Denn konventionelle Partizipation ist immer solche, die in der verfassungsmäßigen Ordnung des Politischen Systems als strukturierter Prozess vorgesehen ist (z.B. Wahlen), während unkonventionelle Formen von politischer Partizipation neue politische Agenden besetzen und dabei bisher nicht etablierte Methoden einsetzen. Direktdemokratische Elemente in repräsentativen Demokratien bilden dieses Feld zwischen konventioneller und unkonventioneller Partizipation als Entwicklungsprozess ab: Etwa das Internet war vor gut zwanzig Jahren (schon allein aus technischen Gründen) in keiner Demokratie von Relevanz, vor zehn Jahren stellte die Vernetzung für demokratiepolitische Anliegen noch eine unkonventionelle Form von Partizipation dar, während mittlerweile bestimmte Formen der *E-Democracy* (in Deutschland z.B. Online-Petitionen) zum konventionellen Bestandteil des administrativen Systems geworden sind.

10.1. Parteien und Wahlen

Die zentrale Akteursrolle in demokratischen Ordnungen nehmen die politischen Parteien ein. Ihre im politischen Prozess vorgesehenen Aufgaben und Funktionen als intermediäre Institutionen zwischen Gesellschaft und Staat können verfassungsrechtlich oder einfachgesetzlich festgelegt sein, wobei Parteien immer einen Teil der Gesellschaft repräsentieren und sich dabei sowohl mit einem breit angelegten Programm an ein großes Spektrum der Bevölkerung wenden (Volksparteien), auf eine spezifische Interessenvertretung für eine bestimmte gesellschaftliche oder soziale Gruppe orientieren (Klientelparteien) oder mit einer nur minimalen Auswahl an überhaupt behandelten und vertretenen Themenfeldern agieren (Ein-Punkt-Parteien):

> „Politische Parteien sind organisatorische Zusammenschlüsse von sozial und/oder interessenmäßig und/oder durch gemeinsame politische Ziele verbundenen Teilen des Volkes (auf der Grundlage eines Programms) und streben danach, die Ausübung von staatlicher Macht bzw. ökonomischer und außerökonomischer Herrschaft in ihrem Sinne zu gestalten." (Stöss 1983: 41)

Max Weber (1980: 167) hatte in seiner Parteiensystematisierung das sozioökonomische Moment noch stärker betont und mit Blick auf die Ziele von Parteien zwischen Patronage-, Stände-/Klassen- und Weltanschauungsparteien differenziert. Otto Kirchheimer (1965: 27ff.) wiederum beschrieb bereits in den 1960er Jahren Tendenzen eines dominant werdenden Typus der *catch-all party* (Allerweltspartei), der sich in vielen, vor allem konsensorientierten Demokratien der Gegenwart deutlich zeigt: einer Partei, die eigene soziale Herkunft und Milieuverankerung sowie damit verbundene Interessen weitgehend zugunsten einer weitreichenden Orientierung am politischen *mainstream* aufgibt, sich (z.T. auch nur vordergründig) entideologisiert und der Parteispitze ein hohes Maß an ungebundener Macht einräumt.

Die möglichen Funktionen von Parteien in Demokratien umfassen ein breites Spektrum und reichen von der Unterstützung und Anregung der politischen Willensbildung in der Bevölkerung, der Bündelung und Organisierung von politischen Interessen, der Formulierung von politischen Leitlinien (Parteiprogrammen), der Teilnahme an dem Wettbewerb um politische Macht, der Repräsentation des Wählerwillens, der Rekrutierung von politischem Personal und der Nominierung von Kandidaten für Wahlen bis zur Einflussnahme auf administrative Prozesse der Legislativen und der Exekutiven (Parlament, Regierung). Ulrich von Alemann (2001: 208ff.) hat diese Funktionen von politischen Parteien in sieben Strukturprinzipien zusammengefasst:

- Partizipation (der Bürger an der Politik),
- Transmission (von Interessen in Handlungen),
- Selektion (Auswahl von Personal, Programmen usw.),
- Integration (von Interessen durch Vermittlung),
- Sozialisation (der Bürger für die Politik),

- Selbstregulation (der eigenen Ausrichtung und Programmatik) und
- Legitimation (der demokratischen Ordnung).

Aufgrund der historischen Genese der Parteien in Demokratien hat sich in der vergleichenden Parteienforschung die (nationale Grenzen übergreifende) Klassifizierung von Parteien in *Parteienfamilien* etabliert, bei der einzelne Parteien vor allem entlang ihres sozialen Ursprungs und der von ihnen artikulierten Interessen unterschieden werden (vgl. Mair/Mudde 1998: 223ff.). So wird das durch synchrone und diachrone Vergleiche gewonnene gemeinsame Moment von Parteien *trotz* ihrer programmatischen Besonderheiten und differenten nationalen Kontexte betont. Die Systematisierung in Parteienfamilien umfasst dabei (in einer für Transformationen offenen Übersicht) folgende Differenzierungsmöglichkeiten – wobei Probleme der eindeutigen Klassifizierung einer konkreten Partei nicht ausgeschlossen sind, da sowohl der jeweilige normative Kontext des politischen Systems eine Rolle spielt, wie auch der entwicklungsgeschichtliche Wandel der Positionen der Parteien selbst (vgl. Beyme 1984: 43ff., 2000b: 64ff; Seiler 1996, 2000; Walter 2009, 2010):

- liberale Parteien
- kommunistische Parteien
- sozialistische, sozialdemokratische oder Arbeiterparteien
- anarchistische Parteien
- konservative Parteien
- religiöse Parteien
- agrarische Parteien
- nationalistische oder regionalistische Parteien
- (neo-)faschistische, (neo-)nazistischen, rechtsextreme oder rechtspopulistische Parteien
- ökologische oder grüne Parteien
- feministische Parteien

Letztlich lassen sich alle Parteien in dieser ausdifferenzierten Übersicht auf die weltanschaulichen Grundströmungen der politischen Theorie (Liberalismus, Konservatismus, Sozialismus, Faschismus) zurückführen, setzen allerdings spezifische Schwerpunkte in ihrer Programmatik oder in ihren sozialen Bezügen – eine Agrarpartei ist z.B. weltanschaulich *immer* eine Variante des Konservatismus, andersherum muss eine konservative Partei aber nicht notwendig auch immer Klientelpolitik für Bauern betreiben.

Prozessual betrachtet ist das Äquivalent zu den Parteien in der Demokratie die Wahl (vgl. Gabriel/Westle 2012; Nohlen 2009; Rosenberger/Seeber 2008) – gesetzliche Vorgaben regeln das aktive und das passive Wahlrecht, also die Frage, wer wählen und wer gewählt werden darf (vgl. LeDuc/Niemi/Norris 1996, 2002, 2010; Lijphart 1994; Lijphart/Grofman 1984). Während in der historischen Entwicklung sozialer Status, ökonomische/fiskalische Potenz und vor allem das Geschlecht wichtige Exklusionsfaktoren bei Wahlen waren, gelten in den meisten

Demokratien der Gegenwart vor allem ein bestimmtes Alter und die formale Staatsbürgerschaft als ausschlaggebend (vgl. Saalfeld 2007: 22f.). In föderalen politischen Systemen differieren aber auch diese Momente durchaus, wenn auf kommunaler Ebene z.b. auch Ausländern ein Wahlrecht eingeräumt wird.

In der konkreten Ausgestaltung des Wahlsystems werden die technischen Modi festgelegt, zu denen als zentrale Frage die nach dem grundsätzlichen Stimmgewichtungsprinzip gehört, also ob ein Mehrheits- oder ein Verhältniswahlsystem (oder Mischtypen) Anwendung findet, ob mittelbar (über Wahlmänner/-frauen) oder unmittelbar gewählt wird, nach welchen Kriterien Wahlkreise definiert und Wahlkreisgrößen berechnet werden, ob Einzel- oder Listenkandidaturen (oder Mischformen) vorgenommen werden, ob und wenn ja welche Differenzierungen es beim Stimmabgabeverfahren gibt, nach welchen mathematisch-statistischen Stimmenverrechnungsverfahren die prozentualen Wahlergebnisse errechnet werden, ob es besondere Inklusions- oder Exklusionsregelungen im Wahlsystem gibt (z.B. Sperrklauseln, Überhangmandate, Ausnahmeregelungen für z.B. Minderheitenparteien) oder ob spezielle Referenden (Volksbegehren, Volksbefragung usw.) im Wahlsystem verankert sind (vgl. Nohlen 2009: 84ff.; Saalfeld 2007: 37ff.).

10.2. Verbände

Im Unterschied zu den politischen Parteien besetzen die (Interessen-)Verbände in der Regel nur ein *policy*-Feld und orientieren nicht auf eine direkte Einflussnahme im politischen System (den Strukturen der *polity*), sondern agieren indirekt durch die Ausübung von öffentlichem Druck (*pressure*) oder durch den Versuch der gezielten Einflussnahme auf Parteien, Parlament und Regierung (*lobbying*) (vgl. Kleinfeld u.a. 2007; Reutter 2012):

> „Dass sich Verbände nicht an Wahlen beteiligen, unterscheidet sie grundsätzlich von Parteien und begründet auch ein prinzipiell anderes Verhaltensmuster: Parteien sind Stimmenmaximierer, das heißt, sie sind tendenziell bereit, ihre Inhalte und Ansprüche den Wahlchancen unterzuordnen. Verbände können sich, eben weil sie nicht im Wettbewerb um Stimmen stehen, viel eher ein prinzipielles Beharren auf für unverzichtbar gehaltenen Positionen erlauben. Diese müssen sie nicht durch einen Wahlerfolg oder durch Koalitions- bzw. parlamentarische Absprachen durchsetzen, sondern durch die Druckausübung von außen auf die Entscheidungszentralen des politischen Systems – auf Parlament, Regierung, Bürokratie und Justiz (,Lobbyismus'). Dass sich Verbände nicht an Wahlen beteiligen, schließt nicht aus, dass sie versuchen, Wahlen zu beeinflussen – um so Druck auf Parteien, Parlamente und Regierungen ausüben zu können." (Pelinka 2005: 82)

In der generellen Tendenz ist der Organisierungsgrad in Verbänden in der Demokratie größer, als der in Parteien, da Verbände neben explizit politischen Zielrichtungen auch im sozialen, wirtschaftlichen, religiösen oder sportlichen Bereich tätig sind – in denen zwar alle Verbände politisch agieren, um ihre spezifischen Interessen durchzusetzen, aber die nicht zwingend ein politisches Selbstverständnis oder ein politisches Bewusstsein von ihren Mitgliedern verlangen (vgl. Alemann/Weßels 1997; Norton 1999; Schütt-Wetschky 1997). Am deutlichsten wird dies sicher exemplarisch an Sportverbänden: diese wirken als Verbände auf politische Parteien, Parlamente und Regierungen ein, um ihre verbandspolitischen Interessen durchzusetzen; jede Sportart stärkt oder schwächt aber auch spezifische (gesellschafts-)politische Haltungen – zu denken ist hier an die Differenzierung zwischen Mannschafts- und Individualsportarten, die Orientierung an bestimmten (geschlechtsspezifischen oder heroischen) Körperlichkeitsidealen im Sport oder die zunehmende Nationalisierung von sportlichen Massenereignissen – gleichwohl ist den wenigsten Mitgliedern eines Sportverbandes diese politische Dimension bewusst, so dass Sportverbände öffentlich i.d.R. als unpolitisch gelten. Daran zeigt sich, dass die Interessen der Mitglieder in Verbänden sich von denen bei Parteien vor allem durch die subjektiv-individualisierte Dimension unterscheiden, bei denen neben ideellen Gründen (dem Eintreten für ein bestimmtes weltanschauliches Ziel, etwa bei Umweltschutzverbänden), materiellen Gründen (der Stärkung einer bestimmten sozialen Konstellation, etwa bei Gewerkschaften) vor allem individuelle Gründe eine Rolle spielen (der Wunsch nach sozialem Kontakt, das Bedürfnis nach Austausch mit anderen, etwa bei den genannten Sportvereinen) (vgl. Frevel 2009: 111).

Verbände können in ihrem institutionalisierten Rahmen in Demokratien auch Teil von sozialen Bewegungen sein (vgl. Reutter/Rütters 2001; Sebaldt/Straßner 2006), die oft auch unkonventionelle Partizipationsformen nutzen, um einen von ihnen so wahrgenommenen sozialen Missstand öffentlich zu machen und gesellschaftlichen, vor allem medialen Druck aufzubauen, der zu einer Veränderung des öffentlichen Bewusstseins und der in ihm verankerten Wert- und Normvorstellungen führt und über diesen Umweg die konventionelle Politik verändert (vgl. Lösche 2007). Bei sozialen Bewegungen handelt es sich somit um Netzwerke von Gruppen, (Bürger-)Initiativen, Organisationen und (Interessen-)Verbänden, die „gestützt auf eine kollektive Identität, eine gewisse Kontinuität des Protestgeschehens" sichern, das „mit Anspruch auf Gestaltung des gesellschaftlichen Wandels verknüpft ist" (Roth/Rucht 2008: 13).

Nimmt man die Handlungsfelder der Verbände systematisch in den Blick, dann ergibt sich – Ulrich von Alemann (1989: 71) folgend – eine Differenzierung in fünf Bereiche der organisierten Interessen:

- Wirtschaft und Arbeit (z.B. Gewerkschaften oder Unternehmerverbände),
- Soziales (z.B. Wohlfahrtsverbände und Selbsthilfegruppen),
- Religion, Kultur und Wissenschaft (z.B. Kirchen, Kunstvereine und Wissenschaftsverbände),
- Freizeit und Erholung (z.B. Sport- oder Hobbyverbände),
- gesellschaftspolitische Querschnittsbereiche (z.B. Umweltschutz oder Gleichberechtigung).

Der Einfluss von (Interessen-)Verbänden in demokratischen Systemen hängt einerseits von ihrer faktischen Macht – etwa aufgrund ihrer Mitgliederstärke, ihrer finanziellen Stärke, der Stärke ihres Einflusses auf Parteien und ggf. andere Verbände und ihrer medialen Stärke im Sinne der Möglichkeit zur Einflussnahme auf die öffentliche Meinung – andererseits von den funktionalen Kontextbedingungen ab, die das politische System institutionell und die politische Kultur informell vorgeben. Diese institutionellen und informellen Kontextbedingungen beziehen sich sowohl auf die Frage der grundsätzlichen Konfliktorientierung in einer Gesellschaft (starke Konsens- vs. starke Konfliktorientierung), die Frage der institutionellen Reglementierung der Beziehungen zwischen den Verbänden sowie die nach der Organisationsstruktur und der funktionalen Rolle der Verbände, die sowohl im explizit politischen Bereich, wie im eher sozialen oder karitativen Bereich liegen kann. Je nach Schwerpunkten der Interaktionsstrukturen wird zwischen pluralistischen, korporatistischen und syndikalistischen Verbändemodellen unterschieden.

	Konflikt-orientierung	Beziehungen	Verbändestruktur
Pluralismus	hoch	wenig verregelt	dezentral/sozial
Korporatismus	niedrig	stark reglementiert	zentralistisch
Syndikalismus	hoch	wenig verregelt	dezentral/politisch

Abb. 10: Beziehungen zwischen Verbänden in konkurrierenden Verbändemodellen.
Mit wenigen Änderungen übernommen von Pelinka (2005: 86).

Übungsaufgaben

- Was sind Unterschiede, was Gemeinsamkeiten von Parteien und Verbänden?
- Sammeln Sie Beispiele für Verbände in der Bundesrepublik und vergleichen diese mit den Verbänden in einer anderen europäischen und einer außereuropäischen Demokratie.
- Diskutieren Sie, warum es auch in nicht-demokratischen Systemen Parteien gibt und worin sich deren Rolle von der von Parteien in Demokratien unterscheidet.

Literatur zur Einführung zu III.

Heidrun Abromeit/Michael Stoiber: Demokratien im Vergleich. Einführung in die vergleichende Analyse politischer Systeme, Wiesbaden 2006.
Arthur Benz: Der moderne Staat, 2., überarb. u. erw. Aufl., München 2008.
Klaus von Beyme: Die parlamentarische Demokratie. Entstehung und Funktionsweise 1789–1999, 4. korr. Aufl., Wiesbaden 2014 .
Bernhard Frevel/Nils Voelzke: Demokratie. Entwicklung – Gestaltung – Herausforderungen, 3. Aufl., Wiesbaden 2017.
Oscar W. Gabriel/Bettina Westle: Wählerverhalten in der Demokratie. Eine Einführung, Baden-Baden 2012.
Susanne Pickel/Gert Pickel: Politische Kultur- und Demokratieforschung. Grundbegriffe, Theorien, Methoden, Wiesbaden 2006.

III. Demokratische Regierungsformen und der Vergleich von Demokratien

Samuel Salzborn (Hg.): Politische Kultur – Forschungsstand und Forschungsperspektiven, Frankfurt 2009.
Bettina Westle/Oscar W. Gabriel (Hg.): Politische Kultur. Eine Einführung, Baden-Baden 2009.

Weiterführende Literatur zu III.

Dirk Berg-Schlosser/Ferdinand Müller-Rommel (Hg.): Vergleichende Politikwissenschaft. Ein einführendes Studienhandbuch, 4. überarb. u. erw. Aufl., Opladen 2006.
Klaus von Beyme: Vergleichende Politikwissenschaft, Wiesbaden 2010.
Ursula Birsl/Samuel Salzborn: Ungeschriebene Regeln der ‚Demokratie'. Zur Relationalität von ‚ungeschriebenen Verfassungen' politischer Herrschaft jenseits und diesseits des Westens, in: Politische Vierteljahrsschrift, SH 51/2016, S. 127–146.
Thomas Heberer/Claudia Derichs (Hg.): Einführung in die politischen Systeme Ostasiens, 2., akt. u. erw. Aufl., Wiesbaden 2008.
Ludger Helms/Uwe Jun (Hg.): Politische Theorie und Regierungslehre. Eine Einführung in die politikwissenschaftliche Institutionenforschung, Frankfurt 2004.
Wolfgang Ismayr (Hg.): Die politischen Systeme Osteuropas, 3., akt. u. erw. Aufl., Wiesbaden 2010.
Wolfgang Ismayr (Hg.): Die politischen Systeme Westeuropas, 4., akt. u. überarb. Aufl., Wiesbaden 2009.
Detlef Jahn: Einführung in die vergleichende Politikwissenschaft, 2. Aufl., Wiesbaden 2013.
Hans-Joachim Lauth/Marianne Kneuer/Gert Pickel (Hg.): Handbuch vergleichende Politikwissenschaft, Wiesbaden 2016.
Hans-Joachim Lauth/Gert Pickel/Susanne Pickel: Methoden der vergleichenden Politikwissenschaft. Eine Einführung, 2. akt. Aufl., Wiesbaden 2015.
Gisela Riescher/Marcus Obrecht/Tobias Haas: Theorien der Vergleichenden Regierungslehre. Eine Einführung, München 2011.

IV. Internationale Entwicklungen von Demokratie und Demokratisierung

11. Weltweite Entwicklungslinien der Demokratisierung

Keine politische Ordnung ist kontextlos, keine existiert jenseits von internen Konsolidierungsbedingungen oder externen Einflussfaktoren. Auch mit Blick auf Demokratien lässt sich sagen, dass sowohl für Entstehen, wie für Fortexistenz und Weiterentwicklung von demokratischen Systemen der interne und externe Kontext entscheidend sind. Denn dieser begünstigt zugleich die Entstehung von demokratischen Regimen (oder verhindert sie), wie diese wiederum auf die sie ermöglichenden Kontextbedingungen rückwirken und sie verändern. Die empirisch-vergleichende Demokratieforschung nimmt diese Kontextbedingungen und Funktionsvoraussetzungen in den Blick und entwickelt in ihrer empirisch-analytischen Dimension Messinstrumente, mit denen Entwicklungsstand und Qualität von Demokratie bestimmt werden sollen (vgl. O'Donnell u.a. 2004); in ihrer empirisch-historischen Dimension arbeitet sie überdies weltweite Entwicklungstrends von Demokratisierungsprozessen seit der Entstehung der modernen Demokratie heraus.

11.1. Funktionsvoraussetzungen und Kontextbedingungen

In der Diskussion über die kontextualisierenden Funktionsvoraussetzungen der Demokratie hat Manfred G. Schmidt (2010a: 412ff.) die weitreichendste Zusammenfassung der Studien über internationale Demokratieentwicklung formuliert und in einem „Standardmodell" der Voraussetzungen systematisiert, die für das Entstehen und Funktionieren von demokratischen Regierungssystemen begünstigend wirken – ohne freilich als „Garantien" gelten zu können, da, wie Schmidt betont, in einem solchen Standardmodell eine Reihe von länderspezifischen und zeitgebundenen Kontexten und die Frage nach der situativen Abhängigkeit der Deutung von politischen Krisen und daraus resultierender (Nicht-)Handlungen von Eliten unberücksichtigt bleiben müssen (vgl. Berg-Schlosser/Giegel 1999; Berg-Schlosser/Mitchell 2000, 2002). Schmidts Standardmodell der Funktionserfordernisse der Demokratie umfasst die folgenden zehn Punkte:

„1. Aufteilung staatlicher Exekutivgewalt und Neutralisierung dieser Gewalt vor allem durch zivile Kontrolle polizeilicher und militärischer Gewalten;
2. breite Streuung der Machtressourcen im Sinne von Vanhanen (2003);
3. eine Politische Kultur, in der ein hoher Anteil der Bevölkerung vitalen Selbstentfaltungswerten anhängt – Inglehart/Welzel zufolge rund 45 Prozent (2005: 300);
4. die Wertschätzung individueller Autonomie und Freiheit, wie insbesondere in Ländern, die kulturell vom jüdisch-christlichen Erbe, von der Trennung von Staat und Kirche und von einem hohen Säkularisierungsgrad geprägt sind;
5. das Fehlen einer größeren Anti-System-Partei oder mehrerer nennenswerter demokratiefeindlicher Parteien;

6. stabil verwurzelte liberal-konstitutionelle Traditionen der Zügelung der Staatsgewalten;
7. eine ethnisch relativ homogene Bevölkerung oder – im Falle ethnischer Heterogenität – die friedliche, typischerweise konkordanzdemokratische Regelung von Konflikten zwischen den Ethnien;
8. völkerrechtliche Unabhängigkeit (bzw. legitimierte Übertragung nationaler Souveränitätsrechte auf supranationale Organisationen), unstrittige Grenzen sowie ein internationales Umfeld, in dem demokratische Nachbarn anstelle von Autokratien vorherrschen;
9. Barrieren gegen Einparteiendominanz im Parlament und in der Regierung sowie
10. mit einiger Regelmäßigkeit erfolgende Regierungswechsel, sodass die Verlierer von Wahlen auf die Chance eines Machtwechsels zählen können." (Schmidt 2010a: 426f.)

Im Gegensatz zu dem Standardmodell von Manfred G. Schmidt formuliert Claus Offe (1996) ein schlankeres Konzept der Voraussetzungen von Demokratien, das vor allem auf die Frage des Erhalts von Demokratien und damit ihre „Bewährungsproben" fokussiert. Im Mittelpunkt steht für Offe die Garantie der inneren und äußeren Souveränität, insbesondere gegen private Infragestellungen der Staatsgewalt (z.B. durch mafiöse oder separatistische Gruppen). Die Volkssouveränität müsse dabei den „empirischen Volkswillen" (ebd.: 146) auch gegen oligarchische Elitenkartelle und Medienstrategien behaupten, wozu stets die Möglichkeit politischer Entscheidungsalternativen im Kontext eines in elementaren Grundfragen bestehende Eliten-Konsens nötig sei. Ergänzt werden diese Strukturelemente durch eine für alle Demokratien für unverzichtbar gehaltene „säkularistische kulturelle Voraussetzung", die „Gestaltung und Gewährleistung adäquater materieller Lebensverhältnisse" und durch die „Selbstanerkennung der gegebenen Lage und ihrer historischen Voraussetzungen" (z.B. mit Blick auf das Staatsterritorium) im Sinne einer Selbstverpflichtung auf das politische Gemeinwesen (ebd.: 151ff.).

Hans-Joachim Lauth (2004, 2011a) nimmt in seinem Modell hingegen nicht die funktionierende und potenziell gefährdete (vgl. Brodocz/Llanque/Schaal 2008), sondern die gerade erst entstehende Demokratie in den Blick: die Funktionsvoraussetzungen werden so aus dem Blickwinkel der Systemtransformationsforschung konzeptualisiert, bei dem die Demokratisierung nicht-demokratischer Staaten im Fokus liegt. Da Demokratisierungsprozesse nicht automatisch ablaufen, gibt es nach Lauth (2011b) vier Varianten der Verlaufsformen eines Systemwechsels: die gelenkte, die (von unten) erzwungene, die ausgehandelte und den Kollaps. Auf das Ende eines nicht-demokratischen Systems folge die formale Institutionalisierung der Demokratie und im Erfolgsfall ihre Konsolidierung, die sowohl Stabilitäts-, wie Qualitätsaspekte umfasse (siehe auch Merkel 2010: 95). In Anlehnung an Huntington (1991) können diese in einem minimalistischen Modell durch einen doppelten Regierungswechsel nach der Systemtransformation bestimmt werden oder mit Blick auf den Austausch der politischen Eliten und die politische Modifikation ihrer Werthaltungen (vgl. Przeworski 1991) oder durch eine vierfache Konsolidierung auf konstitutioneller, repräsentativer, verhaltensorientierter und bürgergesellschaftlicher Ebene (vgl. Merkel 2010: 112).

Zwei Konzepte, die in der Frage nach den Funktionsvoraussetzungen von Demokratien in hohem Maße auf Generalisierbarkeit und damit ebenfalls wenig auf nationale Spezifika orientieren, sind das der *embedded democracy* von Wolfgang Merkel (2010: 30ff.) und das des *State-Building* von Francis Fukuyama (2004). Merkels Modell der *embedded democracy* besticht durch seine systematische Integration von institutionellen und politisch-kulturellen Dimensionen, also der Verknüpfung von geschriebenen und ungeschriebenen Ordnungs- und Strukturelementen der Demokratie. Merkel geht davon aus, dass die Stabilität einer funktionsfähigen Demokratie durch die Interaktion von fünf Teilregimen hergestellt wird, wobei sich bereits die Störung von einem dieser Teilregime negativ auf das gesamte demokratische System auswirkt (*defekte Demokratie*; vgl. Merkel u.a. 2003). Die fünf Teilregime der *embedded democracy* sind dabei

1. das demokratische Wahlregime,
2. die politischen Partizipationsrechte,
3. die bürgerlichen Freiheitsrechte,
4. die institutionelle Sicherung der Gewaltenkontrolle und
5. die Sicherung der effektiven Regierungsgewalt der demokratisch gewählten Repräsentanten.

Diese fünf Teilregime sind im Sinne einer vollen Demokratisierung nicht nur wechselseitig integriert (*interne Einbettung*), sondern überdies in Gänze auch eingebettet in regionale und internationale Kontexte, zivilgesellschaftliche Kontexte und sozioökonomische Kontexte (*externe Einbettung*), die jeweils ihrerseits die fünf Teilregime der Demokratie beeinflussen (vgl. Merkel 2010: 35f.).

Fukuyamas (2004) Ansatz des *State-Building* ist ein funktionales Modell, das extrem schlank formuliert ist und an den Grundlagenbedingungen für das erfolgreiche Entstehen von Demokratien und nur sekundär an ihrer Kontinuierung ansetzt. Für Fukuyama lässt sich die Wahrscheinlichkeit der Systemstabilität entlang von zwei Kategorien entwickeln: der Bandbreite staatlicher Aktivitäten und der Stärke der staatlichen Macht. Dabei entwickelt Fukuyama eine Vier-Felder-Matrix, in der die Bandbreite sich erstreckt von dem (Lebens-)Notwendigen bis hin zum Wünschenswerten und sogar Kontraproduktiven und die institutionelle Stärke von der effizienten Möglichkeit, politisch zu agieren, bis hin zur Option, die Einhaltung von Gesetzen mit Gewalt zu erzwingen. Demokratische Regime werden sich am ehesten und stabilsten etablieren, so Fukuyama, wenn sie ein mittleres bis ausgeprägtes Maß an Stärke und ein mittleres Maß an Bandbreite ihrer Leistungen entwickeln können (im Schaubild bildet dies etwa das rechte Drittel von Quadrant I und das linke Drittel von Quadrant II ab).

IV. Internationale Entwicklungen von Demokratie und Demokratisierung

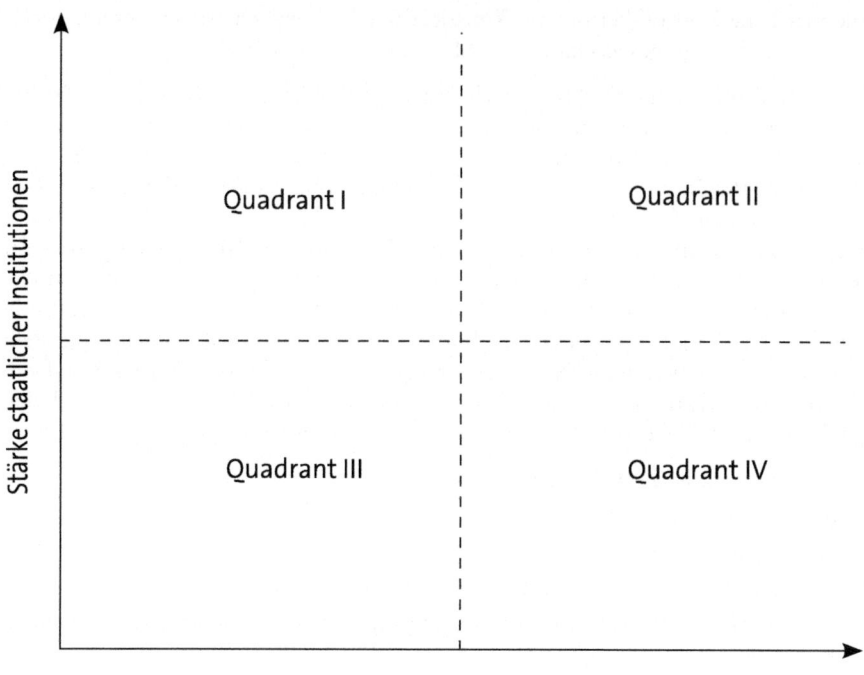

Abb. 11: *Das Verhältnis von Institutionen und Funktionen nach Francis Fukuyama.*

Quelle: Fukuyama 2004: 26.

11.2. Messinstrumente der empirischen Demokratieforschung

Die sich aus der international vergleichenden Diskussion über Funktionsvoraussetzungen und Kontextbedingungen von Demokratien ergebende Frage ist die nach der empirischen Messbarkeit und damit auch der qualitativen Bewertung der einschlägigen Faktoren (vgl. Lauth/Pickel/Welzel 2000). Dabei existiert auch für die empirisch-vergleichende Demokratieforschung das Dilemma, in dem sich alle statistisch-quantitative Forschung befindet: reproduziert sie nicht nur das, was sie in ihrer Art der Fragestellung, der Operationalisierung und der Gestaltung der Messinstrumente aufgrund impliziter (im günstigeren Fall auch expliziter) Vorannahmen bereits vorweggenommen hat, also produziert sich nicht eigentlich ausschließlich Artefakte? Heidrun Abromeit (2004: 76f.) bringt diese Kritik bezogen auf die empirische Demokratieforschung wie folgt auf den Punkt:

> „Das größte Defizit der empirischen Demokratieforschung liegt [...] in der vorschnellen Verknüpfung der Demokratie mit einer ganz bestimmten Institutionalisierungsform und in der Orientierung an einem konkreten ‚Realmodell', dessen eigene demokratische Qualität genau genommen erst einmal zu überprüfen wäre. Das aber erfordert einen theoretischen Ausgangs-

punkt, den man nur findet, wenn man von konkreten Realisierungsformen abstrahiert."

In den meisten empirischen Studien über Demokratie und Demokratisierung lässt sich dieses Dilemma ausmachen, obgleich in jüngeren Ansätzen wie dem von Hans-Joachim Lauth (2004) oder dem von Michael Stoiber (2011) versucht wurde, das Problem durch komplexere Modelle zu kompensieren. Durch Erhöhung der statistischen Komplexität entsteht auf der anderen Seite aber zugleich auch wieder das Risiko, den großen Vorzug des internationalen Vergleichs in der Demokratieforschung aufzugeben, da der Datenerhebungsaufwand in Verbindung mit komplexen Analysenmethoden nicht mehr bewältigt werden kann; denn die Stärke der empirischen Demokratieforschung besteht ja im Kern gerade darin, in regelmäßigem (idealerweise jährlichem) Turnus Totalerhebungen unter Einbezug *aller* Staaten der Welt durchzuführen und so eine empirisch sinnvolle Datenbasis zu generieren, die sich nicht auf die Scheinsicherheit lediglich mathematisch hergestellter Repräsentativität verlassen muss. So ergeben sich bei den bisher durchgeführten empirisch-vergleichenden Demokratiestudien auch jeweils Vor- und Nachteile, die sich schematisch folgendermaßen zusammenfassen lassen (vgl. Schmidt 2010a: 370ff.; Schultze 2010: 29ff.):

- *Polyarchy* (Dahl 1971; Coppedge/Reinicke 1990): Im Zentrum steht die Analyse der Entwicklung und des Wandels von Staaten, wobei die Messskala auf fünf Variablen basiert: freie und faire Wahlen, Organisationsfreiheit, Meinungsfreiheit, alternative Verfügbarkeit von konkurrierenden Informationsquellen und Wahlrecht.
- *Index of Democratization* (Vanhanen 1984, 1990, 2003): Die für die Demokratiemessung als zentral angesehenen zwei Variablen Wettbewerb und Partizipation werden mit jeweils einem Indikator operationalisiert, Wettbewerb wird in der Relation zum Anteil der Stimmen für die stärkste Partei gemessen, Partizipation im Verhältnis von Gesamtbevölkerung und tatsächlich abgegebenen Stimmen. Problematisch ist, dass hohe Wahlbeteiligung, die Existenz vieler Parteien und das Fehlen einer dominanten Partei normativ als demokratisch unterstellt werden. Bei dem Index handelt es sich um ein Entwicklungsmodell, in dem 170 Staaten vom 19. bis ins 21. Jahrhundert untersucht werden.
- *Polity* (Marshall/Jaggers/Gurr 2011; Marshall/Elzinga-Marshall 2017): Ziel ist die Messung des Demokratiegrades und des Autokratiegrades eines Regimes in einer mehrdimensionalen Skala, wobei je eine Demokratie- und eine Autokratieskala mit Skalierung von 0 bis 10 (0 verweist jeweils auf das Fehlen, 10 auf die volle Ausprägung) generiert wird, die beide separat nutzbar sind. Durch Subtraktion des Autokratie- vom Demokratiewert ergibt sich eine Kennziffer (zwischen -10 und +10), die den Vergleich ermöglicht. Den Schwerpunkt bei *Polity* bilden institutionelle Aspekte, während politische Rechte und politische Kultur für die Bewertung keine Rolle spielen. Untersucht werden 167 Staaten, beginnend mit dem Jahr 1800.
- *Freedom House* (2011, 2021): Im Zentrum stehen die politische Rechte (*political rights*) und die Bürgerfreiheiten (*civil liberties*), die in 195 Staaten gemessen

werden, wobei im Kern Freiheit gemessen wird und nicht Demokratie im institutionellen Sinn. Die der Erhebung zugrunde liegenden Fragekataloge differieren in drei Subkategorien bei den politischen Rechten (Wahlen, Politischer Pluralismus und Partizipation und Funktionsweise des Regierungssystems) und in vier bei den Bürgerfreiheiten (Meinungs- und Glaubensfreiheit, Versammlungs- und Vereinigungsfreiheit, *rule of law*, persönliche Autonomie und individuelle Rechte). Die Skalenbildung reicht von 1 bis 7 (1 zeigt die volle Verwirklichung der Rechte an, 7 ihr Fehlen), wobei beide Indizes getrennt voneinander gelesen werden können, sich aber durch ihre Addition ein Freiheitsindex ergibt.

- *Kombinierter Index der Demokratie (vormals: Neuer Index der Demokratie)* (Lauth 2008, 2017): Kombination der Befunde aus *Polity*, der *political rights*-Skala von *Freedom House* und der Dimension *rule of law* der Governance-Indikatoren der Weltbank, aus denen die dritte Wurzel des Produkts der drei Komponenten gezogen wird. Durch dieses Aggregationsverfahren soll die Kompensation von hohen Werten auf der einen und niedrigen Werten auf der anderen Skala ausgeschlossen werden, das bei einer einfachen Addition möglich wäre. Gemessen wird im Zweijahresrhythmus (gegenwärtig der Zeitraum 1996–2016) bei 167 Staaten.

11.3. Demokratieentwicklung im historischen Verlauf: die Demokratisierungswellen

Es gibt wenige Demokratien, die in ihrem unmittelbaren staatlichen Umfeld von Autokratien umgeben sind und sich trotzdem in ihrer demokratischen Qualität langfristig etablieren können (das einzige wirkliche Gegenbeispiel für eine längerfristig von Autokratien umgebene Demokratie ist Israel). Insofern liegt es auch nahe, dass Demokratisierungsentwicklungen nicht lediglich in einzelnen Staaten stattfinden, sondern in größerem Kontext: in Regionen, auf ganzen Kontinenten oder in Großregionen (vgl. Berg-Schlosser 2007; Haerpfer u.a. 2018; Pickel/Pickel 2006; Vanhanen 1992; Whitehead 2002). Dies zeigt auch die historische Entwicklung, die Samuel P. Huntington (1991: 15) dazu veranlasst hat, von Demokratisierungswellen – und ihren Gegenwellen – zu sprechen:

> „A wave of democratization is a group of transitions from nondemocratic to democratic regimes that occur within a specified period of time and that significantly outnumber transitions in the opposite direction during that period of time. A wave also usually involves liberalizations or partial democratization in political systems that do not become fully democratic."

Die erste, lange Welle der Demokratisierung fand im Zeitraum zwischen 1828 und 1926 statt und hatte ihren Ursprung in der Amerikanischen und der Französischen Revolution. Zu ihr werden die entstehenden Demokratien in Europa, aber auch Australien und Neuseeland, die baltischen Staaten, Kanada, Argentinien, Kolumbien und Uruguay gezählt. Die erste (autokratische) Gegenwelle datiert Huntington von 1922 bis 1942 und rückt Italien und Deutschland in ihren Mittelpunkt, aber auch alle anderen Staaten der Zwischenkriegszeit, die sich zu faschistischen oder autoritären Regime entwickelt haben (wie z.B. Polen, die baltischen

Staaten, Österreich, Griechenland, Spanien und Portugal, außerhalb Europas auch Japan, Uruguay, Kolumbien und Argentinien).

Die zweite, kurze Demokratisierungswelle beginnt im Jahr 1943 und endet 1962; ihr werden neben – abermals zahlreichen (west-)europäischen Staaten – Argentinien, Brasilien, Uruguay, Costa Rica, Venezuela und Peru in Süd- und Lateinamerika sowie Japan, Südkorea, Indonesien, Indien, Sri Lanka und die Philippinen in (Süd-)Ostasien, aber auch Israel und Nigeria zugerechnet. Die zweite Gegenwelle dauerte nach Huntington von 1958 bis 1975 und beinhaltete abermals eine Reihe der südamerikanischen Staaten, Griechenland, die Tschechoslowakei und Ungarn, die Türkei, Südkorea, die Philippinen, Taiwan, Pakistan, Indien und Nigeria.

Die dritte Demokratisierungswelle begann 1974 und dauerte zum Zeitpunkt der Veröffentlichung von Huntington (1991) noch an; es spricht vieles dafür, dass sie Mitte der 1990er Jahre endete. Zu dieser dritten Demokratisierungswelle werden abermals diejenigen westeuropäischen Staaten gezählt, die wie Spanien, Portugal oder Griechenland auch in der Nachkriegszeit autoritäre Regime waren, die osteuropäischen Staaten und viele der Zerfallsrepubliken der ehemaligen Sowjetunion, abermals die süd- und lateinamerikanischen Staaten um Brasilien, Argentinien, Chile, Paraguay und Peru, in (Süd-)Ostasien erneut Indonesien, Pakistan und die Philippinen, in Afrika erneut Nigeria (vgl. Huntington 1991: 16ff.; siehe hierzu auch die detaillierte Übersicht bei Merkel 2010: 130).[2]

Der Beginn der dritten Gegenwelle ist auf den 11. September 2001 zu datieren: seither werden vor allem die westlichen Demokratien aufgrund der Bedrohungen durch den islamistischen Terrorismus gezwungen, ihre Freiheitsrechte zugunsten der inneren und äußeren Sicherheit einzuschränken, was ein internes Entdemokratisierungspotenzial für die demokratisch verfassten Staaten beinhaltet. Entdemokratisierungsprozesse innerhalb der etablierten Demokratien sind auch mit Blick auf die Übernahme von politischen Entscheidungsprozessen durch demokratisch nicht-legitimierte Akteure, vor allem aus dem Bereich der (Medien-)Ökonomie, auszumachen (vgl. Crouch 2004). Rechtsextreme Parteien erzielen gerade in den historischen Zentren der Demokratie – Amerika und Europa – deutliche Wahlerfolge und sind teilweise sogar an Regierungen beteiligt (vgl. Salzborn 2020b). Zugleich stagnieren die demokratischen Transformationsprozesse in Osteuropa, Ungarn hat sich inzwischen in eine totalitäre Autokratie transformiert, andere osteuropäische Staaten vollziehen massive Entdemokratisierungsprozesse. Weiter im Osten ist das demokratische Potenzial, das sich aus dem Zerfall der Sowjetunion ergeben hatte, in einen semi-autoritären russischen Staat gemündet, der von ehemaligen Sowjetrepubliken umgeben ist, die den Weg zur Demokratie zumeist – wenn überhaupt – nur *pro forma* unternommen hatten. Azar Gat (2007: 59) spricht in diesem Entwicklungszusammenhang (in Anspielung auf die von diesem selbst mittlerweile korrigierte Formulierung von Fukuyama) vom „Ende des Endes der Geschichte".

---

2 Klaus von Beyme (1994: 11ff.) spricht im Zusammenhang mit der osteuropäischen Transformation bereits von einer vierten Demokratisierungswelle, was m.E. die regionalpolitische Bedeutung überbewertet und überdies nicht hinreichend berücksichtigt, dass auf jede Demokratisierungswelle auch eine autokratische Gegenwelle folgt – weil sonst in der Metapher nicht mehr von einer Wellenform gesprochen werden könnte.

IV. Internationale Entwicklungen von Demokratie und Demokratisierung

Die oft als neue Demokratisierungswelle herbeigesehnte Arabellion (vgl. Armbruster 2011; Nordhausen/Schmid 2011; Perthes 2011) – die Aufstände in zahlreichen arabischen Ländern, die ihren Auftankt im Dezember 2010 mit Tunesien genommen hatten – hatte sich in kürzester Zeit nicht nur als nachhaltige Illusion und westlicher Wunschtraum entpuppt (vgl. Abdel-Samad 2011), sondern ist durch den Siegeszug der islamistischen Gruppierungen selbst Teil der großen dritten Gegenwelle, ein autoritärer *backlash*, der begonnen hat, autoritäre in islamistisch-totalitäre Regime zu verwandeln. Zugleich nimmt die Empathie für den Kampf für Demokratie und Freiheit in der westlichen Welt seit 9/11 nicht zu, sondern ab – Antiamerikanismus und antiisraelischer Antisemitismus gewinnen gerade in der Europäischen Union an Relevanz (vgl. Markovits 2007; Rensmann/Schoeps 2011; Salzborn 2019), dem engagierten, freilich auch militärischen Einsatz für Freiheit und Demokratie wird gerade in einer der Wiegen der Demokratie mit Ablehnung und Hass begegnet.

Übungsaufgaben

- Vergleichen Sie die unterschiedlichen Ansätze zur Bestimmung der Funktionsvoraussetzungen und Kontextbedingungen von Demokratien und diskutieren Sie ihre Stärken und Schwächen.
- Wählen Sie einzelne demokratietheoretische Ansätze und prüfen, mit welchem empirischen Messinstrument sie (ggf. auch nur teilweise) geprüft werden könnten. Wobei ergeben sich Probleme?
- Welche Vor- und welche Nachteile hat die Annahme des wellenförmigen Verlaufes von Demokratieentwicklung und Demokratisierung?
- Diskutieren Sie die These, dass Demokratieforschung ausschließlich historisch (retrospektiv) möglich ist, aber keine sicheren Vorhersagen oder Prognosen über die Zukunft ermöglicht!

12. Demokratie, Extremismus und Autokratie

Demokratien sind in ihrer Existenz fortwährend gefährdet – denn während autokratische Regime ihre politische Macht genuin auf ihre exekutive, d.h. polizeiliche und militärische Macht gründen und insofern – kommt es nicht zu einer militärischen Intervention durch Dritte – ihre innere Stabilität im Zweifel durch Gewaltandrohung und Gewaltausübung garantieren können, basiert die politische Macht von Demokratien letztlich auf ihrer Überzeugungskraft, die vor allem in Zeiten sozialer und ökonomischer Krisen immer wieder von Gegnern der Demokratie in Frage gestellt wird. Die Genese der Demokratisierungswellen zeigt dabei, dass demokratisierte Staaten (z.B. in Südamerika oder in Südostasien) immer wieder durch die Einflussnahme innerer oder äußerer Feinde der Demokratie destabilisiert werden, dass es ein fortwährendes Wechselspiel zwischen qualitativer und quantitativer Demokratieerweiterung und autokratischem *Rollback* gibt. Das konzeptionelle Modell der *defekten Demokratie* (vgl. Merkel 2010) macht überdies auch kenntlich, dass der Weg in eine Autokratie schleichend ist und dass die Übergänge zwischen Demokratie und Autokratie fließend sind – wie die Regimetypen der exklusiven Demokratie (in der systematisch Teile der Bevölkerung von Wahlen ausgeschlossen sind), der Enklavendemokratie (in der Vetokräfte wie das Militär, Milizen oder Unternehmer Teile der politischen Macht ohne Legitimationsgrundlage kontrollieren), der illiberalen Demokratie (in der rechtsstaatliche Dimensionen teilweise oder in Gänze suspendiert sind) und der delegativen Demokratie (in der Gewaltenteilung und -kontrolle zugunsten einer starken Exekutivmacht eingeschränkt sind) verdeutlichen (vgl. ebd.: 37f.). Während im Innern einer Demokratie extremistische Kräfte an der Aufhebung demokratischer Grundlagen mit dem Ziel der Errichtung eines autoritären oder totalitären Systems arbeiten, agieren im zwischenstaatlichen Kontext autokratische Regime mit antidemokratischer Intention.

Insofern besteht ein genuiner Zusammenhang von Demokratie und Autokratie: Beide Herrschaftsmodelle konkurrieren um das Gewaltmonopol über ein bestimmtes Territorium und eine bestimmte Gruppe von Menschen und stehen dabei in Konkurrenz zueinander. Verlängert man die von Huntington (1993) formulierte Theorie der Demokratisierungswellen historisch, dann zeigt sich dabei auch, dass der Beginn der ersten Demokratisierungswelle mit den bürgerlichen Revolutionen in Amerika und Europa eine Reaktion auf die vorherigen, jahrhundertlang relativ stabil existierenden undemokratischen, zumeist auch autokratischen Regimesysteme gewesen ist (vgl. Fukuyama 2011). Der Schlüssel zur Infragestellung dieser Stabilität von Autokratien war der aufklärerische Funke der Legitimationsfrage: ward sie einmal gestellt, ist sie durch keine Form der psychischen oder physischen Repression wieder aus der Welt zu schaffen – was letztlich die wenn auch langsame, aber doch stetige Zunahme von demokratischen Regimen auf der Welt erklärt, aber auch den vagen Verdacht zulässt, dass Demokratien als Herrschaftsmodelle sich in langer Perspektive auch gegen autokratische Systemalternativen durchsetzen werden. Worin genau besteht aber der systematische und strukturelle Zusammenhang von Demokratie und Extremismus auf der einen und Demokratie und Autokratie auf der anderen Seite?

12.1. Demokratie und Extremismus: statische und dynamische Extremismusmodelle

Manfred G. Schmidt (2010b: 245f.) beschreibt den Begriff des Extremismus als in der politischen Praxis mehrdeutig und differenziert zwischen drei Begriffsverständnissen. Zunächst und dem Alltagsverständnis am nahsten ist Extremismus als die Gegnerschaft zum demokratischen Verfassungsstaat und die Infragestellung der Spielregeln demokratischer Partizipation zu verstehen, der sich in gegen die Verfassung gerichtetem Handeln von einer rechten oder linken Anti-System-Partei oder Aktivitäten im Bereich des religiösen Fundamentalismus äußere. Seine zweite Bedeutungsdimension hat der Extremismusbegriff im Bereich der Politischen Soziologie als Beschreibungsformation für attitudinalen Antipluralismus und weltanschaulichen Monismus, wobei der Begriff hier nicht nur für rechten und linken Extremismus Anwendung findet, sondern auch für einen so verstandenen Extremismus der Mitte. Und schließlich liegt die dritte Bedeutungsdimension des Extremismusbegriffes in der Erfassung von Ziel- bzw. Wertdimensionen des Politischen, bei dem systematisch zwischen den differenten Ziel- und Wertvorstellungen linker und rechter politischer Bewegungen differenziert, zugleich aber ihre Parallelität hinsichtlich der antidemokratischen und gewaltförmigen Mittel durch Durchsetzung ihrer Ziele hingewiesen wird.

Innerhalb der deutschsprachigen Diskussion wird der Extremismusbegriff vor allem im Sinne des von Schmidt erst genannten Verständnisses gebraucht (vgl. Bötticher/Mareš 2012; Kraushaar 1994; Neureiter 1996; Salzborn 2020b; Wippermann 2000): Es geht um ein Verständnis von Extremismus, nach dem dieser im normativen Sinn der demokratischen Verfassungsordnung entgegensteht und dabei durch seine Opposition zur Demokratie definiert wird. Entscheidend an diesem Begriffsverständnis ist, dass Demokratie und Extremismus als „antithetisches Begriffspaar" (Backes/Jesse 1983: 4) verstanden werden und insofern der Extremismusbegriff auf ein *bestimmtes* Ideal von Demokratie fixiert ist, was letztlich für die Analyse von Extremismen einen relativ schmalen empirischen Interpretationsraum eröffnet, so dass von einem *statischen Extremismusbegriff* gesprochen werden kann. Uwe Backes und Eckhard Jesse (1993: 40) folgend handelt es sich beim Extremismus um eine Sammelbezeichnung, mit der unterschiedliche politische Denkformationen und Handlungsweisen zusammengefasst werden, die sich allerdings in der „Ablehnung des demokratischen Verfassungsstaates und seiner fundamentalen Werte und Spielregeln einig wissen". Hans-Gerd Jaschke (1991: 46) hat am *statischen Extremismusbegriff* kritisiert, dass er die gesellschaftlichen Ursachen für das Entstehen von politischem Extremismus ausklammere und dabei die Dynamik extremistischer Gruppierungen und die Wandelbarkeit sowohl innerhalb des Extremismus, aber eben auch die Interaktion mit dem demokratischen Spektrum außer Acht lasse. So werden Wandelbarkeit und soziale Dynamik innerhalb eines demokratischen Gesellschaftswesens ignoriert, Ursachenkomplexe individualisiert und der gesellschaftliche Kontext vernachlässigt (vgl. Jaschke 1991, 1994).

Dem statischen Begriffsverständnis des Extremismus steht ein dynamisches gegenüber (vgl. Salzborn 2011c). In diesem unterscheidet Seymour Martin Lipset (1959,

1960) drei wesentliche Kategorien, die zur Klassifizierung von Extremismus dienen können: die politischen *Ziele* auf der traditionellen Rechts-Links-Achse und ihre Distanz zur liberalen Demokratie, die Unterscheidung zwischen demokratischen und autoritären *Mitteln* zur Durchsetzung eigener politischer Ziele und die *Differenzierung* zwischen Pluralismus und Monismus – wobei eine antiplurale und monistische Weltanschauung als Kennzeichen von Extremismus interpretiert wird. In Lipsets Verständnis ist Extremismus insofern nicht nur an den Rändern des politischen Systems zu lokalisieren, sondern gleichermaßen in dessen Mitte, was überdies auch zeigt, dass ein *statischer Extremismusbegriff* gegenüber einem solchen *dynamischen Extremismusbegriff* blind bleiben muss gegenüber den antipluralistischen und gegenaufklärerischen Bestrebungen aus der Mitte der Gesellschaft. Lipset damit den Begriff des „extremism of the center" und fügte der konzeptionellen Überlegungen eines linken und eines rechten Extremismus einen dritten Typus hinzu, der auch als sozialökonomischer Begriff im Sinne der Mittelklassen bzw. Mittelschichten zu verstehen war. So gibt es Lipset (1960: 131) folgend mit Blick auf die Linke, die Rechte und die Mitte jeweils eine moderate und eine extremistische Strömung, „each major social stratum has both democratic and extremist political expressions." Die Gemeinsamkeiten der drei Extremismen bestünden in ihrer sozialpolitischen Orientierung an den verärgerten, orientierungslosen, desintegrierten, ungebildeten, differenzierungsunfähigen und damit eben letztlich autoritären Personen auf jedem Level der Gesellschaft (vgl. ebd.: 175). Entscheidend ist, dass alle Extremismen Bezüge zu den demokratischen Bewegungen aufweisen, was kenntlich macht, dass die Grenzen zwischen Demokratie und Extremismus weder statisch, noch undurchlässig sind: „The different extremist groups have ideologies which correspond to those of their democratic counterparts." (Ebd.: 133)

Als extremistisch im Sinne des *dynamischen Extremismusbegriffes* gelten Personen, Bewegungen oder Parteien, die den Vorrang des Individuums im demokratischen Pluralismus ablehnen und mit antiliberaler und antiindividualistischer Intention eine kollektive Homogenitätsvorstellung bei Unterstellung einer Ungleichheit der Menschen das Wort reden, so dass in einen solchen Extremismusbegriff im Sinne der politischen Kulturforschung nicht nur Handlungen, sondern auch Einstellungen und vor allen Dingen Vorstellungen eingelassen sind (vgl. Salzborn 2009b). Diese sind aber eben reversibel und unterliegen der öffentlichen Auseinandersetzung im demokratisch-pluralen Kontext, wobei sie als Denkformen nicht an bestimmte politische Spektren oder eine ausdifferenzierte Rechts-Links-Achse gebunden sind.

12.2. Demokratie, Autokratie und Totalitarismus

Die systematische Erforschung autoritärer und totalitärer Regime hat ihren Ursprung in der Auseinandersetzung mit dem Nationalsozialismus. Bereits während des NS-Regimes haben Autor(inn)en wie Ernst Fraenkel (1941) und Franz L. Neumann (1942/44), später dann auch Hannah Arendt (1951) Überlegungen bezüglich des Charakters totalitärer Herrschaft angestellt. Der Totalitarismus, der neben dem Nationalsozialismus oft auch mit dem Stalinismus identifiziert wurde, unterschied sich von frühneuzeitlichen autoritären Regimen mit einer starken und personalisierten Herrschergewalt wie dem Bonapartismus ebenso deutlich, wie von tyrannischen Ordnungen der Antike. Jenseits der Differenzen zwischen den Interpretationsansätzen totaler Herrschaft (vgl. Jesse 1999; Seidel/Jenker 1968; Wippermann 1997) besteht Konsens darüber, dass der signifikante Unterscheid von modernem Totalitarismus und vormodernen Autokratien in der weltanschaulich-ideologischen Gebundenheit des Totalitarismus, die mit Eric Voegelin (1938) als „politische Religion" beschrieben werden kann.

Der Totalitarismus ist ein säkularisiertes und manichäisches Glaubenssystem, in dessen Namen und für dessen Durchsetzung die bedingungslose und vollständige Kontrolle des öffentlichen und privaten Lebens erstrebt wird, deren Separierung durch physische und psychische Gewalt rücksichtslos unterbunden wird. Im Zentrum steht somit im Unterschied zu vormodernen Autokratien im Totalitarismus nicht mehr die absolute Macht, sondern die totale Gewalt, wobei er mit diesen (als vorstaatlichen, traditionalen Herrschaftsverbänden) gemein hat, Formen staatlicher, d.h. formalrationaler Herrschaft abzulehnen und zu bekämpfen und an ihre Stelle einen „totalitären Pluralismus" (vgl. Bast 1999) mit unmittelbar Gewalt und Terror ausübenden Zwangsinstanzen zu setzen, die keinen rationalen Strukturen folgen. Ein zentraler Diskussionspunkt in der Auseinandersetzung mit Formen des Totalitarismus ist dabei einerseits das Verhältnis zur Demokratie, andererseits das zur Autokratie und zum Autoritarismus.

In der Begründung der Autoritarismusforschung seit den 1930er Jahren durch Erich Fromm (1980) und Theodor W. Adorno u.a. (1950) wurde zunächst ein Autoritarismusbegriff entwickelt, der vor dem Hintergrund einer politisch-psychologischen Analyse von Gesellschaft seinen Ausgangspunkt im vergesellschafteten Individuum nahm und von ihm aus Autorisierungsprozesse in demokratischen Regimen begreifbar machen wollte: Autoritarismus galt in dieser Sichtweise als Gegenbewegung zur Demokratie, die aber gleichsam in der Demokratie und ihren ungelösten Widersprüchen ihren Ausgang nahm. So haben historische Studien zum Nationalsozialismus gezeigt, dass seine weltanschauliche Basis im sozialen Milieu der Kleinbürger, Arbeiter und Angestellten lag und die Zerstörung der Demokratie „ein Werk des Mittelstandes" (Dahrendorf 1961: 267) war, also durch Schichten erfolgte, deren Entstehung und Aufstieg sozialstrukturell unmittelbar mit der liberalen Demokratie verbunden war, deren autoritäre Radikalisierung sie aber zugleich auch zu ihren schärfsten Gegnern werden ließ. In dieser Theorietradition wird ein innerer, genealogischer Zusammenhang der Entwicklungslinien zwischen Demokratie, Autoritarismus/Autokratie und Totalitarismus gesehen, bei dem keines der Herrschaftssysteme trennscharf von dem jeweils anderen geschieden werden kann – aus historisch-empirischen Gründen (vgl. Rensmann/Hagemann/Funke 2011).

In der Nachkriegszeit hat sich im Gegensatz zu diesem *historisch-empirischen Autokratiebegriff* aus idealtypischen Überlegungen über die Unterschiede zwischen demokratischen und diktatorischen Regimetypen heraus ein *idealtypisch-systematischer Autokratiebegriff* entwickelt, der nicht das Integrierende und Verbindende, sondern das Trennende zwischen Demokratie, Autokratie und totalitären Systemen betonte. Inspiriert vor allem von den Arbeiten von Carl J. Friedrich und Zbigniew K. Brzezinski (1956), Raymond Aron (1970) und später Juan J. Linz (1978, 2000) wurden hier Kategoriensysteme entwickelt, die einerseits demokratische von nicht-demokratischen Regimetypen deutlich abgrenzbar machten und insofern eine strukturelle Differenz betonten, andererseits darüber hinaus Differenzierungskriterien zwischen autoritärer und totalitärer Herrschaft formulierten. Karl Loewenstein (1959: 53 u. 55) hat als autoritäre Herrschaft eine politische Organisation verstanden, in der

> „der alleinige Machtträger – eine Einzelperson oder ‚Diktator', eine Versammlung, ein Komitee, eine Junta oder eine Partei – die politische Macht monopolisiert, ohne den Machtadressaten eine wirksame Beteiligung an der Bildung des Staatswillens zu gestatten. Der alleine Machthaber zwingt der Gemeinschaft seine politischen Grundsatzentscheidungen auf, er ‚diktiert' sie den Machtadressaten. Der Ausdruck ‚autoritär' bezieht sich aber mehr auf die Regierungsstruktur als auf die Gesellschaftsordnung. [...] Im Gegensatz zum Autoritarismus bezieht sich der Begriff ‚Totalitarismus' auf die gesamte politische, gesellschaftliche und moralische Ordnung der Staatsdynamik. Er ist eine Lebensgestaltung und nicht nur Regierungsapparatur."

Zentral für den idealtypischen Ansatz ist, dass Demokratie und Autokratie als Gegensatzpaar verstanden werden, das sich zunächst dadurch kennzeichnet, dass das eine das ist, was das andere nicht ist (vgl. Brooker 2000). So entsteht eine Folie des Vergleichs von Demokratie und Diktatur, in dem zwar der Radikalisierungs- und Mobilisierungsgrad autoritärer Regime differenziert wird, gleichsam aber Grauzonen zwischen Demokratie und Autokratie, schleichende Übergänge und auch Schnittmengen aus dem Blick geraten. Insofern kann der idealtypische Ansatz Differenzen zwischen Demokratie und Diktatur zwar pointiert systematisieren, muss dafür aber immer eine normative Annahme über den „Normalzustand" zugrunde legen und in einem Modell von Norm und Abweichung verbleiben. Überdies liegt in einem idealtypischen Blick auf Autokratien das Risiko, wenig sensibel für historischen Wandel und Prozesse der Transformation und Transition zu sein, aber auch für hybride Regimetypen, die sich auf dem Weg von der Autokratie in die Demokratie – oder *vice versa* – befinden.

Mit Blick auf totalitäre Herrschaft werden dann auch die Differenzen zwischen historischem und idealtypischem Ansatz deutlich: Während etwa Neumann oder Arendt von der Diffusion von Herrschaftszentren und damit der Auflösung einer tatsächlichen Zentralgewalt zugunsten von vielen, wechselseitig und durchaus widersprüchlich agierenden Gewaltorten ausgehen, der Totalitarismus also in dieser Perspektive nicht mehr zentralistisch organisiert, sondern dezentral desorganisiert ist und insofern in Gestalt der pluralen Unordnung der Demokratie stärker ähnelt, als der Autokratie (vgl. auch Arieli/Rotenstreich 1984), sehen Friedrich/Brzezinski oder Linz totalitäre Herrschaft als gekennzeichnet durch eine im Vergleich zur Autokratie weiter gesteigerte Machtintensität mit einem monistischen, hierarchisch klar gegliederten Herrschaftszentrum, das nicht nur über ein weltanschaulich-ideologisches Deutungsmonopol verfügt, sondern auch eine Monopolisierung von Medien, Waffen und Wirtschaft durchgesetzt hat.

In der jüngeren Autokratieforschung hat sich ein Blick auf autokratische Regime etabliert, in dem die erkenntnistheoretische Pfadabhängigkeit zur Demokratie minimiert werden soll (vgl. Bank 2009; Hartmann 2015; Kailitz 2009; Köllner 2008) – denn sowohl der historische, wie der idealtypische Ansatz verwenden die Demokratie als grundlegende Schablone, so dass Autokratien vor allem *ex negativo* bestimmt werden – also durch das, was sie nicht sind. Wolfgang Merkel und Johannes Gerschewski (2011: 21ff.) haben drei funktionale Dimensionen als *critical junctures* in Autokratien formuliert, die die Stabilität autokratischer Herrschaftssysteme erklären sollen: die Legitimation (normativ-ideologisch und leistungsbezogen), die Repression (weich und hart) und die Kooptation (von wirtschaftlicher und sozialer Elite sowie Militär). In ähnliche Richtung argumentieren Lars Rensmann, Steffen Hagemann und Hajo Funke (2011: 64f.), die auf personelle und institutionelle Konzentration von Entscheidungsprozessen mit exekutiver und repressiver Dominanz, die Kooptation ausgewählter gesellschaftlicher Gruppen bei Schaffung von exklusiven Legitimationsstrukturen sowie die Verbindung von formalen und informellen Entscheidungsstrukturen als zentrale Charakteristika autoritärer Regime hinweisen. Holger Albrecht und Rolf Frankenberger (2011: 33) weisen überdies auf den zentralen Aspekt hin, dass in autokratischen Regimen zwar politische Spielregeln im Sinne von Verfassungen und Gesetzen existieren, diese aber nicht universell, sondern exklusiv angewendet werden, es also formal Recht gibt, aber keine Rechtsgarantien oder Verfahrenssicherheiten.

12.3. Hüterin der Demokratie? Rolle und Funktion der Polizei in Demokratien

Eine wesentliche funktionale Rolle mit Blick auf vergleichende Demokratie- und Autokratieforschung sowohl historisch wie gegenwartsbezogen kommt der Relationalität des Gewaltmonopols zu, gleichermaßen bezogen auf Fragen von dessen Legitimation und Legitimität, wie auf die innerstaatliche Konkretisierung von Souveränität und den Teil der Exekutiven, der in Demokratien dazu legitimiert ist, tatsächlich physische Gewalt auszuüben. In den einschlägigen Lehr- und Einführungsbüchern zur Demokratie- und Demokratisierungsforschung (vgl. Frevel 2009; Haerpfer u.a. 2009; Saage 2005; Schmidt 2010; Vorländer 2010) sucht man allerdings vergeblich nach eigenen Kapiteln zum Verhältnis von Polizei und Demokratie. Über die Ursachen für diesen Mangel kann nur spekuliert werden: Liegt es daran, dass die Notwendigkeit einer die staatliche Souveränität innenpolitisch sichernden und im Konfliktfall auch garantierenden Institution wie der Polizei so offensichtlich für die Existenz eines demokratischen Gemeinwesens ist? Oder liegt es daran, dass die Polizei historisch wie gegenwärtig keine ausschließlich demokratische Institution war und ist, sondern auch und gerade autoritäre und/oder totalitäre Regime (para-)polizeiliche Organisationen ebenfalls für den Machterhalt benötigen, es sich also bei der Polizei nicht um eine *genuin* demokratische Institution handelt? Der Begriff der parapolizeilichen Organisationen wird hier verwendet im Sinne einer Verbindung der Begriffsverständnisse von Martha K. Huggins (1991) und George S. Rigakos (2002): demnach ist als Parapolizei sowohl eine legale polizeiliche Organisation zu verstehen, die nicht oder nicht mehr vollständig den öffentlichen Normen unterworfen ist (etwa durch Privatisierung oder Outsourcing), als auch illegale Einheiten und Verbände, die faktisch polizeiliche Aufgaben wahrnehmen, dazu aber in keiner Weise befugt sind (analog des außenpolitischen Begriffs ‚Paramilitär').

Ganz gleich, worin die Gründe liegen mögen, ist festzuhalten, dass neben empirischen und historischen Studien, die über Rollen und Funktionen von Polizei in konkreten historischen Ordnungen oder gegenwärtigen politischen Systemen reflektieren, demokratietheoretisch durchaus konzeptionelle Rahmungen formulierbar sind, die zeigen, dass Polizei und Demokratie in einem spezifischen Verhältnis zueinander stehen, das sich deutlich von dem in autoritären oder totalitären Regimen unterscheidet und es somit sinnvoll ist, die Beziehungen von Polizei und Demokratie genauer zu bestimmen. Die Differenzierung der Funktionen von Polizei und ihrer Rolle in einem demokratischen oder einem autoritären Gewaltmonopolisierungssystem ist dabei freilich eine „Differenz ums Ganze" (Busch u.a. 1988: 29). Denn Polizei ist, im soziologischen Sinn, zwar eine amorphe Institution, da sie jedem Regime dienen kann und somit weder *per se* demokratisch, noch *per se* autoritär oder totalitär ist; es gibt aber gleichwohl einen (ideen-)geschichtlichen und systematischen Konnex von Polizei und Demokratie.

Denn die einzige Institution, die im Inneren tatsächlich Sicherheit herstellen, gewähren und im Ausnahmezustand letztlich auch garantieren kann, ist die Polizei. Der vergleichende Blick auf die historische Entwicklung politischer Systeme zeigt aber, dass in der Moderne *keine* Ordnung ohne polizeiliche oder parapolizeiliche Institutionen existierten konnte und existiert hat: nicht nur jedes demokratische System verfügt über eine Polizei, sondern auch jedes autoritäre – und selbst totalitäre Regime wie historisch der Nationalsozialismus oder der Stalinismus und gegenwärtig das Mullah-Regime im Iran verfügen über polizeiähnliche Organisationen. Die polizeiähnlichen bzw. parapolizeilichen Organisationen in totalitären Regimen unterscheiden sich u.a. dadurch von denen in Autokratien, dass mehrere von ihnen in Parallelstrukturen koexistieren, es also mehrere, oft dezentral agierende parapolizeiliche Einheiten gibt, deren Kompetenzen unbestimmt, unkontrolliert und wechselseitig überlappend sind, so dass jede Form von formaler Rechtssicherheit eliminiert ist.

Aus der vergleichenden Demokratie- und Autokratieforschung lassen sich dabei mehrere Indikatoren benennen, die mit Blick auf die Polizeiforschung als erfolgreiche Kontextbedingungen für Demokratisierungsprozesse angesehen werden können. Diese Indikatoren sind auch deshalb wichtig, weil die im Innern durch die Polizei garantierte Sicherheit die basale Grundlage aller Demokratien ist und insofern an den von der Polizei in Demokratien wahrgenommenen Rollen und Funktionen abgelesen werden kann, wie intensiv und nachhaltig Demokratisierungsprozesse verlaufen (sind) – oder, anders herum gedacht, wie labil oder gefährdet eine demokratische Ordnung ist. So gesehen kann die Institution Polizei als ein *Schlüsselindikator* für die empirische Messung von Demokratisierungsprozessen angesehen werden – obgleich dies in der empirisch-vergleichenden Demokratisierungsforschung bisher vernachlässigt wurde. Epistemologisch angelehnt an das

Standardmodell der Funktionsvoraussetzungen von Demokratien von Manfred G. Schmidt (2010a: 426f.) lassen sich zehn Grundüberlegungen zu strukturellen Anforderungen an eine politische Ordnung formulieren, in der Polizei als *demokratische Institution* und damit als *Hüterin der Demokratie* institutionalisiert wäre, die also normative Grundlagen für die Institution Polizei in der Demokratie sind.

1. Grundvoraussetzung für die Situierung der Polizei als demokratische Institution ist ihre Integration in die Rechtsordnung und ihre Bindung an das Recht. Aus dem Blickwinkel des demokratischen Verfassungsstaats und einer entwickelten demokratischen politischen Kultur erscheint diese Grundvoraussetzung fast als evident. Dennoch: sie ist zwingend, soll die Polizei als Institution in eine demokratische Verfassungsordnung integriert und substanzieller Bestandteil von ihr sein (vgl. Kugelmann 2010). Mit dieser Grundvoraussetzung wird auf zweierlei abgehoben: Erstens darauf, dass die Polizei explizit Bestandteil der Verfassungs- und Rechtsordnung ist, was auch umfasst, dass nicht parapolizeiliche Einheiten neben der legalen Polizei und damit neben der Rechtsordnung existieren, die nicht an diese gebunden wären, aber trotzdem mit polizeilichen Funktionen betraut würden. Der Polizei müssen somit explizit Aufgaben, Befugnisse und Grenzen ihrer Tätigkeit (verfassungs-)rechtlich vorgegeben werden, während sie zweitens selbst als Institution auch dem Prozedere der Verfassungsordnung unterworfen wird. Damit werden extralegale Kompetenzen der Polizei ausgeschlossen, ihr Handeln ist strukturell von Willkür unterschieden und im Falle eines Verstoßes gegen geltendes Recht durch einzelne Polizist(inn)en besteht die Möglichkeit, diese Verstöße (straf-)rechtlich zu verfolgen und zu sanktionieren.

2. Um eine demokratische Institution zu sein, muss die Polizei auf eine Rechts- bzw. Verfassungsordnung verpflichtet sein, nicht auf eine abstrakte Instanz oder eine konkrete Person. Die Bindung der Polizei im demokratischen Sinne darf nicht personalisiert erfolgen, da sich ihr Auftrag in einer Demokratie als Repräsentationsverhältnis und nicht als einfaches Gehorsamkeitsverhältnis darstellt. Das Prinzip der Verpflichtung auf eine abstrakte Instanz (historisch z.B. den Kaiser des Deutschen Reiches) oder auf eine konkrete Person (historisch z.B. den „Führer und Reichskanzler" Adolf Hitler) orientiert auf Gehorsamkeit gegenüber dieser und setzt den Befehl und damit die Willkür über oder an die Stelle von Recht und Gesetz. In einer demokratischen Ordnung müssen Befehlskompetenzen aber immer an eine Struktur gebunden sein, die nicht nur personenunabhängig ist, sondern apersonal: da aufgrund des Gleichheitsgrundsatzes prinzipiell jede/r dazu berechtigt ist, jede Funktion innerhalb eines Gemeinwesens einzunehmen. Die Verantwortlichkeit der Polizei darf insofern nur gegenüber der Rechtsordnung und ihren Institutionen formuliert werden, nicht gegenüber Personen – dann arbeitet die Polizei auch tatsächlich für den demos.

3. Soll Polizei nicht nur horizontal Bestandteil der demokratischen Ordnung sein, sondern diese auch vertikal repräsentieren, muss ihre soziale Durchlässigkeit institutionell verankert sein. Während bereits angesprochen ist, dass die Polizei für den demos tätig wird, zielt der hier formulierte Gedanke

darauf, dass sie auch aus dem demos selbst kommt und ihn also in Verbindung mit den zwei voranstehenden Erfordernissen im vollen Wortumfang eines standing for und eines acting for (vgl. Pitkin 1967) repräsentiert. Die Möglichkeiten der institutionellen Verankerung sind vielfältig und reichen von einer bloßen Proklamation über eine Quotierung bis hin zu einer detaillierten prozentualen Proportionierung entlang zahlreicher cleavages. Wesentliche Dimensionen, die für die soziale Durchlässigkeit eine Rolle spielen, sind die sozialökonomische, die geschlechtliche und die ethnische. Ein strukturelles Spannungsverhältnis mit Blick auf die ethnische Dimension ergibt sich allerdings daraus, dass Polizeizugehörigkeit in demokratischen Ordnungen an Staatsangehörigkeit gekoppelt sein muss, um zwischenstaatliche Loyalitätskonflikte zu vermeiden, sich allerdings zugleich die Wohnbevölkerung eines Staates ethnisch erheblich von den Staatsbürger(inne)n unterscheiden kann (siehe hierzu Hunold u.a. 2010). Von einer wirklichen Repräsentation des demos in seiner Institution Polizei kann insofern nur gesprochen werden, wenn eine (wie auch immer konkretisierte) Verhältnismäßigkeit zwischen den Angehörigen der Polizei und den Bürger(inne)n besteht.

4. Militär und Polizei sind grundsätzlich voneinander zu trennen. Stellen die Gewaltenteilung und die Gewaltenkontrolle (checks and balances) seit den großen Revolutionen in Europa und Amerika ein unumstößliches Fundament aller demokratischen Ordnungen dar, muss dies auch explizit für die beiden Institutionen betont werden, die dazu autorisiert sind, physische Gewalt im Ausnahmefall real einzusetzen und anzuwenden. Gerade in autokratischen Regimen wird die Trennung von Militär und Polizei systematisch aufgehoben, was insofern für die Bevölkerungen von elementarer Bedeutung ist, weil militärischer Einsatz sich mit Blick auf seine nationalen wie internationalen Rechtsgrundlagen grundsätzlich von denen der Polizei unterscheidet. Überdies unterscheiden sich Potenzial und Realität der Qualität und Quantität von Gewalteinsatz bei Polizei und Militär ebenfalls nachhaltig. Die Trennung von Polizei und Militär kann dabei nicht zuletzt aus pragmatischen Erwägungen nicht so weit gehen, dass ehemalige Militärangehörige nicht Polizist(inn)en werden dürfen (oder vice versa), allerdings sollte kein institutionalisierter Übergang hergestellt werden, wie z.B. zu Beginn der Weimarer Republik, als ehemalige (zumeist kaisertreue) Militärangehörige die personelle Grundlage der Polizei bildeten (vgl. Graf 1983).

5. Polizeiausbildung muss sich an hohen Institutionalisierungsnormen orientieren und ein hohes Maß an interner Transparenz gewährleisten. Polizist(inn)en bedürfen eines hohen Maßes an Loyalität gegenüber der demokratischen Ordnung, da sie im Konfliktfall innenpolitisch der einzige Garant zur Wahrung der Demokratie sind und die Polizei aufgrund ihrer legitimierten Kompetenz zur physischen Gewaltanwendung letztlich die wichtigste Hüterin der Verfassung im Falle eines Ausnahmezustandes ist. Loyalität entsteht nicht nur durch prinzipielle Zustimmung zu einer demokratischen Ordnung, sondern kann auch durch Institutionalisierung gefestigt und weiterentwickelt werden. Neben der Notwendigkeit einer Verberuflichung der Polizeiausbildung und der Garantie einer Einheitslaufbahn gehört hierzu insbesondere die institutionelle

Bindung an die demokratische Ordnung, etwa durch Verbeamtung. Da Polizeitätigkeit im Zweifelsfall mit dem wichtigsten Gut liberaler Demokratien in Konflikt geraten kann – den Menschen- und Bürgerrechten – ist ein hohes Maß an Formalbildung, idealerweise in Form einer Hochschulausbildung, für alle polizeilichen Sparten und Dienstgrade notwendig (vgl. Möllers/Ooyen/Spohrer 2003).

6. Polizei als demokratische Institution muss politisch neutral agieren, darf aber nicht politisch naiv sein. Während in autoritären und mehr noch in totalitären Regimen (para-)polizeiliche Aufgaben einem explizit politischen Primat unterliegen (wie z.B. der Durchsetzung einer bestimmten Weltanschauung oder Religion, der ungleichen Verfolgung bzw. Nichtverfolgung von Straftaten abhängig von den mutmaßlichen Täter/innen oder die Fokussierung auf das Motiv und nicht die Tat), (Para-)Polizei damit explizit politisch agiert und folglich das Instrument zur Durchsetzung von konkreten politischen Zielen ist, folgt polizeiliche Tätigkeit in einer Demokratie zwar einem allgemeinpolitischen Ziel (i.d.R. der Aufrechterhaltung der Staats- und Verfassungsordnung sowie der Durchsetzung der Rechtsordnung), muss sich dabei aber an ein Neutralitätsgebot in dem Sinne halten, dass alle Normen und Regeln ohne Ansehen der Person gelten und durchgesetzt werden. Gleichwohl darf eine solche (partei-)politische Neutralität nicht missinterpretiert werden als politische Naivität, im Gegenteil: Polizei in Demokratien muss politisch kompetent und gebildet sein, um effizient und unabhängig sein zu können. Die Effizienz resultiert daraus, dass es für erfolgreiche Ermittlungen im Bereich politisch motivierter Kriminalität unerlässlich ist, Kenntnisse über Weltanschauungen, Ideologien und Handlungsleitlinien der mutmaßlichen Täter/innen zu haben, um deren Agieren nachvollziehen zu können – denn während politische Einstellungen für die Strafmaßermessung durch die Judikative bewusst ausgeblendet werden, sind sie für ermittlungsrelevante Strukturanalysen unerlässlich. Für die Unabhängigkeit der Polizei ist eine politische Sensibilisierung überdies relevant, um potenziellen politischen Missbrauch der Polizei durch die Politik erkennen zu können (vgl. Schulte 2003). Daraus ergibt sich die Unverzichtbarkeit der Integration von politikwissenschaftlichen Elementen in die Polizeiausbildung, einerseits im Sinne der Staatsbürger- und Institutionenkunde, andererseits aber auch im Sinne der Politischen Bildung mit besonderer Fokussierung auf politische Theorien/Ideologien, politische Systemlehre, politische Soziologie und internationale Beziehungen (vgl. Frevel u.a. 2009; Ooyen 2020).

7. Als demokratische Institution bedarf es der intensiven Kontrolle der Polizei, was eine ausgeprägte Fähigkeit zur polizeilichen Selbstkritik umfasst. Die Notwendigkeit, sich parlamentarischen oder juristischen Kontrollen zu unterziehen, unterscheidet die Polizei nicht von anderen Institutionen in einer Demokratie. Mit Blick auf die Einräumung der Kompetenz zur physischen Ausübung des Gewaltmonopols und damit dem potenziell weitreichenden Eingriff in garantierte Menschen- und Bürgerrechte, stellt sich die Notwendigkeit zur internen wie externen Überprüfung und Kontrolle von Polizeitätigkeit in Demokratien aber in besonderem Maße (vgl. Ooyen 2011): denn sowohl

individuelles Fehlverhalten wie institutionelle Abweichungen von den Leitlinien der demokratischen Ordnung (z.B. durch einzelne Einsatzeinheiten oder Dienststellen) bedürfen der klaren und unzweideutigen Sanktionierung. Ein großer Mangel in vielen polizeilichen Strukturen kann darin bestehen, dass die Fähigkeit zur Selbstkritik eigener Einsatz- und Vernehmungspraxen missverstanden wird als öffentliche Denunziation und insofern durch einen nachhaltig wirkenden Korpsgeist unterbunden wird. Eine Institution, die in der Lage ist, souverän Fehler einzuräumen und diese künftig zu vermeiden oder zumindest zu minimieren, ist aber nicht nur in der Öffentlichkeit glaubhafter, sondern zeigt auch, dass Polizist(inn)en keine Maschinen, sondern Menschen sind – die genauso fehlerhaft agieren können wie alle anderen Bürger/innen auch. Dass eine solche Selbstkritik, beispielsweise bei einer überzogenen Gewaltanwendung durch die Polizei bei einer Demonstration, nicht verwechselt werden darf mit der öffentlichen Kritik an einer konkreten Polizeibeamtin, ist aufgrund des notwendigen Selbstschutzes evident. Eine Schlüsselstellung mit Blick auf die Fähigkeit zur Selbstkritik kommt der Frage des Einsatzes von Gewalt (Schusswaffengebrauch, Folterandrohungen usw.) zu, bei der extralegale Kompetenzen konsequent unterbunden werden müssen.

8. Da Sicherheit in Demokratien dem Primat der Freiheit unterliegt, muss polizeiliche Tätigkeit gleichermaßen repressiv wie präventiv ausgerichtet sein. Sicherheitspolitik in Demokratien zieht ihre Legitimation letztlich aus ihrer Fähigkeit, Freiheiten zu ermöglichen und zu garantieren; denn die Sicherheitsfunktion eines demokratischen Systems basiert auf der Legitimation durch seine Bürger/innen, die ihm diese Kompetenz aber nur im wechselseitigen Tausch gegen die Garantie von Freiheit eingeräumt haben. Um dieses Verhältnis von Sicherheit und Freiheit alltäglich zu institutionalisieren, muss der Auftrag der Polizei gleichermaßen präventiv wie repressiv ausgelegt sein. Eine alleinige Orientierung auf das repressive Moment wäre nicht nur demokratietheoretisch problematisch, sondern würde auch die Grundlage des demokratischen Gesellschaftsvertrages faktisch aufkündigen und demokratische in autokratische Herrschaft transformieren. Denn eine Polizei, die ausschließlich repressive Funktionen wahrnimmt, erfüllt keine demokratische Aufgabe mehr, da Sicherheit zum Zweck der Freiheit (und nicht als Selbstzweck oder höheres Gut) herzustellen ist. Hans-Gerd Jaschke (1997: 34ff.) hat zudem auf die Ambivalenzen des Verhältnisses von Prävention und Repression hingewiesen, da die Reduktion der Repression durch (elektronische) Überwachung in Verbindung mit polizeilichen Konfliktlösungsansätzen, die auf Gewaltfreiheit und Kooperation orientieren, auch in ihrem demokratieerweiternden Potenzial durch die technische Verselbstständigung in eine Eigenlogik der Observation und Vorfeldkontrolle (vor allem mit Blick auf Fahndungs- und Identifikationstechniken) umschlagen und insofern demokratieeinschränkenden Charakter bekommen kann.

9. Demokratische Ordnungen bedürfen institutionalisierter Autorität, die von der Polizei in einem zentralen System besser herzustellen ist, als in einem föderalen. Aufgrund der föderalen Traditionen der Bundesrepublik ist man im bundesdeutschen Kontext gewohnt, föderale Strukturierung politischer

Ordnung intuitiv als naheliegend anzunehmen. Demokratietheoretisch gibt es aber keinen Grund, föderale Modelle zentralen vorzuziehen, da beide institutionelle Kontrollen integrieren können und beide – wenngleich auch auf unterschiedliche Weise – dazu in der Lage sind, demokratische Repräsentationsmodelle umzusetzen (vgl. Neumann 1967). Mit Blick auf die Polizei als demokratischer Institution überwiegen jedoch die Vorteile eines zentralen Staatsaufbaus gegenüber einem föderalen: denn die Polizei nimmt in ihrer Funktion als gewaltmonopolisierende Autorität eine exponierte Verfassungsaufgabe in Demokratien wahr, die am Primat von Freiheit und Gleichheit der Bürger/innen orientiert ist und insofern in ihrer Effizienz von vereinheitlichten und gleichen Grundlagen innerhalb der gesamten demokratischen Ordnung profitiert.

10. Um das Monopol legitimer physischer Gewaltsamkeit garantieren zu können, muss Polizei personell optimal ausgestattet und finanziell unabhängig sein. Für die Unabhängigkeit und Effektivität der demokratischen Institution Polizei ist es unerlässlich, dass diese sowohl in personeller wie in finanzieller Hinsicht auf Dauer zu den stabilsten Institutionen des demokratischen Gemeinwesens zählt. Die Frage der finanziellen und materiellen Ausstattung gestaltet sich dabei in Relation zu den jeweils anderen Ressorts, darf aber nicht dem Primat einer allgemeinen fiskalischen Sparpolitik zum Opfer fallen. Denn die Polizei ist als Hüterin der Demokratie dazu berufen, auch und gerade in Krisenzeiten einsatzfähig zu sein und muss insofern sogar eher antizyklisch finanziell ausgestattet werden. Fehlt es jedoch an personeller und finanzieller Ausstattung der Polizei, dann führt jede politische oder soziale Krise einer Demokratie zu der Frage nach dem Einsatz von parapolizeilichen Verbänden oder des Militärs (mit den oben beschriebenen demokratietheoretischen Problemen), die tendenziell oder generell Freiheit einschränken und das Gewaltmonopol zumindest zeitweilig außer Kraft setzen können. Ein Schritt in Richtung der Aushöhlung des demokratischen Gewaltmonopols ist auch die Privatisierung von Polizeiaufgaben oder ihre Delegierung an private Unternehmen, die in deutlich minimierter Weise der öffentlichen Kontrolle unterliegen. Privatisierung und Outsourcing von Polizeiaufgaben können dabei einen Prozess schleichender Entdemokratisierung einleiten, der nicht zwingend Freiheit einschränken muss, der aber strukturell das Potenzial dazu inkorporiert.

Übungsaufgaben

- Diskutieren Sie die Vor- und Nachteile des statischen und des dynamischen Extremismusbegriffes anhand ausgewählter Beispiele von als extremistisch klassifizierten Gruppen, Bewegungen und Parteien.
- In welchem Verhältnis stehen Demokratie, Extremismus und Autokratie zueinander?
- Welche Argumente sprechen für und welche gegen eine Trennung der Demokratie- und der Autokratieforschung?

13. Demokratie und Internet

Das Internet ist aus dem Alltag von Demokratien nicht mehr wegzudenken (vgl. Stöcker 2011). In unterschiedlicher Weise setzen Regierungen, Parteien und Politiker/innen das Internet zum Zweck der Information, der Organisation, der Kommunikation und auch der Entscheidungsfindung ein. Als virtueller Marktplatz ergänzt es einige der Funktionen, die für eine demokratische Öffentlichkeit von zentraler Bedeutung sind. Das Medium Internet ermöglicht es, den demokratischen Prozess zwischen Repräsentierten und Repräsentierenden näher und intensiver zu gestalten und so eine kontinuierliche Rückbindung zwischen Volks- und Staatssouveränität herzustellen. Längst nutzen Parteien und Interessenverbände die Potenziale des World Wide Web, um für eigene Ziele und Vorstellungen zu werben, politische Kampagnen bekannt zu machen oder selbst Online-Kampagnen zu starten, für politische Veranstaltungen gezielt zu werben und Informationen über Personen und Programme einfacher zugänglich zu machen (vgl. Bieber 2010; Heigl/Hacker 2010; Metje 2005; Voss 2014). Die elektronische Demokratie (*E-Democracy*) bietet insofern vor allem aus direktdemokratischer Perspektive ein Potenzial, repräsentativdemokratische Verfahren zu ergänzen oder zu optimieren (vgl. Siedschlag/Bilgeri 2003; Woyke 1999). Verfahren der *E-Democracy* ermöglichen politisch ergänzend zur qualifizierten Öffentlichkeit der konventionellen Medien (Print, Hörfunk, Fernsehen) auch die Ansprache einer diffusen Öffentlichkeit – denn das Internet wird nach wie vor sehr selektiv (nach Alter, Bildung usw.) genutzt, d.h. der Glaube, mit Online-Aktivitäten „den" *demos* zu erreichen, ist eine Illusion:

> „[…]die Eins-zu-viele-Kommunikation hat sich dank des Aufschwungs der sozialen Medien zu einer ‚Viele-zu-viele-Kommunikation' gewandelt. Und das vielleicht wichtigste Merkmal dieser Viele-zu-viele-Kommunikation ist, dass den größten Akteuren der bisherigen Kommunikationswelt nun die Möglichkeiten fehlen, die Verbreitung von Ideen und Botschaften zu kontrollieren, die bei gewöhnlichen Menschen Widerhall finden." (Mounk 2018: 164)

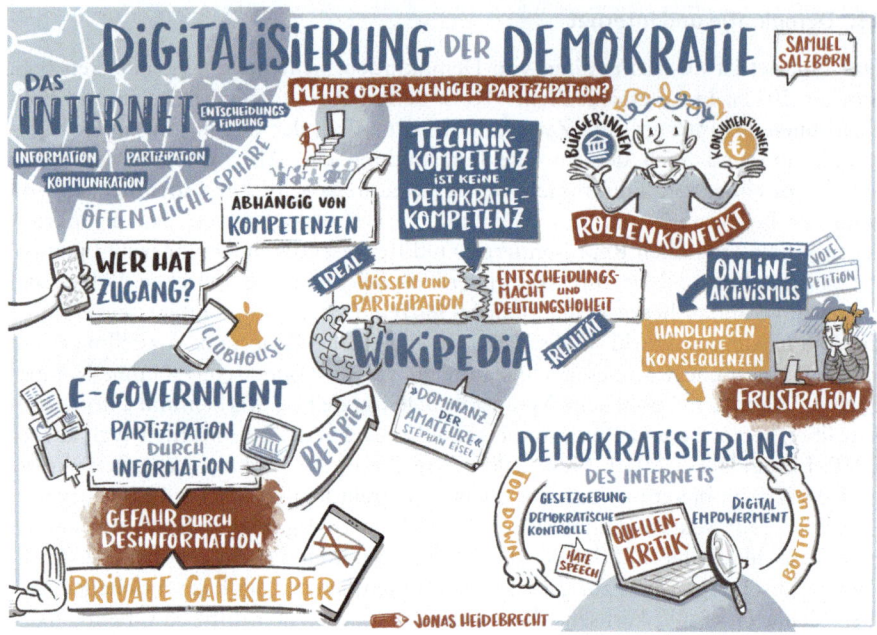

Abb. 12: Digitalisierung der Demokratie: Die zentralen Thesen dieses Buches visualisiert.

Grafik: Jonas Heidebrecht.

Das bemerkenswerte am Medium Internet im Verhältnis zur Demokratie ist seine Ambivalenz: Es gibt Aspekte, in denen korrelieren Möglichkeiten, die das Internet bietet, mit einer Vertiefung von Demokratie, aber es gibt auch Aspekte, bei denen eine erhebliche Diskrepanz zwischen Internet und Demokratie besteht, da das Internet zum einen faktisch ein hierarchisches Medium (Hierarchien des Wissens und der Kompetenz), zum anderen ein (technisch und informell) intensiv kontrollierendes Medium ist – durch die spezifischen Interaktionsprozesse zwischen den Internetnutzer/innen und durch die sozialen Rollen, die im Internet generiert werden. Insofern ist die anfängliche Euphorie, die besonders mit der Entstehung des Web 2.0 Hoffnungen auf eine Stärkung und einen Ausbau von zentralen demokratischen Prinzipien wie Öffentlichkeit, Partizipation und Responsivität verband, einer zunehmenden Skepsis gewichen (vgl. Grimm/Zöllner 2020; Kneuer 2013; Kneuer/Salzborn 2016), wie auch Colin Crouch betont, der in seiner Postdemokratie-Diagnostik noch deutliches Potenzial des Internet für die Demokratie gesehen hatte:

> „Heute ist das Internet eher ein Problem für die Demokratie, da einige wenige Menschen durch kluge Vernetzung und viel digitalen Lärm den Anschein erwecken können, dass sie viel mehr und bedeutender sind als dies tatsächlich der Fall ist." (Crouch 2021b)

Die Potenziale des Internet für Demokratievertiefung und Partizipationserweiterung werden zunehmend mehr in Relation zu ihrer Ambivalenz und ihren Risiken gesetzt, der euphorische Blick auf das Internet wird immer stärker durch den Blick in eine realistische Brille geschärft, damit werden aber die Konturen einer Online-Realität klarer sichtbar, die eben nicht nur Potenziale für Demokratien bietet, sondern auch erhebliche Gefahren: Internet und Demokratie stehen in keinem genuinen Zusammenhang. Das Internet als technisches Medium kann die Demokratie genauso befördern, wie ihr schaden, soziale Medien sind für die Demokratie „weder zwingend gut noch zwingend schlecht" (Mounk 2018: 171).

13.1. (Un-)Wissen und (In-)Kompetenz: Das Verhältnis von Information und Desinformation

Die Möglichkeiten, die das *E-Government* bietet, eröffnen für alle Bürger/innen, die über einen Internetzugang und hinreichendes Wissen zur Nutzung verfügen, ein umfangreiches Potenzial, ihr Wissen zu erweitern und ihre Sachkompetenzen zu vertiefen. Protokolle von Plenardebatten sind ebenso einfach nachlesbar geworden, wie Presseerklärungen von Ministerien, Hilfestellungen von Behörden und Ämtern, Parteiprogramme oder Verbraucherschutzinformationen. Der Zugriff auf dieses Wissen setzt allerdings, neben der technischen, auch sachliche Kompetenz voraus: Kann man auf der einen Seite offizielle Informationen einfach beschaffen, muss man auf der anderen Seite auch die Kompetenz haben zu beurteilen, aus welcher Quelle die Informationen stammen. Nutzt man eine beliebige Internetsuchmaschine, um sich Informationen über beispielsweise Gesundheits- oder Energiepolitik zu beschaffen, steuert die Frage, ob man bei einem Interessenverband, einer Lobbyorganisation, einer politischen Initiative oder einer Partei landet, ganz erheblich mit, ob man sachliche Informationen oder als Informationen kaschierte Meinungen mitgeteilt bekommt. Möchte man hingegen gezielt ein Parteiprogramm lesen und wählt dafür die Internetseite der betreffenden Partei direkt an, ist der Zugewinn für Partizipationsmöglichkeiten durch Informationen beträchtlich.

Die Diskrepanz zwischen notwendigem Wissen und der daraus resultierenden Möglichkeit, tatsächlich Informationen durch das Internet zu erlangen, die die Partizipationsmöglichkeiten im Sinne von Mündigkeit erhöhen, wird am augenscheinlichsten an der – so die Selbstbeschreibung – „freien Enzyklopädie" Wikipedia (vgl. Stegbauer 2009), die in über 250 Sprachen – mit jeweils eigenen und damit sprachlich segmentierten Einträgen – online verfügbar ist. Ein Wikipedia-Artikel kann sowohl zur Information, wie zur Desinformation beitragen, das Problem ist: Der Nutzer hat entweder nicht das Wissen, um dies zu beurteilen – oder, wenn er es hat, ist der Wikipedia-Eintrag im Prinzip nutzlos, weil die Kompetenz auch ohne ihn schon vorhanden war (vgl. Reiter 2010). Es bedarf nämlich eines „spezifischen Wissenskanons" der aus „bloßen Daten relevante Informationen" werden lässt (Schrape 2010: 216).

Die systematischen Kontrollinstanzen bei gedruckten Lexika und Enzyklopädien (die freilich auch Fehler enthalten können), fehlen bei Wikipedia – die angebliche Schwarmintelligenz des Internet, also die Hoffnung, dass durch wechselseitige

Kontrolle schon ein zunehmend optimiertes Ergebnis entsteht, ist eine Illusion. Denn es fehlt an einer objektiven, letztlich juristischen Verantwortlichkeit und einem professionellen Qualitätsmanagement. Die Anonymität der Wikipedia-Autor/innen macht es für Normalnutzer unmöglich, deren fachliche Kompetenz zu beurteilen. Und selbst wenn dies im Einzelfall möglich sein mag, generiert Wikipedia primär ein Scheinwissen, da die Verknüpfung mit anderen Internetseiten (Links) lediglich die im Internet verfügbaren Informationen abrufbar machen – und nicht das um ein Vielfaches größere Wissen der wirklichen Welt. Die selbstreferenzielle Bezugnahme auf ein vermeintliches Belegsystem mit Querverweisen auf andere Internetseiten kaschiert, dass einerseits die überwältigende Mehrheit an Informationen nicht im Internet verfügbar ist, sondern in wissenschaftlichen Bibliotheken systematisch recherchiert werden müsste und dass andererseits dadurch falsche und unwahre Unterstellungen – durch das permanente Querverweisen von falscher Quelle auf falsche Quelle – eine Scheinstabilisierung erfährt, bei der das Dickicht der Desinformation immer schwerer zu durchdringen ist (vgl. König 2021).So erfährt man bei Wikipedia letztlich mehr oder weniger solide überhaupt nur „Halbwissen über A- bis D-Promis" (Lorenz 2011: 120), verbunden mit oft aus Inkompetenz resultieren Scheininformationen, zu deren Qualitätsherstellung ein *professionelles* Qualitätsmanagement fehlt, noch zumal die Informationen, die Wikipedia bereit stellt, sekündlich geändert werden können und insofern auch den Anforderungen wissenschaftlicher Transparenz nicht entsprechen.

Stephan Eisel (2011: 157) hat das von Wikipedia verkörperte Prinzip auf den Begriff einer „Dominanz der Amateure" gebracht; mit Wikipedia droht die demokratiepolitische Gefahr, die Generierung von scheinbarem Wissen über politische Fragen privaten Akteuren ohne jede Qualitätskontrolle und juristische Haftung zu überlassen. Das Paradoxe an Wikipedia aus demokratietheoretischer Perspektive ist, dass der Anspruch, Wissen (in den urheberrechtlichen Grenzen) frei verfügbar und mitgestaltbar zu machen, ohne Zweifel demokratisch ist – nur die Praxis zeigt, dass die faktische Dominanz durch die Personen, die (aufgrund hinreichender Zeitressourcen und/oder dem politischen Interesse an einer bestimmten Textfassung) die Seiten fortwährend beobachten und ändern, Wikipedia vielmehr in eine Spielwiese verwandelt hat, in der es nicht um Freiheit, sondern vielmehr um autoritäre „Entscheidungsmacht und Deutungshoheit" (Lorenz 2011: 122) geht (vgl. Egloff 2002).

Der Internetnutzer agiert online primär nicht als mündiger Bürger, sondern als unmündiger Verbraucher. Siva Vaidhyanathan (2011) beschreibt dies als „Googlization of Everything", also einen Prozess, in dem nicht kompetentes Wissen zu mündigem Handeln führt, sondern umgekehrt Marktakteure wie Suchmaschinenbetreiber in einem für den technischen Laien unsichtbaren Prozess Ergebnisse vorsteuern: durch Algorithmen, durch systematischen Ausschluss von Seiten aus Suchergebnissen, durch gesponserte Links in Suchergebnissen usw. Das, was man ‚im Internet' findet, hängt eben extrem davon ab, mit welchen Suchbegriffen man arbeitet und davon, was überhaupt online verfügbar ist – wissenschaftliche Arbeiten z.B. sind in ihrer überwältigenden Mehrheit im Internet nicht verfügbar, es bedürfte einer tatsächlichen Recherche in wissenschaftlichen Bibliotheken. Die umgangssprachlich falsche Nutzung der Formel, man habe im Internet ‚recherchiert', verweist schon im Kern auf fundamentales Unwissen mit Blick auf die Nutzung von digitalen Suchmaschinen. Überdies werden ‚Recherchen' im Internet in ihren qualitativen wie quantitativen Suchergebnissen massiv durch Algorithmen und die generische Reduktion von Suchergebnissen durch das eigene Suchverhalten im Kontext der automatisierten Prozesse von Suchmaschinen prädominiert, Suchergebnisse ändern sich abhängig davon, mit welchem technischen Endgerät oder in welcher Stadt oder welchem Ortsteil man sie ausführt. Damit verbunden ist die zunehmende Dominanz von „filter bubbles" (Pariser 2011), die zu einer digital generierten Herstellung von fragmentierten (Teil-)Öffentlichkeiten beiträgt, durch die nicht wir das Internet beherrschen, sondern das Internet uns (vgl. Reischl 2008):

> „Often, those who know the most about democracy and are most concerned with democracy know very little about technology. Those who know most about technology usually know very little about democracy." (Barber 2001: 209; vgl. auch Martinsen/Simonis 2000)

Zugleich generiert das Internet durch scheinbare Echtzeithandlungen eine Beschleunigung von Politik im Sinne von Carl Schmitt, bei der nicht intensiv diskutiert, abgewogen und verworfen, sondern schnell entschieden wird. Damit rückt der Verstand zugunsten des Affektes in den Hintergrund, Empörung prägt die politischen Debatten und degradiert sie zu emotionalen Bekenntnissen:

> „Die politischen Prozesse der Meinungsbildung und der Entscheidungsfindung haben sich tiefgreifend verändert. Die Halbwertzeit von Überzeugungen, Stimmungen und politischen Konstellationen reduziert sich stündlich. […] Selbst aufmerksamen Zeitgenossen fällt es schwer, den Überblick zu behalten, Wichtiges von Unwichtigem, Historisches von Anekdotischem, Substanzielles von Kokolores zu unterscheiden. Die atemberaubende mediale Schwarmbildung sorgt zuverlässig dafür, dass tagelang jeweils nur ein Großthema auf der Agenda steht und so lange durch den Fleischwolf der Event- und Skandalgesellschaft gedreht wird, bis nur noch unverdauliche Einzelteile auf dem Komposthaufen des gerade Vergangenen zurückbleiben." (Mohr 2011)

Der Realmodus der Digitalisierung in sozialen Netzwerken basiert auf einer hyperaktiven Generierung von Daueraufmerksamkeit, bei der zwar der Modus der Selbstinszenierung – zwischen plakativen Visualisierungen wie bei Instagram, phantasierter Starattitüde wie bei YouTube, aggressiver Ironie-Idiotie-Inversion wie bei Twitter oder infantilisierter Bewegungsglorifizierung wie bei TikTok – variiert, in Summe aber letztlich eine substanzlose Integration von antiintellektuellem Unwissen, aggressiver Emotionalisierung und egoistischem Narzissmus installiert. Soziale Medien basieren, wie Hartmut Rosa (2021) es formuliert hat, auf einer „kurzgetakteten hohen Stimulationsdichte bei niedrigem Resonanzwert". Hinter dem überheblichen Gestus so genannter *digital natives* steckt nicht selten eine massive Verunsicherung in Verbindung mit einem hohen Maß an technischer

Kompetenz bei gleichzeitiger intellektueller Inkompetenz, für die der Begriff der „instrumentellen Vernunft" (Horkheimer 1947) auch und gerade für das Web 2.0 Berechtigung hat, die an die Stelle von Wissen bevorzugt Verlinkung setzt in dem Irrglauben, dass ein Link ein Beleg sei (letztlich ist er nur eine formale Redundanz in einem hermetischen Techniksystem, selbstreferenziell und ohne prüfbaren Wahrheitsgehalt) und insofern der strukturelle Verlust von Bildung und Wissen kompensiert wird mit Formalisierungen von Technik-Know-how. Ein Beispiel aus dem Frühjahr 2021 zeigt dieses Spannungsverhältnis: Das Land Nordrhein-Westfalen hat für 2,6 Millionen Euro Lizenzen erworben, um seinen Schulen den vollen Zugriff auf die Brockhaus-Enzyklopädie zu ermöglichen (*Rheinische Post*, 19.02.2021). Dafür gab es in Online-Foren des Web 2.0 viel Spott und Hohn – auf Basis dessen, dass dort wissenschaftlich und damit im Sinne jeder Bildung unbrauchbare Internetangebote wie Wikipedia in einer Haltung von überheblichem Pseudowissen als frei verfügbar apostrophiert und damit der Lizenzerwerb durch das Land Nordrhein-Westfalen pseudoironisch als naiv und unnötig abgetan wurden. Tatsächlich ist es aber ein mehr als überfälliger Weg, Wissen, das einer Qualitätskontrolle unterliegt, frei zugänglich zu machen und damit dringend notwendige Alternativen zu Wikipedia zu entwickeln, um tatsächlich Wissen zur Grundlage von Partizipation zu machen.

Die Gefahr für die Demokratie in dieser Beschleunigung und Emotionalisierung bei gleichzeitigem Subjektivismus, der die instrumentell-technizistische Bedienfähigkeit des Internet verwechselt mit intellektuellem Wissen, liegt darin, dass Schein-Wissen nicht nur zu sachlich falschen Entscheidungen führen kann, sondern dass in einem fortwährend beschleunigten emotionalen Prozess weder die Abwägung von konkurrierenden Interessen, noch der substanzielle Austausch differenter Positionen möglich ist. Damit wird demokratische Politik durch affektive Meinungsmache ersetzt. Überdies zerklüftet die Funktion der Massenmedien als „komplexitätsreduzierende Verbreitungsinstanzen in der Mitte der Gesellschaft" (Schrape 2010: 203) zunehmend und verschiebt sich mit Blick auf das Internet von den Fakten zu den Meinungen. Einher geht damit die Orientierung auf extrem kurze Texte, vor allem aber auf Visuelles, das notwendigerweise kontextualisiert werden müsste, um verständlich zu sein. Während das Material von Foto- und Fernsehjournalisten in einer Demokratie einer professionellen Sorgfaltspflicht unterliegt, sind im Ausschnitt veränderte oder technisch nachbearbeitete Fotografien im Internet (z.B. durch Ergänzung oder Entfernung einer Person oder eines Gegenstandes, noch stärker durch die Fälschung von Bild-Text-Collagen, wie sie in der so genannten Meme-Culture zum grundsätzlichen Kommunikationsprinzip erhoben wurde) Anlass zur Stiftung von Empörung, die sachunangemessen ist und Politik auf eine punktuelle Visualisierung reduziert. Im Videodokument, das über zahlreiche Online-Plattformen von jedem verbreitet werden kann, verhält es sich ähnlich - die „YouTubifizierung der Politik" (Keen 2008: 79) reduziert Politikinhalte oft auf einen (für sich genommen nahezu aussagelosen) kurzen Videoclip, der abermals weder zeitlich noch örtlich valide zugeordnet werden kann, wenn er nicht aus professioneller Quelle stammt:

> „Der Amateurjournalismus trivialisiert und korrumpiert die ernsthafte Debatte. Er ist der größte Albtraum der politischen Theoretiker aller Zeiten, [...], nämlich das Absinken der Demokratie zur Herrschaft des Mobs und der Gerüchteküche." (Keen 2008: 64)

Das Internet kann ein Hilfsmittel für die Verbreiterung und Vertiefung von Informationen und damit die Pluralisierung von Entscheidungsgrundlagen in einer Demokratie sein – faktisch setzt dies aber den mündigen Bürger voraus, den das Internet seinerseits vorgibt, mit zu erschaffen. Dieser Teufelskreis basiert auf zwei Fehlannahmen, die auf funktionale Rollen verweisen, die Internet-Nutzer in der Demokratie einnehmen: Zum einen sind wir online in aller erster Linie Verbraucher – und werden von den Anbietern von Websites auch so behandelt, als Kunden, als Marktteilnehmer, als Personen, denen eben bestimmte Produkte *verkauft* werden sollen. Verbraucher sind aber keine Bürger – und während die einen Konsum und Unterhaltung suchen, geht es den anderen um Information und Mitbestimmung. Zum anderen liegt darin die zweite Dimension des Internet-Missverständnisses: Online-Angebote wie soziale Netzwerke oder Mikroblogging-Dienste (vgl. Jungherr 2009) dienen funktional der sozialen Integration und der Vernetzung mit mehr oder weniger Gleichgesinnten, sie fokussieren also auf eine soziale und nicht auf eine politische Dimension und fördern überdies nicht die kontroverse Diskussion, sondern die wechselseitige Versicherung der Richtigkeit und Bestärkung der eigenen Einstellung.

13.2. Technische und informelle Kontrolle: Das Verhältnis von Transparenz und Überwachung

Grundsätzlich klingt die Idee dennoch gut: Ein Angebot, an dem sich viele Menschen beteiligen können und das in hohem Maße Mitbestimmungsmöglichkeiten verspricht. Insofern ist es unmittelbar einleuchtend, dass das Medium Internet geradezu prädestiniert dafür sein müsste, demokratische Partizipationsmöglichkeiten auszuweiten und zu vertiefen. Nicht zufällig finden sich so auch in sozialen Netzwerken wie Facebook unzählige Gruppen, in denen man mit einem einfachen Mausklick seine Zustimmung oder Ablehnung zu politischen Vorstellungen signalisieren kann. Auch die Möglichkeit, Online-Petitionen zu initiieren und nach Mitstreiter(inne)n zu suchen, die durch einen Klick das Anliegen unterstützen, erfreut sich wachsender Beliebtheit (vgl. Riehm u.a. 2009). Die unzähligen Möglichkeiten, im Internet seine Zustimmung zu politischen Konzepten durch einen Mausklick zu artikulieren, erhöhen allerdings nicht das Maß an politischer Partizipation, sondern verstärken im Gegenteil Frustrationen und die Apathie der Bürger/innen gegenüber ihren demokratischen Institutionen.

Es ist richtig, dass den hoch gebildeten, politisch engagierten und in die öffentlichen Debatten involvierten Bürger/innen durch das Internet tatsächlich ein Zugewinn mit Blick auf Informations- und Vernetzungsmöglichkeiten, aber auch auf die Effizienz politischen Handelns hin eröffnet wird. Allerdings unterscheidet sich die Nutzung des Internet durch diejenigen, die klar sehen, dass das WWW nicht die Welt und damit auch immer nur eine Ergänzung zu tatsächlicher Politik sein kann, von der Internetnutzung durch diejenigen, die die Grundprinzipien demokratischer Partizipation nicht hinreichend zu reflektieren in der Lage sind.

Denn mit dem Anklicken einer Facebook-Seite verbindet sich oft der irrige Glaube, dieser Vorgang selbst sei partizipativ – und nicht nur Ausdruck bestimmter Überzeugungen und Sympathien. Dass in der mit einem Mausklick erledigten Zustimmung zu einem bestimmten Politikziel zwar eine soziale Handlung im Sinne einer Interaktion und Vernetzung mit anderen Menschen, allerdings kein politischer Akt im Sinne einer relevanten Willensäußerung liegt, wird dabei übersehen. Die abertausend Facebook-Gruppen interessieren im Regelfall nicht nur niemanden, sondern können aufgrund ihrer Masse und Unstrukturiertheit, aber vor allem wegen ihrer strukturellen Distanz zum politischen Prozess selbst, auch niemanden interessieren, der an realen politischen Entscheidungsprozessen mitwirkt.

Wenn ein Onlineaktivist sich in seinem Selbstbild nun aber als politisch aktiv begreift, zugleich aber feststellen muss, dass sein Scheinhandeln keine Konsequenzen zeitigt, dann führt dies zu Frustrationen und zu einer Zunahme der Unzufriedenheit über das politische System selbst. Es ist eine Form von Scheinpartizipation, die genau das antidemokratische Bild „Die da oben machen ja eh was sie wollen" weiter verschärft, weil es Frustrationserfahrungen produzieren muss – eben weil politisches Handeln suggeriert wird, letztlich der „Erfolg" aber nur darin besteht, sich innerhalb eines überschaubaren Bekanntenkreises darüber zu vergewissern, mit wem man Ansichten teilt und mit wem nicht. Während in derartigen *One-Click-No-Vote*-Verfahren Politik vorgetäuscht wird und damit Frustrierungen einhergehen, die auf einer individuellen Ebene Ablehnungen von demokratischer Realpartizipation befördern können, stellt das Medium der Online-Petition darüber hinaus noch eine strukturelle Überforderung von Demokratie dar. Strukturelle Überforderung deshalb, weil – neben den in demokratischen Systemen zumeist vorgesehenen und auch schon in der Zeit vor der Existenz des Internet möglichen Petitionen in den Parlamenten – auch hier die Hoffnung geweckt wird, dass durch einen das höchste Maß an persönlicher Faulheit fördernden Vorgang, das Sitzen vor dem PC, bereits politische Aktivität entfaltet würde.

Auch hier bekommen wieder die politisch sowieso bereits Engagierten ein nützliches Instrument an die Hand, ihre Aktivitäten zu effektivieren (vgl. Wallner 2018: 119ff.). Die Ungebildeten können Online-Petitionen hingegen als eine Form von direkter Demokratie missverstehen, bei der jede/r in scheinbar allmächtiger Omnipotenz das egoistische Eigeninteresse in den politischen Prozess einspeisen kann, womit die Macht vorgetäuscht wird, Politiker/innen vom heimischen Schreibtisch aus fernsteuern zu können. Insofern stehen erfolgreich realisierten Online-Petitionen eine große Zahl erfolgloser Versuche wenig informierter Bürger/innen gegenüber, die hoffen, ihre persönlichen Meinungen auf diesem Weg politisch durchsetzen zu können, ohne dafür wirklich etwas tun zu müssen.

Das zentrale demokratietheoretische Problem besteht darin, dass Erwartungen an das demokratische System geweckt werden, die dieses strukturell nicht nur nicht erfüllen *kann*, sondern auch nicht erfüllen *darf*: Denn könnte jede/r geradezu willkürlich seinen Willen durchsetzen, wäre dies faktisch eine Form autoritärer

Herrschaft. Die Crux ist, dass das Medium der Online-Petition nur in Gesellschaften als struktureller Zugewinn wahrgenommen werden kann, die bereits über ein hohes Maß an politischer Aktivität auf der Basis von intensiver politischer Informiertheit verfügen, dann allerdings gleichsam fast überflüssig wäre. Diese Ambivalenz hat auch Emanuel Richter (2020) mit Blick auf die bildungsabhängige, extrem selektive Partizipation von Senior(inn)en in Online-Partizipationsprozessen gezeigt.

Zugleich ist der gefühlte Druck, unter den demokratische Akteure im politischen Alltag gesetzt sind, ein Druck, der zunächst wenig mit Politik, aber viel mit Technologie zu tun hat: die technischen Möglichkeiten, die das Medium Internet geschaffen hat, haben politische Prozesse verändert und neue Anforderungen an demokratische Akteure generiert. Legitimität politischen Handelns wird subjektiv immer mehr mit Anforderungen nach Transparenz und Responsivität verbunden und im Zeitalter des Web 2.0 werden diese Anforderungen in einer beschleunigten Weise formuliert, in der nur wenig Raum bleibt, um politische Entscheidungen abzuwägen und Alternativen zu diskutieren (vgl. Kneuer/Salzborn 2016). Dabei hat sich an der demokratischen Realität objektiv wenig verändert, gleichwohl sind die subjektiven Erwartungshaltungen erheblich erodiert: Angesichts der maßgeblich durch die Digitalisierung bedingten Beschleunigung des Alltags in Demokratien am Beginn des 21. Jahrhunderts stehen politische Akteure in der Öffentlichkeit also unter einem gefühlten Druck, schnell und pointiert auf Ereignisse reagieren zu müssen.

Dass solche Phasen der Beschleunigung allerdings grundsätzlich eine schwere Zeit für Demokrat(inn)en sind, kann man spätestens seit und wegen Carl Schmitt wissen, der als wesentlicher Denker der so genannten Konservativen Revolution ein Vordenker des Nationalsozialismus war (vgl. Salzborn 2017a, 2017b): Schon Schmitt pries den Modus der Beschleunigung als wesentliche Methode zur Bekämpfung von Parlamentarismus und Demokratie, sind doch Zeiten der Beschleunigung eben Zeiten, in denen weniger nachgedacht, abgewogen und reflektiert wird, in denen es weniger um Verstand und mehr um Affekte geht, in denen der Eskalationsgrad von Konflikten strukturell höher ist, gesellschaftliche und politische Auseinandersetzungen weniger dialogorientiert geführt werden, sondern von scheinbaren Sachzwängen oder ebenso scheinbar natürlichen (und damit als unwidersprechbar unterstellten) Gesetzmäßigkeiten dominiert werden. Phasen der Beschleunigung sind Phasen der Gegenaufklärung.

Ein Nebeneffekt der für die breite Masse der Bevölkerung lediglich als Surrogat existierenden Onlinepartizipationsmöglichkeiten ist, dass die konventionelle Partizipation weiter unattraktiv gemacht wird, und stattdessen Politiker/innen immer mehr Engagement in ihre Onlineaktivitäten investieren, die aber in die gleiche Frustrationsspirale einmünden – denn der Politiker, der offenbar jederzeit verfügbar ist, also der Idealtyp des 24 Stunden twitternden Abgeordneten, überschüttet zwar die Welt mit (weitgehend belanglosen) Informationen, weckt aber zugleich die Hoffnung beim Otto Normalverbraucher, mit seiner persönlichen Meinung Einfluss auf dessen Verhalten nehmen zu können, ja dass Politiker/innen und Bürger/innen auf Augenhöhe agieren. Das 2020 veröffentlichte Tool „Clubhouse" spielt genau mit diesem Surrogat – und war gleichzeitig elitär auf Nutzer/innen von Apple-Endgeräten beschränkt und räumte selbst offen ein, sämtliche Gespräche mitzuschneiden, also als privates Unternehmen eine Totalüberwachung seiner Nutzer/innen durchzuführen. Der Traum vom mündigen Bürger in der digitalen Demokratie droht zum Albtraum des sich selbst entmündigenden Konsumenten zu werden.

Was passiert, wenn ein/e Facebook- und Twitter-Aktivist/in regelmäßig auf Statusmeldungen reagiert, dann aber bemerkt, dass in der politischen Praxis die eigene Reaktion für den/die Politiker/in (logischerweise) keine Rolle spielen, ist nahe liegend: Man fühlt sich missverstanden, hat den Eindruck nicht Wert geschätzt zu werden, und bekommt damit aufs Neue vorgehalten, dass „die da oben" tatsächlich nur tun, was sie wollen. Das eigene Scheinengagement wird auch hierbei nur als das vorgeführt, was es eigentlich ist: nämlich eine Form von vorgegaukelter Symmetrie in einer notwendig hierarchischen Beziehung.

Zugleich generieren soziale Netzwerke wie Facebook, Instagram oder TikTok aber auch soziale Beziehungen von höherem Intensitätsgrad, weil man sich zumeist mit Personen in diesen Netzwerken zusammenfindet, die ähnliche Positionen vertreten, so dass der Informationsfluss in der genau der Richtung, die man selbst bereits vertritt, weiter verstärkt wird und sich auf diesem Weg hochspezialisierte und segmentierte Teil-Öffentlichkeiten bilden, die intern sehr homogen und widerspruchsfrei sind, zugleich aber aufgrund der bindenden Dimension einen hohen Konformitätsdruck erzeugen, der überhaupt erst durch die transparenten Strukturen und das Wissen um viele persönliche und/oder politische Details durch Dritte, denen man diese im persönlichen Umgang ggf. nicht mitteilen würde, ermöglicht wird.

Die damit generierten informellen Kontrollfunktionen sozialer Netzwerke, die Pluralität und Kontroversität diametral entgegenstehen, werden ergänzt um eine technische Dimension der Kontrollmöglichkeiten, die antidemokratisch ist. Evgeny Morozov (2010, 2011a, 2011b) hat darauf hingewiesen, dass gerade autoritäre Regime von den Kontroll- und Reglementierungsmöglichkeiten, die das Internet als scheinbar freier und unkontrollierter Raum bietet, profitieren und der selbstgewählte „Verzicht auf das Private" in Verbindung mit einer „transparenten Langeweile" Menschen dazu bringen, aus Gründen der konsumorientierten Optimierung ihrer individuellen Präferenzen immer mehr von sich selbst Preis zu geben – neben biografischen Angaben auch sensible Daten wie Anschriften oder Bankverbindungsdaten. Die Kontrolle durch Institutionen wird damit deshalb so einfach, weil die Überwachung – die in demokratischen Staaten immer judikative Hürden zu überwinden hätte – zur Selbstüberwachung wird, jeder Staat (und auch durch nichts legitimierte Marktakteure) über ein hohes Maß an freiwillig preisgegebenen Informationen seiner Bürger/innen verfügen kann. Das technische Gegenstück zur freiwilligen Preisgabe sensibler Daten und – was gerade in diktatorischen Regimen ohne Meinungsfreiheit auch leibliche Risiken bietet (vgl. Deibert u.a. 2008, 2010, 2012; Deibert 2013) – leicht über IP-Kennungen zurück verfolgbaren Identitäten von Internet-Usern, ist die Nutzung von Filtersystemen, mit deren Hilfe kleinere oder größere Teile der online verfügbaren Informationen für Bürger/innen einzelnen Länder „unsichtbar" gemacht werden können (vgl. Kalathil/Boas 2003; Kurz/Rieger 2011).

Übungsaufgaben

- Wählen Sie auf Wikipedia den Eintrag zu einer Partei und überprüfen anhand von politikwissenschaftlicher Fachliteratur sowie gedruckten Lexika a) die Richtigkeit der Fakten und b) das Verhältnis von Information und Kritik. Vergleichen Sie die Einträge zu dieser Partei in der deutschsprachigen Wikipedia mit denen in anderen Sprachen.
- Vergleichen Sie die Kommunikationsstrategien und den Informationszugewinn der Twitter-Accounts von jeweils einem/r Abgeordneten von jeder im Parlament vertretenen Partei.
- Welche Änderungen müsste es im Internet(-Verhalten) geben, um das Potenzial des Internet für die Demokratie zu vertiefen?

IV. Internationale Entwicklungen von Demokratie und Demokratisierung

14. Demokratie – Perspektiven für das 21. Jahrhundert

Es bedarf keiner umfangreichen politikwissenschaftlichen Untersuchung für die Erkenntnis, dass unter den Bürger/innen in Demokratien diffuse Gefühle von Unzufriedenheit mit dem politischen System, den Parteien und/oder den Politikerinnen und Politikern existieren. Seit mehr als zwei Jahrzehnten wird in unterschiedlichen öffentlichen Foren – von den Print- über die Onlinemedien, von der Primetime-Talkshow bis zum privaten Blog – über Unzufriedenheiten geklagt, die sich an einer Diskrepanz zwischen Erwartung und Faktizität des Output des politischen Systems festmachen, ganz gleich, ob sie nun in ihrer Kritik auf die Struktur, also die Wege und Möglichkeiten der Partizipation oder auf die Akteurinnen und Akteure, also Politiker/innen, (Partei-)Funktionseliten oder Verwaltung, fokussieren. Einig scheinen sich alle, die sich an dieser Kritik an der Funktionsfähigkeit der Demokratie beteiligen, vor allem darin, dass ein fundamentaler Mangel in der Qualität der Demokratie gesehen wird, wohingegen in der medialen Diskussion oft Ratlosigkeit herrscht bezüglich Reformmaßnahmen, die zur Regulierung, Minimierung oder gar Behebung des Problems taugen könnten. So ist einer sachlichen Kritik oft auch eine unsachliche Dimension des Lamentierens und Nörgelns beigemischt, die letztlich Unzufriedenheiten bestärken und wenn nicht zu Apathie, so doch zu einer gehörigen Portion Desinteresse am politischen Prozess beitragen kann. Das Stereotyp, nach der „die da oben" sowieso machen, was sie wollen und „wir hier unten" nicht gefragt werden, ist in der medialen Aufbereitung des Motivs der Politik- und Parteienverdrossenheit omnipräsent.

Auf der politikwissenschaftlichen Ebene sind bisher drei Modelle entwickelt worden, die die Krisendiagnostik, die maßgeblich durch soziale Medien und feuilletonistische Überwölbungen des Politischen generiert wurde, in demokratietheoretischer Absicht zu fassen versucht haben: Der prominenteste ist der analytische Ansatz der *Postdemokratie*, der konzeptionell vor allem mit dem Namen Colin Crouch (2004, 2011, 2021a) verbunden ist, der dem Differenzierungsansatz von Christoph Held, Dirk Jörke und Torben Schwuchow (2020: 193ff.) folgend von rein philosophischen Ansätzen der Postdemokratiediagnostik (Racière 2002; Mouffe 2007) zu unterscheiden ist, weil er im Unterschied zu diesen nicht den allgemeinen Rückgang gesellschaftlicher Konflikte in den Mittelpunkt rückt, sondern den politischen Transformationsprozess im Verhältnis von politischem System und politischer Kultur. Crouchs Argument lautet kurz gefasst folgendermaßen: Die formalen Institutionen der Demokratie funktionieren, aber trotzdem schwindet die Bereitschaft der Menschen zu partizipieren, weil die „echten" Entscheidungen nicht mehr demokratisch durch den Staat, sondern anarchisch durch den Markt getroffen werden. Während es also in Deutschland funktionierende Institutionen wie den Bundestag, die Ministerien und die Verwaltung gibt, während die Freiheit von Wahlen gesichert ist, der Zugang zu Informationen weitreichend garantiert, der Rechtsschutz für die Bürgerinnen und Bürger stabil etabliert, sinkt die Bereitschaft, all dieses auch aktiv zu nutzen. Weil, so sagt Crouch, andere Akteure das politische Geschäft dominieren: die Medien und damit eben die Unternehmen. Statt der demokratisch legitimierten Entscheidung durch die Politik treten seit Jahren Politikberater/innen und Medienunternehmen auf, die

Wahlkämpfe inhaltlich entleeren und zu Events umwandeln. Der Prozess, den Crouch vor allem in Deutschland, Großbritannien und Italien beobachtet hat, verschiebt nun langsam die Entscheidungskompetenz auf Personen und Akteure, die keine Legitimation dazu haben – Politikberater/innen, Medienunternehmen oder private Firmen, die öffentliche Aufgaben übernehmen (vgl. Ritzi 2014).

Das Konzept der Postdemokratie wurde in der demokratietheoretischen Diskussion begrifflich-systematisch aus zwei Richtungen kritisiert: derjenigen, die infrage stellt, dass ein Zustand, der im vollen Wortsinn als Demokratie zu bezeichnen wäre, bis heute überhaupt je existiert habe und mithin nicht von einer Post-, sondern einer *Prädemokratie* gesprochen werden müsse, und derjenigen, die in gegenteiliger Absicht argumentiert, dass in einer historischen Langzeitperspektive die Erfolge der Demokratisierung so beträchtlich seien und die gegenwärtigen Legitimationsdefizite vor allem auf einer Sättigung des *demos* basierten, es also vor allem eines Einstellungswandels bedürfe, um aus der als rein normativ kritisierten Diagnostik der Post- eine *Neodemokratie* zu machen.

Folgt man Birgit Sauer (2011), dann irre Crouch darin, dass überhaupt schon ein Mindestmaß an demokratischen Standards jemals verwirklicht gewesen sei, weshalb eben nicht von einer Post-, sondern von einer Prädemokratie gesprochen werden müsse – weil ein Großteil der demokratischen Forderungen immer nur Versprechen geblieben sei und mithin überhaupt erst noch verwirklicht werden müsse. Das Gleichheitspostulat ist in vielen Feldern von Politik und Gesellschaft immer noch Makulatur, auch wenn heute der Beruf Bundeskanzlerin oder Verteidigungsministerin für junge Frauen nicht mehr utopisch, sondern faktisch denkbar, weil die hypothetische Möglichkeit zur real wahrnehmbaren Wirklichkeit geworden ist. Wer aber von Postdemokratie spreche, so der feministische Einwand, verkenne, dass die wesentlichen Strukturen in Politik, Gesellschaft und mehr noch Wirtschaft nach wie vor männlich dominiert seien, dass auch in der Wissenschaft der Flaschenhals auf dem Weg von der Studentin zur Professorin immer enger und die Karriere damit immer unwahrscheinlicher werde, dass eben trotz einer formalen, d.h. juristischen Gleichheit die politische Kultur und damit die Faktizität des Lebens sozialen Aufstieg von Frauen verhindere und blockiere. Erst dann, wenn aus der proklamierten Gleichheit der Geschlechter nicht nur eine juristische, sondern eine wirkliche geworden sei, könne von einer Demokratie im vollen Wortsinn gesprochen werden.

Klaus von Beymes (2013) grundsätzliches Plädoyer gegen die Annahme der Postdemokratie lautet, dass gerade die neuen Konfliktlinien innerhalb etablierter Demokratien in Verbindung mit den zunehmenden Errungenschaften einer gesellschaftlichen Demokratisierung eines normativen Demokratiemodelles bedürfen, das sich gegen die „gedrückte Niedergangsstimmung" wendet und sich so in eine „neodemokratische Aufbruchstimmung" (ebd.: 119) transformieren lässt, es also der normativen Wendung hin zur Neodemokratie bedürfe. Beyme räumt dabei selbst ein, dass der Begriff der Neodemokratie analytisch ebenso wenig tauge wie der der Postdemokratie – aber eben als „normativ gefärbter Gegenbegriff" (ebd.: 149) dazu ermutigen solle, demokratische Reformpotenziale zu stärken und dabei den Gefährdungen durch populistische Bewegungen und durch die partiell demokratieüberfordernden neuen Medien entgegenzuwirken. Zugleich müsse Demokratie auch als Prozess gesehen werden – ein Prozess, in dem ja innerhalb von mehreren Jahrhunderten im internationalen Kontext einiges erreicht und in sozialen und politischen Kämpfen erstritten wurde.

Vergleicht man die (Anti-)Krisendiagnostiken, die in den Begriffen Prä-, Post- und Neodemokratie zum Ausdruck kommen, lässt sich auf einer metatheoretischen Ebene festhalten, dass *alle* zutreffend sind – und doch zugleich auch *alle* falsch. Diese paradoxe Erkenntnis basiert auf der Annahme, dass alle drei Diagnosen eine *bestimmte* empirische Wahrnehmung mit einem jeweils *spezifischen* (normativen) Demokratieverständnis in den Blick nehmen. So haben alle Argumente etwas für sich – und können deshalb auch als durchaus überzeugend angesehen werden, weil der Demokratiebegriff, den Crouch, Sauer und Beyme anlegen, differiert – „die" Demokratie von Crouch ist nicht „die" Demokratie von Sauer ist nicht „die" Demokratie von Beyme, deshalb ist alles nicht falsch, fokussiert im Blick auf differente Momente von Demokratisierung und auch auf differente Entwicklungsstadien von Demokratie, die in den Blick genommen werden – deshalb ist der Demokratiebegriff ja nicht nur in seiner wissenschaftlichen Definition umstritten, sondern selbst politisch streitbar: „Demokratie *ist* nicht, sondern *wird* ständig." (Beyme 1994: 9)

Wenn am Beginn des 21. Jahrhunderts nach den Perspektiven von Demokratie und Demokratieforschung gefragt wird (vgl. Blühdorn 2013; Buchstein 2013; Kost/Massing/Reiser 2020; Merkle 2015; Münch/Kalina 2020; Neyer 2013; Przeworski 2020; Schmidt 2010a), dann muss der politische Gehalt des Demokratiebegriffes nicht nur mitgedacht, sondern darüber hinaus auch bedacht werden, dass er politisch gleichermaßen Ausdruck von Kämpfen um Partizipationsrechte sein kann, wie der Propagandabegriff zur Abwehr von Partizipationsansprüchen. Dies zeigt der Blick auf den politischen Alltagsgebrauch des Wortes Demokratie: Denn Demokratie kann politisch als ein alltäglicher Prozess verstanden werden, mit dem Ziel, die Institutionen der Demokratie aufzubauen: „the rule of law, an independent judiciary, free media and property rights, among others", wie dies die frühere amerikanische Außenministerin und Politikwissenschaftlerin Condoleezza Rice recht nüchtern formuliert hat (*Washington Post*, 11.12.2005).

Dass die an demokratischen Postulaten reichhaltige Aussage: „Es besteht die Notwendigkeit [...] im Einklang mit dem Gesetz demokratische Wahlen abzuhalten, demokratische Entscheidungsfindung, demokratische Verwaltung sowie demokratische Kontrolle zu üben und das Recht der Menschen auf Information, Teilnahme, Äußerungen und Kontrolle zu schützen." vom seinerzeitigen chinesischen Staatspräsidenten und Vorsitzenden der Kommunistischen Partei Chinas, Hu Jintao, stammte (*Die Welt*, 29.01.2011), zeigte zugleich aber, wie wenig Substanz in der Proklamierung demokratischer Freiheiten durch Politiker liegen kann, wenn lediglich die Fassade die einer Demokratie ist. Denn es liegt letztlich im Ermessen der Politiker selbst, was sie zur Demokratie erklären – oder verklären. So bekräftige etwa der laut Art. 80 der russischen Verfassung mit quasi-autokratischen Generalvollmachten ausgestattete Staatspräsident Wladimir Putin, Russland baue „eine neue Politik auf die Ideale der Freiheit und Demokratie, auf dem Recht jedes Staates, seinen eigenen Weg der Entwicklung zu wählen" (*Wirtschaftswoche*, 09.05.2005). Selbst Mahmud Ahmadinedschad, damaliger Präsident der Islamischen Republik Iran, erklärte sein Land zur „manifestation of true democracy in the region" (Rede vor der UN-Vollversammlung, 17.09.2005). Und der ungarische Ministerpräsident Viktor Orbán proklamierte zwar, dass das „Zeitalter der liberalen Demokratie" vorbei sei, hielt aber dennoch krampfhaft am Demokratiebegriff fest und erklärte sein zur Diktatur transformiertes Regime zur „illiberalen Demokratie" (*Der Tagesspiegel*, 07.05.2019).

Ist damit der Demokratiebegriff substanzlos, wenn er gänzlich ungeachtet der (anti-)demokratischen Wirklichkeit eines Regimes verwandt wird, ja wenn es nicht nur – wie in der wissenschaftlichen Debatte – auf das jeweilige (konkurrierende) Demokratieverständnis ankommt, sondern wenn dieser geradezu beliebig gebraucht wird – wie etwa von Staaten wie Russland und China, die man bestenfalls als Scheindemokratien bezeichnen kann, aber sogar von einem totalitären Regime wie dem Iran? Die eigentliche Gefahr einer solchen begrifflichen Entstellung der Demokratie liegt darin, den Bestrebungen zu einer Entkontextualisierung des Demokratiebegriffes nachzugeben, wissenschaftlich wie politisch. Denn der moderne Begriff der Demokratie ist, gerade weil er umstritten ist, in keiner Weise leer und substanzlos, als dass er beliebig interpretiert werden könnte. Werte wie die individuelle Freiheit als Subjekt, die Verbindung von Staats- und Volkssouveränität oder die Gewähr elementarer Rechte der Menschen *gegen* den Staat sind genealogisch in die Begriffsgenese eingeschrieben und nicht zu trennen vom modernen Demokratiebegriff – deshalb sind z.B. China oder Iran auch faktisch in keinem Begriffsverständnis eine Demokratie, selbst wenn sie das Wort als Hülse verwenden.

Da aber die moderne Demokratie nicht nur alltagskulturell attraktiv ist – der *american way of life* wirkt, trotz all seiner Widersprüchlichkeiten und Enttäuschungen, fast überall in der Welt auf junge Menschen immer wieder faszinierend und anziehend, weil er die individuelle Freiheit *verspricht* –, sondern in der Anerkennung als Demokratie auch ein internationaler politischer Mehrwert liegt, darf die Hoheit über das, was in einem pluralen Spektrum an mannigfaltigen Ansätzen als Demokratie zu gelten hat, nicht den Antidemokraten überlassen werden. Eine der großen wissenschaftlichen Perspektiven der Demokratieforschung liegt also darin, die Hoheit über die Demokratiediskussion nicht den Autokraten zu überlassen und insofern den begrifflichen Beliebigkeiten, denen auch in postmodernen oder neokonstruktivistischen Ansätzen das Wort geredet wird, zu widersprechen – Demokratie ist plural, sie ist streitbar und umstritten, aber sie ist nicht beliebig.

Und sollen Demokratien im 21. Jahrhundert nicht nur fortexistieren, sondern soll der Prozess der Demokratisierung auch vertieft und erweitert werden, dann muss wissenschaftlich wie politisch *selbstbewusst*, *selbstkritisch* und *selbstverteidigend* für die Demokratie Partei ergriffen werden: Selbstbewusst meint die Überzeugung, dass die Demokratie aus einer Reihe von Gründen anderen Herrschaftsformen überlegen ist und dass das politische Ziel die weltweite Demokratisierung – ohne jeden Relativismus und ohne jede Einschränkung dieses universalistischen Anspruchs – sein muss; selbstkritisch heißt dabei aber auch, dass keine realexistierende Demokratie wirklich dem Anspruch einer umfassenden Demokratisierung gerecht wird und dass Teil von Demokratisierungsprozessen immer auch der Streit darüber ist, welche Fehler demokratischen Regimen inhärent sind oder in ihnen exogen entstehen können – denn die Demokratie ist, einem Winston Churchill zugeschriebenen Bonmot zufolge, „the worst form of Government except all those other forms that have been tried from time to time". Und schließlich, was oft in Vergessenheit gerät, muss Demokratie auch selbstverteidigend auftreten – Konflikte, insbesondere mit oder gegen autokratische und vor allem totalitäre Regime sind zumeist nicht friedlich zu lösen. Demokratien müssen gerade angesichts der militanten Aggressionen, die die asymmetrische Kriegführung des beginnenden 21. Jahrhunderts prägen, den Krieg als unerfreuliche, aber notwendige Option der Politik im Blick behalten.

Und darüber hinaus auch die Gefahr einer Entwaffnung und damit Zerstörung von innen wehrhaft begegnen, vor der Steven Levitsky und Daniel Ziblatt eindringlich als weltpolitisch in der Gegenwart gefährlichstem Modus des Verfalls von Demokratien gewarnt haben: Während „frühere Generationen von Europäern und Amerikanern [..] enorme Opfer gebracht" haben, um „unsere demokratischen Institutionen gegen äußere Bedrohungen zu verteidigen", ist es heute in einer Zeit, in der „die Demokratie für selbstverständlich gehalten" wird, vor allem daran zu „verhindern, dass sie von innen her zerstört wird" (Levitsky/Ziblatt 2019: 272): „Die Erosion der Demokratie geschieht so unmerklich, dass viele sie nicht wahrnehmen." (Ebd.: 15)

14.1. Bedrohungen der Demokratie: Entpolitisierung, Essentialisierung und Elitisierung

Worin liegen damit aber die realen Herausforderungen, vor die die Demokratie im 21. Jahrhundert nicht nur intellektuell, sondern auch materiell gestellt ist? Die Perspektive auf diese Frage ist eine doppelte, denn einerseits tangiert sie die innerdemokratischen Entwicklungsperspektiven der etablierten und der sich etablierenden Demokratien, zugleich inkorporiert sie aber andererseits auch die Frage nach den externen Bedrohungen der Demokratie. Versucht man die interne und die externe Perspektive mit Blick auf prozessuale Dimensionen zu verbinden, die als Entwicklungsperspektiven sowohl demokratische, wie nicht-demokratische Systeme gegenwärtig prägen, zeigen sich drei große Bedrohungen für die Demokratie: die drei „E"s – *Entpolitisierung*, *Essentialisierung* und *Elitisierung*.

Die Gefahr der *Entpolitisierung* besteht in einer Auflösung des politischen und rechtlichen Rahmens, den der souveräne Nationalstaat garantiert: das bürgerliche Recht mit seinem allgemeinen und gleichen Charakter (der nicht nur trotz, sondern auch wegen der in ihm liegenden Ambivalenz der historischen Etablierung von politischer Freiheit zur Sicherung der ökonomischen Freiheit besteht) bedarf eines souveränen Monopols von Gewaltsamkeit, das bei Suspendierung von demokratischen Rechten in der Lage ist, diese Suspendierung zu sanktionieren und damit Freiheit zu sichern. Die gegenwärtig vollzogene Privatisierung und Entstaatlichung organisierter Gewaltanwendung und die Verlagerung der Kriegführung in

Räume begrenzter Staatlichkeit mit asymmetrischer Struktur (vgl. Münkler 2002: 7ff.) bewirkt hingegen das Gegenteil: die Beschneidung von Freiheit.

Interessenkonflikte prägen den demokratischen Staat im Unterschied zum autoritären Staat. Und sie stehen nicht im Widerspruch zur staatlichen Souveränität, sondern bilden ganz im Gegenteil überhaupt erst ihre Legitimation: „Soziale Homogenität kann niemals Aufhebung der notwendigen antagonistischen Gesellschaftsstruktur bedeuten." (Heller 1928: 428) Wesentlich ist dabei, dass der demokratische Staat zum Ermöglichungsraum für gesellschaftliche und politische Konflikte wird, deren Konfliktlinien nicht homogen, sondern heterogen verlaufen, also sich fortlaufend wandeln und auch fallweise überschneiden. Das Hauptmotto der Entpolitisierung lautet insofern, auf einen Begriff gebracht, „Alternativlosigkeit": Politische Entscheidungen sollen nicht mehr im Konflikt erstritten und Mehrheiten nicht mehr durch Überzeugungsarbeit organisiert werden, politische Entscheidungen werden in der populistischen Rhetorik als alternativlos durchgesetzt mit einem Alleinvertretungsanspruch, der als allgemeingültig unterstellt wird (im Rekurs auf den angeblichen Volkswillen), obwohl er ausschließlich Partikularinteressen artikuliert. Gesellschaftliche Pluralität und soziale Heterogenität werden so vom Tisch gewischt. Es gibt nur einen angeblich alternativlosen Weg, der für alle Menschen gelten soll, noch bevor überhaupt nur darüber diskutiert wurde.

Die Entpolitisierung von Demokratie ist insofern nicht nur ein potenzieller Motor für die Zunahme von sozialer Ungleichheit, sondern die Entpolitisierung negiert sogar die Existenz von sozialer Ungleichheit, weil sie für inexistent erklärt wird. Während der Kern des Politischen der Konflikt ist, ist der Kern des Entpolitisierten die Negation von Konflikten und die Unterstellung, Gesellschaft sei nicht heterogen, sondern homogen. Soziale Ungleichheit wird in diesem Modus der Entpolitisierung insofern auch grundsätzlich negiert. Entpolitisierung heißt dann im Ergebnis: die Gesellschaft wird zur Gemeinschaft.

Zu einem demokratischen Anspruch muss dabei eine klare Definition dessen gehören, was als demokratisch zu gelten hat und was nicht – und damit eine eindeutige politische Grenzziehung, die aber – da sie politisch und nicht essentiell ist – auch Revisionen zulässt. Chantal Mouffe (2007) hat in diesem Kontext vor einer „kosmopolitische Illusion" gewarnt, die durch die Aufhebung klarer Kategorien des Politischen und damit auch der staatlichen Souveränität grundiert wird. Der Kern des Politischen liegt in der Anerkennung von politischen Differenzen und Interessenkonflikten, die agonistisch sind, und eine pluralistische Gesellschaft kennzeichnen. Das Politische wird begriffen als in seinen konzeptionellen Grundlagen von Interessen bedingten Konflikten bestimmt, die mit klaren Freund-Feind-Unterscheidungen einhergehen. Insofern wird die terminologische Differenzierung von Carl Schmitt (1963) aufgegriffen, die Interessenkonflikte aber nicht – wie bei Schmitt – mit einem subtil ethnisierenden Gesellschaftsbegriff unterlegt, sondern davon ausgegangen, dass das Politische durch den für die menschliche Gesellschaft konstitutiven A(nta)gonismus bestimmt ist, der sich entlang von Interessen organisiert und stets konflikthaft sein muss.

Der Ort, der die Reglements für diese Interessenkonflikte festlegt, ist der souveräne Staat. Wenn dessen Souveränität eingeschränkt wird oder wegfällt, obsiegt im Interessenkonflikt der physisch Stärkere, das Ausagieren politische Konflikte wird nicht eine Frage von Argumenten, sondern von Gewalt – in Verlust gerät dabei die Freiheit und mit ihr Möglichkeiten der demokratischen Partizipation. Insofern steht mit der fortwährenden Sicherung der inneren und äußeren Freiheit ein Motiv auf der Agenda als zentrale Bedrohung der Demokratie in der Gegenwart, das bereits am Anfang der ideengeschichtlichen Demokratiedebatte stand; es ist deshalb wieder so aktuell, weil einerseits innerhalb der etablierten Demokratien die Wahrnehmung der Notwendigkeit von innerer und äußerer Sicherheit zur Garantie von jeder Form von Freiheit durch eine souveräne Zentralgewalt verblasst, andererseits aber gerade die neu etablierten Demokratien sowie diejenigen Gesellschaften, in denen demokratische Bewegungen gegen autoritäre oder totalitäre Herrschaft kämpfen, erst am Beginn der Demokratisierungsentwicklung stehen. Deren Erfolg hängt entscheidend davon ab, ob staatliche Souveränität als Ermöglichungspotenzial von Demokratie errichtet werden kann oder nicht.

Die Idee einer deliberativen Weltgesellschaft, die den intellektuellen Gegenpart zu diesen Überlegungen bildet, kann dabei nur die Utopie einer kleinen, hoch gebildeten, finanziell unabhängigen und kosmopolitisch agierenden Elite sein; den Hungernden im Kongo, den Kindersoldaten in Burma, den Landminenopfern in Angola, den verlassenen Kindern in Indien, den Zwangsprostituierten in der Ukraine, den Textilarbeiterinnen in Bangladesch, den Genitalverstümmelten in Somalia oder den verfolgten Homosexuellen im Iran nutzt eine solche kosmopolitische Illusion wenig. Denn diese Utopie geht nicht nur an der sozialen Realität ihres Lebens vorbei, sondern sie wäre sogar der sichere Garant für ihren Tod: Was die von elementarer sozialer, ökonomischer und politischer Not betroffenen Menschen brauchen, ist kein freier Diskurs, sondern die grundlegende Sicherung ihres Lebens und damit ihrer physischen Freiheit durch eine souveräne, demokratische Zentralgewalt. Zentralgewalt ist, darin liegt die Ambivalenz, freilich nicht immer demokratisch – aber ohne sie ist die Entwicklung einer Demokratie unmöglich. Erst wenn es ein souveränes Gewaltmonopol gibt, also alle Menschen bereit sind, die erlassenen Gesetze und Verordnungen zu befolgen, sich der Zentralgewalt unterzuordnen und diese zugleich als legitim anzuerkennen, erst dann kann auf eine wirkliche Demokratisierung gehofft werden. Ohne staatliche Souveränität gibt es somit überhaupt keine Chance auf Demokratie.

Denn staatliche Souveränität ist die Grundvoraussetzung für jede demokratische Entwicklung, die nachhaltig sein und zu politischer Stabilität führen soll. Souveränität bedeutet die Errichtung eines Gewaltmonopols, nach innen und nach außen, ohne das Demokratie unmöglich ist. Und das gilt gleichermaßen für politische Demokratie, im Sinne von politischer Willensbildung, Partizipation und Kontrolle von Macht und Gewalt, wie für soziale Demokratie, im Sinne von individueller Freiheit, Gerechtigkeit und Chancengleichheit. Eine politische Ordnung, die nicht souverän ist, steht vor dem Problem, dass jede gesellschaftliche Gruppe, von der kriminellen Bande bis zu religiösen Fundamentalisten oder ethnischen Separatisten, immer und überall die geltenden Regeln mit Gewalt in Frage stellen kann.

Und Demokratie baut gerade auf diesen Garantien: Rechtssicherheit, Sicherung der Lebensgrundlagen und vor allem dabei auch des alltäglichen, nackten Überlebens. Nur staatliche Souveränität kann diese Sicherheiten garantieren.

Staatliche Souveränität garantiert auch die Unverbrüchlichkeit des Staatsterritoriums. In ethnopolitischen Konflikten werden diese territorialen Souveränitätsaspekte suspendiert, ethnoregionale Bewegungen wollen mit ihrem Kampf gegen die demokratische Souveränität zugleich auch die Freiheit aufheben (vgl. Salzborn 2005a), was auf die Gefahr der *Essentialisierung* verweist, bei der Politik ethnisiert wird:

> „Mit der zunehmenden Ethnisierung sozialer Beziehungen korrespondiert eine ‚Kulturalisierung' der Politik, die nicht mehr auf materielle Interessen zurückgeführt wird, sondern sich auf die Wahrung kollektiver Identitäten reduziert, was letztlich zu einer Entpolitisierung gesellschaftlicher Konflikte führt." (Butterwegge 1997: 174)

In der Essentialisierung werden soziale und politische Konflikte naturalisiert und rassistisch oder kulturalistisch projiziert. Naturalisierung von Gesellschaft heißt auch, dass wenn alles scheinbar Natur ist, nichts mehr verhandelbar ist. Über politische Differenzen kann man streiten, über die (wahrheitswidrige) biologische Unterstellung von sozial relevanten Genen aber nicht. Die Gefahr dieser *Essentialisierung* des Sozialen besteht darin, dass auf allen gesellschaftlichen und politischen Ebenen kulturalisierte Parallelstrukturen geschaffen werden, die zu einer sozialen Segmentierung innerhalb von Gesellschaft führen. Politische Konflikte und soziale Missstände werden dabei nicht mehr als solche wahrgenommen, sondern deren Ursachen in ethnischen, kulturellen oder geschlechtlichen Differenzen vermutet. Zugleich bietet die vorpolitische Flucht ins Essentielle für die Individuen aber auch den Schein von sozialer Sicherheit und gemeinschaftlicher Verlässlichkeit, da die emotionale Dimension gestärkt und das Deprivationsgefühl auf diese Weise durch populistische Rhetorik kurzfristig kompensiert wird. *Essentialisierung* ist insofern auch eine Variante der *Entpolitisierung*, generiert aber eigene Dynamiken der Entdemokratisierung.

Die Essentialisierung des Sozialen bildet dabei den Kontext für eine kulturalistisch geprägte Definition von In- und Out-Groups (vgl. Swyngedouw/Ivaldi 2001: 5f.), die sich auf eine fundamentalistische Annahme von menschlicher Ungleichheit stützt. Insofern stellt die Ablehnung von Zuwanderung und Migration die Kehrseite der Ethnisierung dar (vgl. Birsl 2005). Denn ethnisierte soziale Beziehungen fordern im Innern ethnische Homogenität und nach Außen völkische Exklusion. Während der Modus der Entpolitisierung reale soziale Ungleichheit negiert, naturalisiert der Modus der Essentialisierung soziale Ungleichheiten. Die soziale Dimension wird also zugunsten von einer vorpolitischen Dimension umgedeutet: nicht soziale Prozesse werden demnach für soziale Ungleichheit verantwortlich gemacht, sondern diese werden auf eine angeblich natürliche Dimension projiziert. Die Gemeinschaftsideologie, die die Entpolitisierung geschaffen hat, wird durch die Essentialisierung zu einer Idee der homogenen Gemeinschaft zugespitzt.

IV. Internationale Entwicklungen von Demokratie und Demokratisierung

Eine neben der ethnopolitischen bedeutsame Variante der *Essentialisierung* als Gefahr für die Demokratie ist die Renaissance politischer Religionen, die zum einen den Subjektanspruch, der jeder Demokratieannahme zugrunde liegt, widersprechen und zum anderen mit ihrem hierarchischen Weltdeutungsmonopol demokratische Selbstbestimmungsvorstellungen in Frage stellen. Der Totalitätsanspruch, wie er etwa im evangelikalen Christentum, im Hindu-Fundamentalismus, im tibetanischen Buddhismus oder – im Besonderen – im radikalen Islamismus verfolgt wird, verbindet die Ablehnung menschlicher Subjektivität mit der Formulierung totalitärer Ordnungsvorstellungen, in denen plurale Gesellschaften in homogene Gemeinschaften verwandelt werden sollen (vgl. Deppe 2010: 135ff.). Die religiöse Variante der *Essentialisierung* entzieht ihrerseits der Demokratie ihre Grundlagen der Pluralität und Kontroversität und negiert jede Form von negativer Freiheit.

Die dritte Gefährdung von Demokratie besteht in einer durch die „Ökonomisierung des Politischen" (Pelizzari 2001) formierten *Elitisierung* von Politik. Aufgrund der „Vermarktlichung" (Nullmeier 2004: 495) des Sozialen verlagern sich Entscheidungsprozesse in einen Macht dominierten Raum jenseits des Rechts, in dem politische Entscheidungsmacht auf nicht-legitimierte Marktakteure übergeht. Neben politischen Akteuren treten (medien-)ökonomische Kräfte auf die Agenda, die dieses Souveränitätsvakuum für eigene Zwecke nutzen und damit politische Freiheit einschränken (vgl. Busch 2009; Verkuil 2007), wobei soziale Leistungen in individuell zu bezahlende Arbeit verwandelt werden. Die (Selbst-)Zurichtung politischer Fragen auf Marktförmigkeit transformiert den Markt damit zum Imperativ der Politik und elitisiert auf diese Weise politische Entscheidungen. Die *Elitisierung* erfolgt dabei in doppelter Hinsicht: Einerseits durch Auslagerung politischer Entscheidungen auf private Akteure, entweder durch Kompetenzübertragungen (z.B. private Sicherheitsdienste) oder durch Übernahme ökonomischer Prinzipien für politische Prozesse (z.B. in *policy*-Bereichen wie der Gesundheits- oder der Sozialpolitik): „Je mehr privatisiert und auf die gesellschaftliche Ebene übertragen wird, desto weniger wird demokratisch entschieden." (Thiele 2018: 113)Andererseits erfolgt die Elitisierung zugleich auch durch Internalisierung der ökonomischen Entscheidungslogik einer angeblichen Alternativlosigkeit im Kontext der fortwährenden Beschleunigung in der und durch die (Medien-)Demokratie, die Prozesse der „Politikherstellung" in Aktionen der „Politikdarstellung" verwandelt (Sarcinelli/Tenscher 2008). Nicht mehr *bottom-up*, sondern *top-down* – so könnte das Credo der beschleunigten Mediendemokratie lauten. Politik soll medial vermarktbar sein und dabei immer schneller und eingängiger auf mediale Anforderungen reagieren.

In dieser *Elitisierung* spitzt sich eine Entwicklung zu, die in der Genese der Demokratie selbst angelegt ist: die historische Situierung der Demokratie als Rechtsordnung inkorporierte die Ambivalenz der Abhängigkeit der politischen von der ökonomischen Freiheit, da die entstehende bürgerliche Gesellschaft zur Absicherung ihrer Produktions- und Handelsfreiheiten der Garantie durch eine souveräne Zentralgewalt bedurfte, die legitim sein musste, um wirksam sein zu können. Denn die Freiheit des Marktes und die Möglichkeit zum ungehinderten, vor Diebstahl und Raub gesicherten Tausch musste von denen, die an ihm aktiv wie passiv teilnahmen, anerkannt und durch eine gleiche Rechtsordnung gesichert sein. Die Rechtsgleichheit als Kernbestand der Demokratie verfestigte damit auch die jenseits der juristischen Gleichheit liegende soziale (Un-)Gleichheit, da Raub ebenso allgemeinen Sanktionsdrohungen unterstellt wurde, wie das Ermöglichungspotenzial für bürgerlichen Besitz der Ägide der Rechtsordnung.

Die Demokratie als politisches Prinzip und der Markt als ökonomisches Prinzip unterliegen aber konkurrierenden Ordnungsparadigmen. Insofern besteht in diesem Zusammenhang zugleich auch ein Spannungsverhältnis, das in der *Elitisierung* von Politik in der Gegenwart zum Ausdruck kommt: Demokratie orientiert auf Ordnung – Markt auf Anarchie. Und während Demokratie damit Macht einhegt, setzt der Markt sie frei – genau das Gegenteil suggeriert der Populismus in seiner Oben-Unten-Rhetorik. Das Machtstreben einzelner Akteure wird damit real von der Demokratie beschnitten und vom Markt potenziert. Wenn aber die Regularien für eine Limitierung ökonomischer Prinzipien in einer Gesellschaft minimiert werden (z.B. in ökonomischen Krisen durch Einschnitte im Sozial- oder Bildungswesen), dann beginnen Marktakteure im Kontext der Privatisierung von öffentlichen Aufgaben selbst politisch zu agieren – und diese damit zunehmend der undemokratischen Willkür des Marktes in einem gleichzeitigen Prozess der *Elitisierung* von Entscheidungen zu unterwerfen. Der Modus der Elitisierung, mit sozialer Ungleichheit umzugehen, ist der der Neutralisierung, die die populistische Rhetorik in den Affekten gegen „die-da-oben" artikuliert. Wenn der Gestaltungsraum des Politischen schrittweise aufgehoben wird und öffentliche Aufgaben zu privaten werden, verschwindet im Modus der Elitisierung die Wahrnehmung von sozialer Ungleichheit. Denn soziale Ungleichheit wird scheinbar zum Privatproblem. Die Elitisierung von Demokratie neutralisiert die Wahrnehmung von sozialer Ungleichheit insofern, als die Frage von Gleichheit und Ungleichheit in einer von privatökonomischen Vorstellungen geprägten Gesellschaft gar nicht mehr gestellt wird, alle Wut kanalisieren die Populisten auf „die" Politik – und damit faktisch auf die Grund- und Strukturprinzipien der Demokratie. Die homogene Gemeinschaft wird so zur autoritär gesteuerten homogenen Gemeinschaft.

Wenn man die drei Modi zusammenfasst, mit denen eine Gefährdung der Demokratie gegenwärtig einhergeht, sieht man, dass jede dieser politischen Dimensionen mit einer sozialen zusammenhängt. Die Gefährdungen der Demokratie sind zugleich auch Variationen, mit denen soziale Ungleichheit durch ihre Ideologisierung *scheingelöst* wird: Der Modus der Entpolitisierung negiert soziale Ungleichheit und verwandelt den Pluralismus der Gesellschaft in die Vorstellung der Gemeinschaft. Der Modus der Essentialisierung naturalisiert soziale Ungleichheit und verwandelt die Gemeinschaftsideologie in das Paradigma der homogenen Gemeinschaft. Und der Modus der Elitisierung schließlich neutralisiert soziale Ungleichheit und verwandelt die homogene Gemeinschaft in eine autoritäre homogene Gemeinschaft.

Angesichts der maßgeblich durch die Digitalisierung bedingten Beschleunigung des Alltags in Demokratien am Beginn des 21. Jahrhunderts stehen demokratische Akteure dabei in der Öffentlichkeit unter einem gefühlten Druck, schnell und pointiert auf Ereignisse reagieren zu müssen, einem Druck, der durch populistische Strategien der antidemokratischen Rhetorik maßgeblich generiert, lanciert und intensiviert wird. Dabei ist eigentlich nicht die Form der damit verbundenen Artikulation (der Populismus) zentral, sondern der auf diesem Weg transportierte Inhalt, die Frage danach, welche Ziele angestrebt werden und ob diese demokratisch oder antidemokratisch sind. Das Verständnis von Demokratie sollte dabei nicht auf eine rein formale Dimension verkürzt werden, der zufolge ein System als demokratisch gilt, allein weil es Wahlen gibt. Bei der Beurteilung, ob politische Inhalte demokratisch oder antidemokratisch sind, ist die Frage nach dem Wesenskern von Demokratie bedeutsam.

Damit verbunden ist die Schlüsselfrage, ob Populismus auf Demokratiedefizite – seien es formale und/oder inhaltliche – hinweist. Mit Blick auf formale Defizite, also etwa in Verfahrensfragen, ist festzuhalten, dass es allein noch kein prozeduraler Mangel ist, wenn Menschen nicht willens oder in der Lage sind, im demokratischen Rahmen zu partizipieren. Es zeigt nur, dass bei denen, die nicht wissen, wie sie umfangreich partizipieren könnten, ein zu geringes Maß an Kompetenz und damit an politischer Bildung zu attestieren ist. Wenn es aber tatsächlich prozedurale Mängel der Demokratie geben sollte (was ja sein kann), dann müsste man sie klar und rational benennen können – die populistischen Agitator(inn)en haben dies noch nie getan. Auch wenn rechte Parteien mit populistischen Strategien mittlerweile (wieder) Wahlerfolge erzielen, geht es ihnen im Kern nicht darum, durch konstruktive Arbeit Mehrheiten zu erzielen, sondern darum, Wege zu finden, um ihre egoistischen Partikularinteressen durchzusetzen. Es geht ihnen eben nicht um den realen Willen des Volkes, sondern um den unterstellten (und erlogenen) Volkswillen – nicht um das, was empirisch prüfbar und wirklich vorhanden ist, sondern um das, was Rechte zum „Volkswillen" erklären: ihre eigene völkische Weltsicht. Im Kern geht es bei dem antiparlamentarischen Affekt der populistisch agierenden extremen Rechten um das, was in der Weimarer Republik schon der Staatsrechtler Carl Schmitt – als einer der zentralen Wegbereiter des Nationalsozialismus – forderte: eine gelenkte Demokratie auf der Basis eines erfühlten (das heißt von den Rechten diktierten) „Volkswillens", der auf ethnischer Homogenität und einem kategorialen und militarisierten Freund-Feind-Denken basiert (vgl. Salzborn 2017a).

Die funktionale Rolle des Populismus besteht dabei darin, ein politisches Alternativmodell anzubieten, das zentrale Elemente des Demokratischen aufhebt – den politischen Pluralismus, die gesellschaftliche Heterogenität und die konflikthaften Interessenstrukturen. Der Populismus suggeriert, er könne diese Herausforderungen der Demokratie, die Herausforderungen der modernen Gesellschaft sind, kompensieren – in Wahrheit aber will er eben diese moderne, aufgeklärte Gesellschaft aufheben und appelliert fortwährend an Affekte. Und die damit verbundene Aufgabe von Verstand und Subjektivität bedeutet für das Individuum nicht nur die (Teil-)Aufgabe der eigenen (potenziell selbstreflexiven) Persönlichkeit, sondern beinhaltet zugleich das Versprechen, an einem großen, machtvollen, einflussreichen und überragenden Kollektiv teilhaben zu dürfen:

> „Der charismatische ‚Führer' [...] terrorisiert sie [seine Anhänger; Anm. d. Verf.] mit der Vorstellung zahlloser gefährlicher Feinde und erniedrigt

die ohnehin beschädigten Individualitäten zu Kreaturen, die nur noch reaktiven Verhaltens fähig sind. Er treibt sie in ein moralisches Vakuum, in dem die Stimme ihres inneren Gewissens ersetzt wird durch ein externes Über-Ich: den Agitator selbst. Er wird zum unersetzbaren Führer in einer konfusen Welt, zum Zentrum, um das sich die Gläubigen sammeln und in dem sie Sicherheit finden können. Er bietet ihnen Trost für ihr Unbehagen, übernimmt die Verantwortung für den Fortgang der Geschichte und wird zum externen Ersatz für ihre nicht integrierte Individualität. Sie leben durch ihn." (Löwenthal 1990: 144f.)

Dass Leo Löwenthal diese Analyse nicht über den heutigen Populismus und Erosionserscheinungen demokratischer Ordnungen, sondern über die massenpsychologischen Strategien der faschistischen Agitatoren der 1930er und 1940er Jahre schrieb, zeigt, wie wenig neu populistische Strategien sind, aber auch, dass sich hinter ihnen eine tiefe Abneigung gegen Pluralismus und Demokratie verbirgt – auf die demokratietheoretisch zu fokussieren wichtiger scheint als auf die bloße populistische Rhetorik, die lediglich den antidemokratischen Kern kaschiert.

14.2. Die Wiederkehr der Identität und die Fallstricke einer Kulturalisierung von Demokratie

Ethnisierung ist ein Prozess, der mit Blick auf die Akteursdimension aus vielfältiger Richtung betrieben werden kann. Demokratietheoretisch ist daran relevant, dass es hierbei zwar empirisch Differenzen über subjektive Wahrnehmung und emotionale Relevanz von ethnisch-kulturellen Phänomenen geben kann, dies normativ aber für die funktionale Relation von politischer Kultur in einem demokratischen Politischen System irrelevant ist. Ethnisch-kulturelle Differenzwahrnehmung generiert gesellschaftlich und damit im Kontext der politischen Kultur subjektiv differente moralische Bewertungen, als Phänomene der vorpolitischen Essentialisierung und damit Politisierung von als kulturell oder natürlich unterstellter Differenz opponieren sie aber generell gegen das demokratische Gleichheitsparadigma und stellen das universalistische Gleichheitspostulat fundamental in Frage. Dabei hat sich eine demokratietheoretische Debatte über nachholende und/oder erweiternde Prozesse der Demokratisierung, die auf Defizite im Sinne von prädemokratischen Konstellationen hinweist, in einen postmodernen Befindlichkeitsdiskurs substituiert, der mitnichten demokratietheoretisch genannt werden kann, da er das Abstraktionsparadigma theoretischer Reflexion geradewegs kulturalisierend und aktivistisch aufhebt. In diesem kulturalistischen Diskurs ist aus einer zunächst völlig berechtigten Kritik an den uneingelösten Versprechen der Moderne, von denen ein Großteil der Menschheit ausgeschlossen war, eine repressive Hinwendung zu kulturalistischer Identitätspolitik geworden, an deren Ende nicht der Mangel an Freiheit, sondern die Idee der Freiheit als solche bekämpft wird (vgl. Salzborn 2020a).

Mit Blick auf den politischen Background haben sich dabei aus einer theoretischen Bewegung, die der politischen Linken zuzurechnen war, heute Allianzen von postmodernen Überzeugungen gebildet, bei denen die Vorstellungen von homogener und repressiver Kollektividentität, wie sie in rechtsextremen Gruppierungen wie den *Identitären* vertreten werden, inhaltlich nicht unterscheidbar sind von den Positionen, wie sie etwa im Spektrum der so genannten *critical whiteness* formuliert werden – die moralische Bewertung des als „gut" etikettierten differiert, die antiuniversalistische Ablehnung von Individualität und Subjektivität verbindet beide zugleich elementar. Wesentlich an dieser Wendung ist letztlich der postmoderne Abschied von der in den modernen, bürgerlichen Revolutionen errungenen Vorstellung des Menschen als körperlich individuelles Subjekt, das aus seiner individuellen Eigenständigkeit und der Potenzialität zu aufgeklärter Mündigkeit den Anspruch ableitet, sozial und politisch zu partizipieren. Gegen diese aufgeklärte Vorstellung stellen postmoderne Ansätze die regressive Wendung zu vermeintlich authentischen Kollektiven, die über den repressiven Zwang zur Unterordnung unter identitäre, resp. ethnisch-kulturelle Kategorien gegen den Willen des Individuums durchgesetzt werden sollen.

Manfred G. Schmidt (2010: 412ff.) hat im Kontext der Diskussion der Funktionsvoraussetzungen von Demokratien den Diskussionsstand der international-vergleichenden Demokratieforschung nichtsdestotrotz dahingehend zusammengefasst, dass eine kulturelle, resp. ethnische Homogenität von Gemeinwesen die Wahrscheinlichkeit und Stabilität demokratischer Staatsverfassungen erhöhe. Auch wenn Schmidt empirisch argumentiert, also die Faktizität demokratischer Regime im Verhältnis zu ihren ethnischen Gesellschaftsstrukturen beschreibt, liegt in dem von ihm dargestellten Befund implizit eine normative Dimension, in der die Vorstellung von ethnischer Homogenität als Selbstbeschreibung übernommen wird. Der Konnex von Demokratiewahrscheinlichkeit und ethnischer Homogenität legt zwar aufgrund empirischer Faktizitäten die Interpretation einer Beziehung nahe, die zwar temporär, allerdings tatsächlich nicht kausal gegeben ist. Ethnische Homogenität steht – normativ – genuin in keinem positiven Zusammenhang zur Demokratie, sondern genau das Gegenteil ist der Fall: Gesellschaften, in denen ethnische Homogenität mobilisiert wird, tendieren vielmehr a) zu schließenden, d.h. aufgrund vorpolitischer Kriterien exkludierenden Vergemeinschaftungsprozessen und generieren dabei b) statische In- und Out-Group-Vorstellungen, die strukturell antiplural und damit antidemokratisch konzipiert sind.

Insofern kann ethnische Homogenität einer Gesellschaft zwar durchaus mit demokratischen Wahlprozessen harmonieren, steht in ihrer konzeptionellen Funktionalität aber im Widerspruch zur Demokratie. Hingegen ist die Homogenität im Sinne des Konsensus über den Primat der souveränen Freiheit als Grundlage von Demokratie (die fallweise, aber eben nicht kausal, sondern lediglich temporär, mit ethnischer Homogenität zusammenfallen kann), diejenige Funktionsvoraussetzung, die tatsächlich die Stabilität von Gemeinwesen garantieren kann, ohne dass es hierfür ethnischer Homogenität bedürfte: nur wenn der *ethnos* sich als *demos* fühlt und als solcher agiert, ist Demokratie möglich – zugleich hebt der *ethnos* sich in diesem demokratischen Agieren aber selbst als *ethnos* zum *demos* auf.

Schmidt (2000: 426ff.) zählt in seinem Standardmodell der Funktionserfordernisse der Demokratie als einen von zehn Punkten, die die Entstehung und Stabilität einer demokratischen Ordnung „wahrscheinlicher" machen, eine „ethnisch relativ homogene Bevölkerung oder – im Falle ethnischer Heterogenität – die friedliche, typischerweise konkordanzdemokratische Regelung von Konflikten zwischen den Ethnien" (ebd.: 426). Das Argument fußt auf dem empirischen Befund, dass eine Korrelation dahingehend festzustellen ist, dass in ethnisch relativ homogenen Staaten – gemeint ist damit eine Ethnie, deren Bevölkerungsanteil 75 Prozent oder mehr der Gesamtbevölkerung ausmacht – der Anteil demokratischer Staaten signifikant größer ist, als in ethnisch heterogenen Staaten. Ein weiterer, mittelbar im Zusammenhang mit Ethnizität stehender Befund betrifft die Religion und besagt, dass die Demokratiewahrscheinlichkeit in säkularen oder christlichen Staaten deutlich höher ist als in Ländern mit anderen religiösen Mehrheiten (der Vollständigkeit halber sei erwähnt, dass Schmidt auch Israel zu dieser Gruppe zählt, das ebenfalls stark von aufklärerischen Traditionen geprägt ist).

Während der Konnex von Aufklärung und säkularer Ordnung, ja auch die Verbindung mit den aufgeklärten, monotheistischen Religionen Christentum und Judentum mit der Demokratiewahrscheinlichkeit unmittelbar theoretisch einleuchtet: immerhin ist die Demokratie historisch selbst ein Produkt der Aufklärung und viele Denker/innen der Aufklärung waren von christlichen und/oder jüdischen Traditionen geprägt, ja diese beiden monotheistischen Religionen stehen auch explizit in einem – zumindest grundsätzlich – geklärten Verhältnis zum modernen Staat und damit zur Demokratie, so überrascht die Annahme einer kausalen Beziehung zwischen ethnischer Homogenität und Demokratie: Denn ist nicht Amerika die Wiege der Demokratie und die amerikanische Gesellschaft alles andere als ethnisch homogen? Oder wie passt Frankreich als Einwanderungsgesellschaft und älteste Demokratie auf dem europäischen Kontinent zu diesem Befund? Oder, historisch, das Bestreben des Nationalsozialismus, ethnische – seinerzeit sagte man noch: völkische – Homogenität durch antisemitische Vernichtung herzustellen? Oder sollte man die zahlreichen Separations- und Sezessionsbewegungen der Nachkriegszeit – Basken, Nordiren, Korsen, Südtiroler usw. – als auf ethnische Homogenität orientierte Bewegungen nicht als Ausweis für die Zerfaserung und Destabilisierung von Demokratie interpretieren (vgl. Salzborn 2006)? Zeigt sich nicht aktuell in Belgien, dass der „ethnische Gemeinsamkeitsglaube" (Weber 1980: 237 [EA 1921]) nicht nur politikunfähig macht, sondern ein demokratisches System bis in den Kollaps treiben kann?

Diese zunächst einmal nicht systematischen Eindrücke sollten Anlass sein, genauer über das Verhältnis von Demokratie und Ethnizität nachzudenken: das Verhältnis von *ethnos* und *demos* als normativer Schlüsseldimension für die Klärung der Frage, ob ethnische Homogenität genuin oder lediglich temporär und damit ohne kausalen Grund mit Demokratiewahrscheinlichkeit zusammenfällt. Hierfür sind zunächst einige Überlegungen zum Nationalismus nötig, der den ordnungspolitischen Referenzrahmen für ethnische Selbstzuschreibungen und Mobilisierungen bildet. Der Nationalismus lässt sich mit Norbert Elias (1994: 194) als „eines der mächtigsten, wenn nicht *das* mächtigste soziale Glaubenssystem des 19. und 20. Jahrhunderts" beschreiben. Er stellt ein insbesondere entlang der zugeschriebenen kollektiven Identität von Sprache, Kultur, Religion und Geschichte konstruiertes Weltbild dar, das der sozialen Kreation, politischen Mobilisierung und psychologischen

Integration eines großen Solidarverbandes – eben der späteren Nation – dient. Die Nation fungiert dabei zunächst lediglich als eine „vorgestellte Gemeinschaft" (Anderson 1983) und „gedachte Ordnung", die unter Einbezug der Traditionen eines Herrschaftsverbandes entwickelt und peu à peu durch den Nationalismus als Handlungseinheit geschaffen wird (Wehler 2001: 13). Als Phänomen der Neuzeit ist der Nationalismus verknüpft mit einer Politisierung der Begriffe Volk und Nation, deren vorher separat abrufbare schichten- und gruppenspezifische Verwendungen vereinheitlicht und dabei zugleich ideologisiert wurden – stets verknüpft mit einer in die Zukunft gerichteten, scheinbaren Offenheit (vgl. Koselleck 1992: 147ff.). Nicht umsonst wird die Nation oft als Gemeinschaft von Lebenden, Toten und noch nicht Geborenen bezeichnet (vgl. Langewiesche 2000: 54).

Insofern schafft der Nationalismus als Integrationsideologie das Bewusstsein der Zusammengehörigkeit, verknüpft mit der Erkenntnis, über eine gemeinsame Vergangenheit zu verfügen, gemeinsame Gegner wie auch gemeinsame Ziele für die Zukunft zu haben. Die Nation firmiert dabei sittlich, politisch, sozial und historisch als „Letztwert" (Dieter Langewiesche) bzw. „Letztinstanz" (Reinhart Koselleck) und damit als oberste Legitimationsquelle, hinter die es kein Zurück gibt und die durch keine andere Instanz in ihrer Wirkungsmächtigkeit zu überbieten ist. Nationalismus liegt damit also immer dann vor, wenn

> „die Nation die gesellschaftliche Großgruppe ist, der sich der einzelne in erster Linie zugehörig fühlt, und wenn die emotionale Bindung an die Nation und die Loyalität ihr gegenüber in der Skala der Bindungen und Loyalitäten oben steht." (Alter 1985: 14f.)

Bei allen Gemeinsamkeiten nationaler Ideologie liegt die entscheidende Differenz zwischen Typen des Nationalismus letztlich in der inhaltlichen Konkretisierung der zunächst für den Nationalismus als solchem konstitutiven Innen-Außen-Relation. Denn die Frage, wer dazu gehören darf und wer nicht, wird im – wie Anthony D. Smith (1991: 9ff.) es nannte – *civic model of the nation* grundsätzlich anders beantwortet als in der *ethnic conception of the nation*.

Idealtypisch betrachtet begründet die *civic nation* ihre In- und Exklusionsvorstellungen durch das politische Bekenntnis und den erklärten Willen der Zugehörigkeit zur Nation und bindet sie an die freie Selbstbestimmung des Individuums. In der Theorie der *ethnic nation* wird der Nation eine ethnische Interpretation *als* Volk zu Grunde gelegt. Der Begriff des Volkes wird hier nicht in seiner vormodernen, situativen Bedeutung im Sinne von Masse oder Untertanen verstanden, sondern in seiner existenziellen, völkischen Bedeutung als ‚Kultur- und Blutsvolk'. Dieser ethnische Nationalismus strebt eine Identität und Homogenität von Angehörigen der ethnischen Gruppe, des von ihr besiedelten Territoriums und der formalen Zugehörigkeit zu der jeweiligen staatlichen Organisation an. Das Moment der ethnischen Zugehörigkeit bildet hierbei den Dreh- und Angelpunkt und zwar besonders als konstitutive Grundlage des Volkes, das als umfassendstes ethnisches Kollektiv verstanden wird. Ethnische Differenzierung wird dabei als genuiner Teil des menschlichen Wesens betrachtet. Theoretischer Kern dieses Postulats ist die Annahme, dass die sozialen Bindungen des Menschen eine unentrinnbare ethnische Basis haben. Ethnizität wird somit zu einer „question of being", wie Eugeen Roosens (1995: 35) es formuliert hat. Insofern wird das universalistische Gleichheitspostulat grundsätzlich abgelehnt und von einer essentialistischen ethnischen Differenz und einer ethnischen Determinierung von Menschen ausgegangen, die allem politischen und sozialen Handeln zu Grunde liege. Im Mittelpunkt steht hier die als natürliche Gemeinschaft verstandene ‚ethnische Schicksalsgruppe', die eine Ausrichtung am Individuum als Subjekt ablehnt.

Die Schaffung des für das Konzept der *ethnic nation* nötigen subjektiven Zugehörigkeitsgefühls zum Kollektiv produziert neben dem Bild vom Eigenen strukturell auch das Bild vom Anderen, wobei die reale Segregation bereits theoretisch vorweggenommen wird. Die Konstruktion einer eigenen Volksgeschichte mit Mythen, Traditionen, Symbolen, Legenden, Kleidungs- und Kochbesonderheiten, Riten usw. macht in der ethnonationalen Argumentation die Exklusion all der Faktoren nötig, die das homogene Bild vom eigenen (Kollektiv-)Selbst unterminieren könnten. Das ‚Andere' wird bereits im Prozess des Ausschließens zur potenziellen Bedrohung für die eigene Kollektividentität, denn sobald die starren Grenzen der Selbstvergewisserung aufweichen, wäre auch die geschaffene Separatidentität gefährdet.

Soziologisch entscheidend ist überdies, dass dem ethnischen Kollektiv eine vorrangige Stellung gegenüber dem Individuum zugesprochen wird, die mit der Forderung nach gemeinschaftlicher Homogenität verknüpft ist. Das Kollektiv gilt dabei als „einmalige, ‚organische' Gemeinschaft" (Kreutzberger 1993: 8), die sich gegenüber seiner Umgebung behaupten müsse. Den Angehörigen der nach ethnischen Kriterien differenzierten Menschengruppen wird dabei eine „starke Wesensgemeinschaft" zugesprochen, ja gar eine „ethnische Determinierung", die zu „mehr Gleichförmigkeiten des sozialen Handelns" zwischen den Angehörigen der jeweiligen ethnischen Gruppe führe, als dies zwischen Mitgliedern verschiedener ethnischer Gruppen der Fall sei (vgl. Pan 1972: 288). Innerhalb der ethnischen Gemeinschaften bestehende soziale Interessenwidersprüche werden aus der Lebensrealität der Menschen herausredigiert, da ihnen aufgrund des ethnischen Primats ihre tatsächliche Relevanz abgesprochen wird.

Der Ethno-Nationalismus ist mit Claus Gatterers (1972: 101) Begriff damit ein „totaler Nationalismus", da ethnische Identität nicht als Frage des privaten Bekenntnisses angesehen wird, das als individueller Anspruch durch entsprechenden Antidiskriminierungsschutz und gesellschaftliche Integrationsangebote ermöglicht wird, sondern durch die Auflösung des politischen Handlungsspielraums vom individuellen Identitäts*angebot* zum kollektiven und normativen Handlungs*zwang* wird.

Die historisch, sprachlich und kulturell konstruierten ethnischen Differenzen markieren somit in Ethnizitätskonzepten eine verbindliche „Struktur der Grenzziehung" (Reiterer 1991: 346), dessen konstitutives Element eine „repressive Homogenisierung" (Kappeler 1996: 24) der Gruppe ist. Wolfgang Kaschuba (1993: 244f.) hat die Bedeutung dieses ethnisch-homogenisierenden Moments treffend zusammengefasst:

IV. Internationale Entwicklungen von Demokratie und Demokratisierung

> „Der Mythos der Summe zentraler kollektiver Erinnerungsfiguren – das gehört gewissermaßen zum Grundrezept jedes ethnischen oder nationalen Identitätsaufbaus. Auf ihm als ideologischem Sockel konstituieren sich historische Selbstbilder von Gruppen und Gesellschaften, die dadurch Tragfähigkeit und Dauer erhalten. In der neueren kulturanthropologischen Forschung spricht man in diesem Zusammenhang von einem ‚mythomotorischen' Effekt, von einer besonderen dynamischen Kraft und einem gesellschaftlichen Energiepotential, die durch solche religiöse, geschichtliche oder politische Mythenbildung freigesetzt wird. Umso stärker und wirksamer, je mehr ethnische Erinnerungsfäden darin eingewoben sind, je mehr das ‚völkische' Motiv im nationalen aufscheint. Das Volk [...] es wird quasi zum ‚Urmythos', auf dem dann die jungen nationalen Mythen aufsetzen können. Denn nur das Volk atmet Geschichte, nur von ihm kann sie der Nation eingehaucht werden. So vollzieht sich – in einem Begriff von Eric Hobsbawm – ‚invention of tradition'. Nationale Geschichte und Kultur sind mit dieser ‚Ethnisierung' zum Sakrosanktum geworden. Sie sind – um den Preis der Exkommunikation – nicht mehr zu hinterfragen und zu bezweifeln."

Die genuine Zielsetzung ethnopolitischer Mobilisierung steht insofern im antagonistischen Widerspruch zur Demokratie, die auf das freie, individuelle Bekenntnis orientiert, bei seinen Entscheidungen immer wieder aufs Neue Teil der Mehrheit oder Teil der Minderheit sein zu können, in einem – mit Ernest Renan (1995) gesprochen – täglichen Plebiszit jede Form von Zustimmung oder Ablehnung fortwährend revidieren zu können, also nicht auf ein starres, homogenes Kollektiv festgelegt zu sein, das nach vorpolitischen Kriterien strukturiert ist. Ethnische Selbstzuschreibungen konterkarieren unter bestimmten Bedingungen die Demokratiewahrscheinlichkeit nicht und bilden deshalb dann eine empirische Korrelation, die aber eben mit dem Faktor Ethnizität ursächlich nicht im Zusammenhang stehen *kann*, was zu der Herausforderung einer theoretischen Konzeptualisierung von Ethnizität und Demokratie führt, die *keinem* kulturalistischen Paradigma folgt.

Ethnizitätsvorstellungen existieren als Selbstbeschreibung und als Fremdzuschreibung, wobei beide Dimensionen oft zusammenfallen. Ist in der Fremdzuschreibung eine Dimension von Stigmatisierung und Diskriminierung angelegt, zielt die Selbstbeschreibung auf eine Dimension der Aufwertung und Relevanzzusprechung. Beides bedarf einer Rahmung, eines sozialen Kontextes, der sowohl in der verfassten Ordnung (politisches System), wie in der informellen Ordnung (politische Kultur) besteht. Denn entscheidend ist, welche Leitnormen in einer Gesellschaft existieren – formell wie informell. An dieser Stelle sei der Fall der Diskrepanz zwischen formeller und informeller Ordnung außer Acht gelassen – dieser ist oftmals Basis für ethnopolitische Konflikte – und lediglich auf die Frage einer idealtypischen Konstituierung von Ordnung fokussiert, die individuelle Ethnizitätsvorstellungen mit Demokratiewahrscheinlichkeit in Beziehung setzen kann, ohne auf ethnische Homogenität zu orientieren. Das Argument ist also an dieser Stelle explizit normativ, nicht empirisch.

Jede Demokratie basiert auf Interessen, die in einer Gesellschaft *immer* im Konflikt miteinander stehen *müssen* – und das ist wichtig, weil eine Ordnung ohne Konflikte, so lässt sich im Anschluss Ralf Dahrendorf (1961) formulieren, keine Demokratie ist. Aber jede Konfliktordnung benötigt zugleich die politische Einheit, um ihre Existenz nicht zu riskieren. Konrad Hesse (1999: 6) hat dieses Spannungsverhältnis so gefasst, dass die politische Einheitsbildung nicht die „Herstellung eines harmonischen Zustandes allgemeiner Übereinstimmung" bedeute, wobei Konflikte die „bewegende Kraft" einer Ordnung seien und insofern – eher funktional argumentiert – Gesellschaft vor Immobilismus und Erstarrung bewahren. Das Dilemma der Demokratie besteht nun aber genau darin, politische Einheit genauso zu garantieren, wie politische Konflikte und insofern weder das eine noch das andere preiszugeben.

Diese Überlegung ist für die Frage von Ethnizität in Demokratie von entscheidender Bedeutung. Denn: man kann aus konstruktivistischer Sicht Ethnizitätsvorstellungen mit voller Berechtigung als sozial kreiert und erfunden, also letztlich illegitim kennzeichnen, entledigt sich damit aber des Aspektes nicht, dass Ethnizitätsvorstellungen von einer beträchtlichen Anzahl von Menschen geglaubt werden und damit – auch oder gerade weil sie irrational und gegenaufklärerisch sind – soziale Realitäten prägen und nicht selten auch dominieren. Ethnizitätsvorstellungen gehören also zur Faktizität von Demokratie – auch wenn sie ihr substanziell widersprechen. Und insofern generieren sie immer auch Konflikte, denen sich eine demokratische Ordnung stellen muss.

Wie kann dies aber gestaltet werden? Genau jene gesellschaftliche Pluralität und soziale Heterogenität, die dem Ethnizitätsdenken abgehen, stehen im Mittelpunkt einer pluralistischen Theorie der Demokratie, die soziale Heterogenität mit politischer Einheitsbildung unter dem Primat staatlicher Souveränität verbindet. In Ernst Fraenkels (1991: 326) Konzeption eines „autonom legitimierten, heterogen strukturierten, pluralistisch organisierten Rechtsstaats" ist der Konflikt von Interessen ebenso eingelagert wie die staatliche Souveränität. Die ungeteilte Souveränität, die den Staat ins seismografische Zentrum des Politischen rückt, ist hier ein Ermöglichungspotenzial von Freiheit, die ihrem Wesen nach negativ bestimmt ist und insofern auf Dauer konflikthaft sein muss, da sie im Verbund mit dem Gemeinwohl einer prozesshaften Konstituierung und damit auch einer permanenten Revision unterzogen wird. Es geht damit, wie bereits Georg Jellinek (1914: 174ff. [EA 1900]) argumentiert hat, also um einen souveränen Staat, der Ausdruck, Ergebnis und Ausgangspunkt für machtbedingte Interessenkonflikte auf der Basis von sozialen, d.h. reversiblen Beziehungen von Menschen ist.

Die staatliche Souveränität muss dabei als die Grundvoraussetzung (wenngleich auch nicht als Garantie) für jede demokratische Entwicklung gesehen werden, die nachhaltig sein und zu politischer Stabilität führen soll. Souveränität bedeutet die Errichtung eines Gewaltmonopols, nach innen und nach außen, ohne das Demokratie unmöglich ist. Denn eine politische Ordnung, die nicht souverän ist, steht vor dem Problem, dass jede gesellschaftliche Gruppe in ihrem Konflikt um Interessen immer und überall die geltenden Regeln mit Gewalt in Frage stellen kann. Und Demokratie baut gerade auf diesen Garantien: Rechtssicherheit,

Sicherung der Lebensgrundlagen und vor allem dabei auch des alltäglichen, nackten Überlebens. Nur staatliche Souveränität kann diese Sicherheiten garantieren, wobei sie selbst wiederum das „Monopol legitimer physischer Gewaltsamkeit" (Weber 1980: 29 u. 516 [EA 1921]) zur Bedingung hat. Erst wenn es dieses Monopol gibt, also *alle* Menschen prinzipiell bereit sind, die erlassenen Gesetze und Verordnungen zu befolgen, sich der Zentralgewalt unterzuordnen und diese zugleich als legitim anzuerkennen, erst dann kann auf eine wirkliche Demokratisierung gehofft werden. Der Staat ist dabei geprägt von Interessenkonflikten und Machtkämpfen, die nicht im Widerspruch zur Souveränität stehen, sondern ganz im Gegenteil überhaupt erst ihre Legitimation ermöglichen. In den Worten von Hermann Heller (1928: 428): „Soziale Homogenität kann [..] niemals Aufhebung der notwendigen antagonistischen Gesellschaftsstruktur bedeuten."

Ausgehend von der Freiheit und der Gleichheit der Menschen besteht diese *legitime Souveränität* darin, die Sphäre des Privaten anzuerkennen, in der die Individuen als einzelne Staatsbürger/innen frei und selbstbestimmt leben, also ohne staatliche Einflussnahme und Einmischung ihre Grund- und Freiheitsrechte bis zu der Grenze wahrnehmen können, an der sie diejenigen anderer Individuen verletzen würden. Wesentlich ist dabei, dass der souveräne Staat zum Ermöglichungsraum für gesellschaftliche und politische Konflikte wird, deren Konfliktlinien nicht homogen, sondern heterogen verlaufen, also sich fortlaufend wandeln und auch fallweise überschneiden können. Der von Carl Schmitt (1963) formulierte Freund-Feind-Antagonismus bleibt damit konstituierend für das Politische, wird aber verhandel- und damit *individuell* revidierbar (vgl. Salzborn 2011b):

> „Keine Politik ohne Kampf – diese Überzeugung steht gerade demokratischen Rechtsstaaten auf die Stirn geschrieben. Ihre Institutionen sehen öffentlichen Streit ausdrücklich vor, bereiten ihm den Boden und stellen ihn auf Dauer." (Ladwig 2003: 45)

Andererseits bedeutet sie als Prinzip der Selbstbestimmung aber auch die gemeinsame politische Souveränität der Individuen (Volkssouveränität), also die Möglichkeit nach festgelegten Modi als Angehörige eines Staates über dessen politische Organisation zu entscheiden und somit die ungeteilte, aber strukturell legitimierte Souveränitätinnezuhaben . In Anlehnung an Otto Kirchheimers (1930) und Hermann Hellers (1928) Begriffsbildungen könnte insofern auch davon gesprochen werden, dass es für eine Demokratie darum geht, die Vorstellung von ethnischer Homogenität durch eine der souveränen Homogenität im Sinne einer souveränen Demokratie zu ersetzen (vgl. Llanque 2010), die sich unter Berücksichtigung der staatstheoretischen Überlegungen von Franz L. Neumann (1937, 1944) gerade durch ihre strukturelle Ambivalenz von Macht und Recht und damit von *freiheitlicher Souveränität* oder von *souveräner Freiheit* auszeichnet, in der die Vorstellung eines *ethnos* politisch bedeutungslos wäre.

Staatliche Ordnungen in der Moderne basieren auf Interessen, die in einer Gesellschaft *immer* im Konflikt miteinander stehen *müssen*. Aber jede Konfliktordnung benötigt zugleich die politische Einheit als homogene Normenordnung, um ihre Existenz nicht zu riskieren. Das Dilemma moderner Herrschaft besteht nun genau darin, politische Einheit genauso zu garantieren, wie politische Konflikte und insofern weder das eine noch das andere preiszugeben. Die *dauerhafte Spannung von homogener Normenordnung und heterogener Wirklichkeit von Gesellschaften* wird insofern durch ethnopolitische Vorstellungen objektiv in Frage gestellt, weil sie die soziale Heterogenität unterminieren, zugleich können sie aber auf der sozialen Ebene trotzdem subjektiv integrativ wirken, sofern es gelingt, sie als vorpolitische Konzepte, die sie real sind, konsequent in den privaten Raum zu verlagern und damit politisch zu neutralisieren.

Übungsaufgaben

- Diskutieren Sie die These, dass die Demokratie im 21. Jahrhundert selbstbewusst, selbstkritisch und selbstverteidigend auftreten und handeln muss.
- Welche empirischen Beispiele für Prozesse der Entpolitisierung, der Essentialisierung und der Elitisierung finden sich in demokratischen Staaten?
- Die Gefährdung der Demokratie kann durch interne und durch externe Faktoren entstehen. Diskutieren Sie beide vergleichend anhand einer etablierten Demokratie und einer defekten Demokratie. Welche staatlichen und gesellschaftlichen Akteure sind jeweils besonders relevant?
- Fragen kultureller Identität werden gesellschaftlich intensiv diskutiert. Diskutieren Sie Vor- und Nachteile einer Demokratisierungspolitik, die Fragen von kultureller Identität berücksichtigt.

Literatur zur Einführung zu IV.

Astrid Bötticher/Miroslav Mareš: Extremismus. Theorien – Konzepte – Formen, München 2012.
Hauke Brunkhorst (Hg.): Demokratie in der Weltgesellschaft, Baden-Baden 2009.
Christian W. Haerpfer/Patrick Bernhagen/Christian Welzel/Ronald F. Inglehart (Hg.): Democratization, 2. Aufl., New York 2018.
Matthew Hindman: The Myth of Digital Democracy, Princeton 2008.
Hans-Joachim Lauth: Demokratie und Demokratiemessung. Eine konzeptionelle Grundlegung für den interkulturellen Vergleich, Wiesbaden 2004.
Lars Rensmann/Steffen Hagemann/Hajo Funke: Autoritarismus und Demokratie. Politische Theorie und Kultur in der globalen Moderne, Schwalbach/Ts. 2011.

Weiterführende Literatur zu IV.

Jürgen Hartmann: Internationale Beziehungen, 2. akt. u. überarb. Aufl., Wiesbaden 2009.
Ursula Lehmkuhl: Theorien Internationaler Politik. Einführung und Texte, 3. erg. Aufl., München/Wien 2001.
Samuel Salzborn: The Modern State and its Enemies. Democracy, Nationalism and Antisemitism, London/New York 2020.
Frank Sauer/Carlo Masala (Hg.): Handbuch Internationale Beziehungen, 2. Aufl., Wiesbaden 2017.
Siegfried Schieder/Manuela Spindler: Theorien der Internationalen Beziehungen, 3. Aufl., Stuttgart 2010.
Wichard Woyke/Johannes Varwick (Hg.): Handwörterbuch Internationale Politik, 13. überarb. und akt. Aufl., Bonn 2016.

Bibliografie

Die in den Abbildungen genannten Klassiker der Demokratietheorie werden hier nicht erneut aufgeführt.

Abdel-Samad, Hamed 2011: Krieg oder Frieden. Die arabische Revolution und die Zukunft des Westens, München.
Abendroth, Wolfgang 1966: Das Grundgesetz. Eine Einführung in seine politischen Probleme, Pfullingen.
Abendroth, Wolfgang 1972: Antagonistische Gesellschaft und politische Demokratie. Aufsätze zur politischen Soziologie, 2. Aufl., Neuwied/Berlin.
Abramson, Jeffrey, 1994: We, the Jury. The Jury System and the Ideal of Democracy, New York.
Abromeit, Heidrun 2004: Die Messbarkeit von Demokratie: Zur Relevanz des Kontexts, in: Politische Vierteljahresschrift, H. 1, S. 73–93.
Abromeit, Heidrun/Michael Stoiber 2006: Demokratien im Vergleich. Einführung in die vergleichende Analyse politischer Systeme, Wiesbaden.
Ackerman, Bruce/James S. Fishkin 2004: Deliberation Day, New Haven/London.
Adorno, Theodor W./Else Frenkel-Brunswik/Daniel J. Levinson/R. Nevitt Sanford 1950: The Authoritarian Personality, New York.
Agnoli, Johannes 1967: Die Transformation der Demokratie, in: Ders./Peter Brückner: Die Tranformation der Demokratie, Berlin, S. 3–87.
Albrecht, Holger/Rolf Frankenberger 2011: Die „dunkle Seite" der Macht: Stabilität und Wandel autoritärer Regime, in: Holger Albrecht/Rolf Frankenberger/Siegfried Frech (Hg.): Autoritäre Regime. Herrschaftsmechanismen – Legitimationsstrategien – Persistenz und Wandel, Schwalbach/Ts., S. 17–45.
Albrow, Martin 1996: The Global Age. State and Society Beyond Modernity, Cambridge.
Alemann, Ulrich von 1989: Organisierte Interessen in der Bundesrepublik Deutschland, 2. durchgeseh. Aufl., Opladen.
Alemann, Ulrich von 2001: Das Parteiensystem der Bundesrepublik Deutschland, 2. Aufl., Opladen.
Alemann, Ulrich von/Bernhard Weßels (Hg.) 1997: Verbände in vergleichender Perspektive. Beiträge zu einem vernachlässigten Feld, Berlin.
Almond, Gabriel A. u. Sidney Verba 1965: The Civic Culture. Political Attitudes and Democracy in five Nations, 4. Aufl., Boston/Toronto.
Alonso, Sonia/John Keane/Wolfgang Merkel (Hg.) 2011: The Future of Representative Democracy, Cambridge.
Alter, Peter 1985: Nationalismus, Frankfurt.
Aly, Götz 2003: Rasse und Klasse. Nachforschungen zum deutschen Wesen, Frankfurt.
Anderson, Benedict 1983: Imagined communities. Reflections on the origin and spread of nationalism, London 1983.
Arendt, Hannah 1951: The Origins of Totalitarianism, New York.
Arieli, Yehoshua/Nathan Rotenstreich (Hg.) 1984: Totalitarian Democracy and After, Jerusalem.
Armbruster, Jörg 2011: Der arabische Frühling, Frankfurt.
Aron, Raymond 1970: Demokratie und Totalitarismus (frz. EA 1965 u.d.T. „Démocratie et Totalitarisme"), Hamburg.
Asbach, Olaf (Hg.) 2009: Vom Nutzen des Staates. Staatsverständnisse des klassischen Utilitarismus: Hume – Bentham – Mill, Baden-Baden.
Backes, Uwe/Eckhard Jesse 1983: Demokratie und Extremismus. Anmerkungen zu einem antithetischen Begriffspaar, in: Aus Politik und Zeitgeschichte, H. 44, S. 3–18.
Backes, Uwe/Eckhard Jesse 1993: Politischer Extremismus in der Bundesrepublik Deutschland, 3. überarb. u. akt. Aufl., Bonn.

Bibliografie

Balzer, Friedrich-Martin/Hans Manfred Bock/Uli Schöler (Hg.) 2001: Wolfgang Abendroth. Wissenschaftlicher Politiker. Bio-bibliographische Beiträge, Opladen.
Banerji, Debashish (Hg.) 2015: Rabindranath Tagore in the 21st Century. Theoretical Renewals, New Delhi.
Bank, André 2009: Die Renaissance des Autoritarismus. Erkenntnisse und Grenzen neuerer Beiträge der Comparative Politics und Nahostforschung, in: Hamburg Review of Social Sciences 4, S. 10–41.
Barber, Benjamin R. 1984: Strong Democracy. Participatory Politics for a New Age, Berkeley.
Barber, Benjamin R. 2001: Which Technology for which Democracy? Which Democracy for which Technology, in: Bernd Holznagel/Andreas Grünwald/Anika Hanßmann (Hg.): Elektronische Demokratie. Bürgerbeteiligung per Internet zwischen Wissenschaft und Praxis, München, S. 209–217.
Bast, Jürgen 1999: Totalitärer Pluralismus. Zu Franz L. Neumanns Analysen der politischen und rechtlichen Struktur der NS-Herrschaft, Tübingen.
Beck, Ulrich (Hg.) 1998: Perspektiven der Weltgesellschaft, Frankfurt.
Benz, Arthur 2008: Der moderne Staat. Grundlagen der politologischen Analyse, 2. überarb. u. erw. Aufl., München.
Benz, Arthur 2020: Föderale Demokratie. Regieren im Spannungsfeld von Interdependenz und Autonomie, Baden-Baden.Bergem, Wolfgang 2005: Identitätsformationen in Deutschland, Wiesbaden.
Berg-Schlosser, Dirk (Hg.) 2007: Democratization. The State of the Art, 2. überarb. Aufl., Opladen.
Berg-Schlosser, Dirk/Hans-Joachim Giegel (Hg.) 1999: Perspektiven der Demokratie. Probleme und Chancen im Zeitalter der Globalisierung, Frankfurt/New York.
Berg-Schlosser, Dirk/Jeremy Mitchell (Hg.) 2000: Conditions of Democracy in Europe, 1919–39. Systematic Case Studies, New York.
Berg-Schlosser, Dirk/Jeremy Mitchell (Hg.) 2002: Authoritarianism and Democracy in Europe, 1919–39. Comparative Analyses, New York.
Berg-Schlosser, Dirk/Ferdinand Müller-Rommel (Hg.) 2006: Vergleichende Politikwissenschaft. Ein einführendes Studienhandbuch, 4. überarb. u. erw. Aufl., Opladen.
Berlin, Isaiah 1969: Four Essays on Liberty, London/Oxford/New York.
Bernstein, Eduard 1922: Der Sozialismus einst und jetzt. Streitfragen des Sozialismus in Vergangenheit und Gegenwart, Stuttgart/Berlin.
Beyme, Klaus von 1984: Parteien in westlichen Demokratien, 2. überarb. Aufl., München.
Beyme, Klaus von (Hg.) 1986: Politikwissenschaft in der Bundesrepublik Deutschland. Entwicklungsprobleme einer Disziplin (= PVS Sonderheft 17) Opladen.
Beyme, Klaus von 1994: Systemwechsel in Osteuropa, Frankfurt.
Beyme, Klaus von 2000a: Die politischen Theorien der Gegenwart. Eine Einführung, 8. neubearb. u. erw. Aufl., Wiesbaden.
Beyme, Klaus von 2000b: Parteien im Wandel. Von den Volksparteien zu den professionalisierten Wählerparteien, Wiesbaden.
Beyme, Klaus von 2009: Geschichte der politischen Theorien in Deutschland 1300–2000, Wiesbaden.
Beyme, Klaus von 2010: Vergleichende Politikwissenschaft, Wiesbaden.
Beyme, Klaus von 2013: Von der Postdemokratie zur Neodemokratie, Wiesbaden.
Beyme, Klaus von 2014: Die parlamentarische Demokratie. Entstehung und Funktionsweise 1789–1999, 4. korr. Aufl., Wiesbaden.
Bieber, Christoph 2010: politik digital. Online zum Wähler, Salzhemmendorf.
Birsl, Ursula 2005: Migration und Migrationspolitik im Prozess der europäischen Integration?, Opladen.

Birsl, Ursula/Samuel Salzborn 2016: Ungeschriebene Regeln der ‚Demokratie'. Zur Relationalität von ‚ungeschriebenen Verfassungen' politischer Herrschaft jenseits und diesseits des Westens, in: Politische Vierteljahrsschrift, SH 51, S. 127–146.
Bleek, Wilhelm 2001: Geschichte der Politikwissenschaft in Deutschland, München.
Bloch, Ernst 1962: Erbschaft dieser Zeit. Erweiterte Ausgabe (= Gesamtausgabe Bd. 4), Frankfurt.
Blühdorn, Ingolfur 2013: Simulative Demokratie. Neue Politik nach der postdemokratischen Wende, Berlin.
Bobbio, Norberto 1988: Die Zukunft der Demokratie (ital. EA 1984 u.d.T. „Il futuro della democrazia"), Berlin.
Böckenförde, Ernst-Wolfgang 1976: Staat, Gesellschaft, Freiheit. Studien zur Staatstheorie und zum Verfassungsrecht, Frankfurt.
Böckenförde, Ernst-Wolfgang 1992: Staat, Verfassung, Demokratie. Studien zur Verfassungstheorie und zum Verfassungsrecht, 2. Aufl., Frankfurt.
Böckenförde, Ernst-Wolfgang 2006: Geschichte der Rechts- und Staatsphilosophie. Antike und Mittelalter, 2. überarb. u. erw. Aufl., Tübingen.
Bötticher, Astrid/Miroslav Mareš 2012: Extremismus. Theorien – Konzepte – Formen, München.
Breuer, Stefan 2001: Ordnungen der Ungleichheit – die deutsche Rechte im Widerstreit ihrer Ideen 1871–1945, Darmstadt.
Brink, Bert van den/Willem van Reijen (Hg.) 1995: Bürgergesellschaft, Recht und Demokratie, Frankfurt.
Brocker, Manfred 1992: Arbeit und Eigentum. Der Paradigmenwechsel in der neuzeitlichen Eigentumstheorie, Darmstadt.
Brocker, Manfred 1995: Die Grundlegung des liberalen Verfassungsstaates. Von den Levellern zu John Locke, Freiburg/München.
Brocker, Manfred (Hg.) 2007: Geschichte des politischen Denkens. Ein Handbuch, Frankfurt.
Brocker, Manfred (Hg.) 2018: Geschichte des politischen Denkens. Das 20. Jahrhundert, Berlin.
Brodocz, André 2003: Die symbolische Dimension der Verfassung. Ein Beitrag zur Institutionentheorie, Wiesbaden.
Brodocz, André/Marcus Llanque/Gary S. Schaal (Hg.) 2008: Bedrohungen der Demokratie, Wiesbaden.
Brodocz, André/Gary S. Schaal (Hg.) 2016: Politische Theorien der Gegenwart (3 Bände), 4. Aufl., Opladen.
Brooker, Paul 2000: Non-Democratic Regimes. Theory, Government and Politics, New York.
Broughton, David/Mark Donovan (Hg.) 1999: Changing Party Systems in Western Europe, London/New York.
Brown, Judith M./Anthony Parel (Hg.) 2011: The Cambridge Companion to Gandhi, Cambridge.
Brunhöber, Beatrice 2010: Die Erfindung „demokratischer Repräsentation" in den Federalist Papers, Tübingen.
Buchstein, Hubertus 2004: Demokratie, in: Gerhard Göhler/Mattias Iser/Ina Kerner (Hg.): Politische Theorie. 22 umkämpfte Begriffe zur Einführung, Wiesbaden, S. 47–64.
Buchstein, Hubertus 2009: Demokratietheorie in der Kontroverse, Baden-Baden.
Buchstein, Hubertus 2011: Demokratiepolitik. Theoriebiographische Studien zu deutschen Nachkriegspolitologen, Baden-Baden.
Buchstein, Hubertus (Hg.) 2013: Die Versprechen der Demokratie, Baden-Baden.
Buchstein, Hubertus/Dirk Jörke 2007: Deliberative Demokratie, in: Dieter Fuchs/Edeltraud Roller (Hg.): Lexikon Politik. Hundert Grundbegriffe, Stuttgart, S. 35–38.

Burke, Edmund 1790: Reflections on the Revolution in France, and on the proceedings in certain societies in London relative to that event, London.
Busch, Andreas 2009: Banking Regulation and Globalization, Oxford.
Busch, Heiner/Albrecht Funk/Udo Kauß/Wolf-Dieter Narr/Falco Werkentin 1988: Die Polizei in der Bundesrepublik, Frankfurt/New York.
Butterwegge, Christoph 1997: Ethnisierungsprozesse, Mediendiskurse und politische Rechtstendenzen, in: Ders. (Hg.): NS-Vergangenheit, Antisemitismus und Nationalismus in Deutschland, Baden-Baden.
Collins, Michael 2012: Empire, nationalism and the postcolonial world. Rabindranath Tagore's writings on history, politics and society, London.
Comtesse, Dagmar/Oliver Flügel-Martinsen/Franziska Martinsen/Martin Nonhoff (Hg.) 2019: Radikale Demokratietheorie. Ein Handbuch, Berlin.
Coppedge, Michael/Wolfgang H. Reinicke 1990: Measuring Polyarchy, in: Studies in Comparative International Development, Heft 1, S. 51–72.
Croissant, Aurel 2010: Regierungssysteme und Demokratietypen, in: Hans-Joachim Lauth (Hg.): Vergleichende Regierungslehre. Eine Einführung, 3. akt. u. erw. Aufl., Wiesbaden, S. 117–139.
Crouch, Colin 2004: Post-Democracy, Cambridge.
Crouch, Colin 2011: Das befremdliche Überleben des Neoliberalismus, Postdemokratie II, Berlin.
Crouch, Colin 2021a: Postdemokratie revisited, Berlin.
Crouch, Colin 2021b: „Letztlich bietet die Neue Rechte dem Neoliberalismus einen Deal an", Interview in: Philosophie Magazin (Online) v. 19. April.
Dahl, Robert A. 1971: Polyarchy. Participation and Opposition, New Haven/London.
Dahrendorf, Ralf 1961: Gesellschaft und Freiheit. Zur soziologischen Analyse der Gegenwart, München.
Dahrendorf, Ralf 1968: Für eine Erneuerung der Demokratie in der Bundesrepublik. Sieben Reden und andere Beiträge zur deutschen Politik 1967–1968, München.
Dahrendorf, Ralf 2007: Freiheit – eine Definition, in: Ulrike Ackermann (Hg.): Welche Freiheit. Plädoyers für eine offene Gesellschaft, Berlin, S. 26–39.
Decker, Frank 2016: Der Irrweg der Volksgesetzgebung. Eine Streitschrift, Bonn.
Deibert, Ronald 2013: Black Code. Surveillance, Privacy, and the Dark Side of the Internet, Toronto.
Deibert, Ronald/John Palfrey/Rafal Rohozinski/Jonathan Zittrain (Hg.) 2008: Access Denied. The Practice and Policy of Global Internet Filtering, Cambridge/London.
Deibert, Ronald/John Palfrey/Rafal Rohozinski/Jonathan Zittrain (Hg.) 2010: Access Controlled. The Shaping of Power, Rights, and Rule in Cyberspace, Cambridge/London.
Deibert, Ronald/John Palfrey/Rafal Rohozinski/Jonathan Zittrain (Hg.) 2012: Access Contested. Security, Identity, and Resistance in Asian Cyberspace, Cambridge/London.
DeLamater, John/Daniel Katz/Herbert C. Kelman 1969: On the nature of national involvement, in: The Journal of Conflict Resolution, Vol. XIII, S. 320–357.
Depenheuer, Otto/ Christoph Grabenwarter (Hg.): Verfassungstheorie, Tübingen.
Deppe, Frank 2003: Politisches Denken zwischen den Weltkriegen, Hamburg.
Deppe, Frank 2010: Politisches Denken im Übergang ins 21. Jahrhundert. Rückfall in die Barbarei oder Geburt einer neuen Weltordnung?, Hamburg.
Derbyshire, J. Denis/Ian Derbyshire 1996: Political Systems of the World, 2. erw. Aufl., Oxford.
Diehl, Paula 2015: Das Symbolische, das Imaginäre und die Demokratie. Eine Theorie politischer Repräsentation, Baden-Baden.
Diekmann, Andreas 1980: Die Befolgung von Gesetzen. Empirische Untersuchungen zu einer rechtssoziologischen Theorie, Berlin.

Diesner, Hans-Joachim 1992: Die politische Welt des Niccolò Machiavelli (= Sitzungsberichte der Sächsischen Akademie der Wissenschaften zu Leipzig, Philologisch-historische Klasse, Bd. 132, H. 3), Berlin.
Downs, Anthony 1957: An Economic Theory of Democracy, New York.
Dryzek, John S. 2000: Deliberative Democracy and Beyond. Liberals, Critics, Contestations, Oxford.
Duso, Giuseppe 2006: Die moderne politische Repräsentation: Entstehung und Krise des Begriffs, Berlin.
Duverger, Maurice 1955: Droit constitutionnel et institutions politiques, Paris.
Easton, David 1965: A Systems Analysis of Political Life, New York u.a.
Egloff, Daniel 2002: Digitale Demokratie: Mythos oder Realität? Auf den Spuren der demokratischen Aspekte des Internets und der Computerkultur, Wiesbaden.
Ehrmann, Jeanette 2021: Tropen der Freiheit. Die Haitianische Revolution und die Dekolonisierung des Politischen, Berlin.
Eisel, Stephan 2011: Internet und Demokratie, Freiburg.
Elias, Norbert 1994: Studien über die Deutschen. Machtkämpfe und Habitusentwicklung im 19. und 20. Jahrhundert, 2. Aufl., Frankfurt.
Elster, Jon/Rune Slagstad (Hg.) 1988: Constitutionalism and Democracy. Studies in Rationality and Social Change, Cambridge.
Engels, Friedrich 1973: Die Entwicklung des Sozialismus von der Utopie zur Wissenschaft (EA 1880), in: MEW Bd. 19, 4. Aufl., Berlin/Ost, S. 177–228.
Enzmann, Birgit 2009: Der demokratische Verfassungsstaat. Zwischen Legitimationskonflikt und Deutungsoffenheit, Wiesbaden.
Erdmann, Gero/Marianne Kneuer (Hg.) 2009: Externe Faktoren der Demokratisierung, Baden-Baden.
Euchner; Walter 2004: John Locke zur Einführung, 2. überarb. Aufl., Hamburg.
Evans, Peter B./Dietrich Rueschemeyer/Theda Skocpol (Hg.) 1985: Bringing the State Back In, Cambridge.
Fenichel Pitkin, Hanna 1967: The Concept of Representation, Berkeley.
Fenske, Hans/Dieter Mertens/Wolfgang Reinhard/Klaus Rosen 2008: Geschichte der politischen Ideen. Von der Antike bis zur Gegenwart, 3. Aufl., Frankfurt.
Fetscher, Iring 1973: Demokratie zwischen Sozialdemokratie und Sozialismus, Stuttgart.
Fetscher, Iring/Herfried Münkler (Hg.) 1985ff.: Pipers Handbuch der politischen Ideen (5 Bände), München.
Fishkin, James S., 1991: Democracy and Deliberation. New Directions for Democratic Reform, New Haven/London.
Florack, Martin/Karl-Rudolf Korte/Julia Schwanholz (Hg.) 2021: Coronakratie. Demokratisches Regieren in Ausnahmezeiten, Frankfurt.
Flügel-Martinsen, Oliver 2020: Radikale Demokratietheorien zur Einführung, Hamburg.
Fraenkel, Ernst 1941: The Dual State. A Contribution to the Theory of Dictatorship, New York.
Fraenkel, Ernst 1969: Strukturanalyse der modernen Demokratie, in: Ders.: Gesammelte Schriften, Bd. 5: Demokratie und Pluralismus, hgg. v. Alexander v. Brünneck, Hubertus Buchstein und Gerhard Göhler, Baden-Baden 2007, S. 314–343.
Fraenkel, Ernst 1991: Deutschland und die westlichen Demokratien (EA 1964), Frankfurt.
Fraenkel, Ernst, 1964: Deutschland und die westlichen Demokratien, Stuttgart.
Freedom House 2011: Freedom in the World 2011. The Authoritarian Challenge to Democracy, Washington D.C.
Freedom House 2012: Freedom in the World 2012. The Arab Uprisings and Their Global Repercussions, Washington D.C.
Freedom House 2021: Freedom in the World 2021. Democracy under Siege, Washington D.C.

Frevel, Bernhard 2009: Demokratie. Entwicklung – Gestaltung – Problematisierung, 2. überarb. Aufl., Wiesbaden.
Frevel, Bernhard/Hans-Joachim Asmus/Carsten Dams/Hermann Groß/Karlhans Liebl/Patrick Ernst Sensburg 2009: Politikwissenschaft. Studienbuch für die Polizei, 2. Aufl., Hilden.
Frevel, Bernhard/Nils Voelzke 2017: Demokratie. Entwicklung – Gestaltung – Herausforderungen, 3. Aufl., Wiesbaden.
Friedrich, Carl J./Zbigniew K. Brzezinski 1956: Totalitarian Dictatorship and Autocracy, Cambridge.
Fromm, Erich 1980: Arbeiter und Angestellte am Vorabend des Dritten Reiches. Eine sozialpsychologische Untersuchung. Bearb. und hgg. von Wolfgang Bonß, München.
Fromm, Erich 1998: Die Furcht vor der Freiheit (engl. EA 1941 u.d.T. „Escape from Freedom"), 7. Aufl., München.
Fuhse, Jan 2005: Theorien des politischen Systems. David Easton und Niklas Luhmann. Eine Einführung, Wiesbaden.
Fukuyama, Francis 1992: The End of History and the Last Man, New York.
Fukuyama, Francis 2004: State-Building. Governance and World Order in the 21st Century, Ithaca.
Fukuyama, Francis 2006: Staaten bauen. Die neue Herausforderung internationaler Politik, Berlin.
Fukuyama, Francis 2011: The Origins of Political Order. From Prehuman Times to the French Revolution, New York.
Fukuyama, Francis 2012: The Future of History. Can Liberal Democracy Survive the Decline of the Middle Class?, in: Foreign Affairs, H. 1, S. 53–61.
Gabriel, Oscar W./Bettina Westle 2012: Wählerverhalten in der Demokratie. Eine Einführung, Baden-Baden.
Gallus, Alexander 2007: Typologisierung von Staatsformen und politischen Systemen in Geschichte und Gegenwart, in: Ders./Eckhard Jesse (Hg.): Staatsformen. Von der Antike bis zur Gegenwart, Bonn, 19–55.
Garner, Robert/Peter Ferdinand/Stephanie Lawson 2009: Introduction to Politics, New York.
Gat, Azar 2007: The Return of Authoritarian Great Powers, in: Foreign Affairs, H. 4, S. 59–69.
Gatterer, Claus 1972: Erbfeindschaft Italien–Österreich, Wien u.a.
Geden, Oliver 1996: Rechte Ökologie. Umweltschutz zwischen Emanzipation und Faschismus, Berlin.
Gelderen, Martin van/Quentin Skinner (Hg.) 2002: Republicanism. A Shared European Heritage, 2 Bde., Cambridge.
Geyer, Paul 1997: Die Entdeckung des modernen Subjekts. Anthropologie von Descartes bis Rousseau, Tübingen.Göhler, Gerhard/Ansgar Klein 1991: Politische Theorien des 19. Jahrhunderts, in: Hans-Joachim Lieber (Hg.): Politische Theorien von der Antike bis zur Gegenwart, Bonn, S. 259–656.
Göhler, Gerhard/Bodo Zeuner (Hg.) 1991: Kontinuitäten und Brüche in der deutschen Politikwissenschaft, Baden-Baden.
Göhler, Gerhard/Hubertus Buchstein (Hg.) 2000: Vom Sozialismus zum Pluralismus. Beiträge zum Werk und Leben Ernst Fraenkels, Baden-Baden.
Gerhard Göhler/Mattias Iser/Ina Kerner (Hg.) 2011: Politische Theorie. 25 umkämpfte Begriffe zur Einführung, 2. akt. u. erw. Aufl., Wiesbaden.
Graf, Christoph 1983: Politische Polizei zwischen Demokratie und Diktatur. Die Entwicklung der preußischen Politischen Polizei vom Staatsschutzorgan der Weimarer Republik zum Geheimen Staatspolizeiamt des Dritten Reiches, Berlin.
Greiffenhagen, Martin 1971: Das Dilemma des Konservatismus in Deutschland, München 1971.

Greiffenhagen, Martin/Sylvia Greiffenhagen 1997: Politische Kultur, in: Harald Geiss (Hg.): Grundwissen Politik, 3. überarb. u. erw. Aufl., Bonn, S. 167–237.
Greven, Michael Th. 2009: Die politische Gesellschaft. Kontingenz und Dezision als Probleme des Regierens und der Demokratie, 2. Aufl., Wiesbaden.
Grimm, Dieter 1991: Die Zukunft der Verfassung, Frankfurt.
Grimm, Dieter 1995: Repräsentation, in: Görres-Gesellschaft (Hg.): Staatslexikon. Recht – Wirtschaft – Gesellschaft (in 7 Bänden), Bd. 4, 7. völlig neu. bearb. Aufl., Freiburg, S. 878–882.
Grimm, Petra/Oliver Zöllner (Hg.) 2020: Digitalisierung und Demokratie. Ethische Perspektiven, Stuttgart.
Grimm, Sonja 2010: Erzwungene Demokratie. Politische Neuordnung nach militärischer Intervention unter externer Aufsicht, Baden-Baden.
Guggenberger, Bernd 1995: Demokratie/Demokratietheorie, in: Dieter Nohlen (Hg.): Lexikon der Politik, Bd. 1: Politische Theorien (hgg. von Dieter Nohlen/Rainer-Olaf Schultze), München.
Häberle, Peter 1998: Verfassung als öffentlicher Prozeß. Materialien zu einer Verfassungstheorie der offenen Gesellschaft, 3. Aufl., Berlin.
Habermas, Jürgen 1962: Strukturwandel der Öffentlichkeit. Untersuchungen zu einer Kategorie der bürgerlichen Gesellschaft, Neuwied.
Habermas, Jürgen 1992: Faktizität und Geltung. Beiträge zur Diskurstheorie des Rechts und des demokratischen Rechtsstaats, Frankfurt.
Habermas, Jürgen 1998: Die postnationale Konstellation. Politische Essays, Frankfurt.
Habermas, Jürgen 2009: Drei normative Modelle der Demokratie (EA 1996), in: Ders.: Philosophische Texte. Studienausgabe in fünf Bänden. Band 4: Politische Theorie, Frankfurt 2009, S. 70–86.
Haerpfer, Christian W./Patrick Bernhagen/Ronald F. Inglehart/Christian Welzel (Hg.) 2009: Democratization, New York.
Haerpfer, Christian W./Patrick Bernhagen/Christian Welzel/Ronald F. Inglehart (Hg.) 2018: Democratization, 2. Aufl., New York.
Hamilton, Alexander/James Madison/John Jay 2007: Die Federalist Papers (engl. EA 1787/88). Vollständige Ausgabe, übersetzt, eingel. u. m. Anm. verseh. von Barbara Zehnpfennig, München.
Hartmann, Jürgen 2015: Demokratie und Autokratie in der vergleichenden Demokratieforschung. Eine Kritik, Wiesbaden.
Hartmann, Jürgen/Bernd Meyer 2005: Einführung in die politischen Theorien der Gegenwart, Wiesbaden.
Heberer, Thomas/Claudia Derichs (Hg.) 2008: Einführung in die politischen Systeme Ostasiens, 2., akt. u. erw. Aufl., Wiesbaden.
Hegel, Georg Wilhelm Friedrich: Vorrede zur Phänomenologie des Geistes (EA 1807), in: Ders.: Werke, Bd. 3, Frankfurt 1986.
Heigl, Andrea/Philipp Hacker 2010: Politik 2.0. Demokratie im Netz, Wien.
Held, Christoph/Dirk Jörke/Torben Schwuchow 2020: Demokratie oder Postdemokratie? Aktuelle Demokratiekritiken, in: Gisela Riescher/Beate Rosenzweig/Anna Meine (Hg.): Einführung in die Politische Theorie. Grundlagen - Methoden - Debatten, Stuttgart, S. 191–206.
Held, David 2006: Models of Democracy, 3. Aufl., Stanford.Heller, Hermann 1928: Politische Demokratie und soziale Homogenität, in: Ders.: Gesammelte Schriften, Bd. II: Recht, Staat, Macht, hgg. v. Christoph Müller, 2. durchgeseh. u. erw. Aufl., Tübingen, S. 421–433.
Heller, Hermann 1934: Staatslehre, in: Ders.: Gesammelte Schriften. Dritter Band: Staatslehre als politische Wissenschaft, hgg. v. Christoph Müller, 2. Aufl., Tübingen 1992, S. 79–406.

Helms, Ludger 2003: Verfassung, in: Eckhard Jesse/Roland Sturm (Hg.): Demokratien des 21. Jahrhunderts im Vergleich. Historische Zugänge. Gegenwartsprobleme, Reformperspektiven, Opladen, S. 37–59.
Helms, Ludger/Uwe Jun (Hg.) 2004: Politische Theorie und Regierungslehre. Eine Einführung in die politikwissenschaftliche Institutionenforschung, Frankfurt.
Hempfer, Klaus W./Alexander Schwan (Hg.) 1987: Grundlagen der politischen Kultur des Westens, Berlin/New York.
Hennis, Wilhelm 1968: Verfassung und Verfassungswirklichkeit, Tübingen.
Hermand, Jost 1995: Der alte Traum vom neuen Reich. Völkische Utopien und Nationalsozialismus, 2. Aufl., Weinheim.
Hesse, Konrad 1959: Die normative Kraft der Verfassung, Tübingen.
Hesse, Konrad 1999: Grundzüge des Verfassungsrechts der Bundesrepublik Deutschland, 20. Aufl., Heidelberg.
Heywood, Andrew 2002: Politics, 2. Aufl., New York.
Heywood, Andrew 2004: Political Theory. An Introduction, 3. Aufl., New York.
Hidalgo, Oliver (Hg.) 2013: Der lange Schatten des Contrat social. Demokratie und Volkssouveränität bei Jean-Jacques Rousseau, Wiesbaden.
Hindman, Matthew 2008: The Myth of Digital Democracy, Princeton.
Hirsch, Joachim/John Kannankulam/Jens Wissel (Hg.) 2015: Der Staat der Bürgerlichen Gesellschaft. Zum Staatsverständnis von Karl Marx, 2., akt. u. erw. Aufl., Baden-Baden.
Hobbes, Thomas 1959: Vom Menschen (lat. EA 1658 u.d.T. „Elementorum Philosophiae sectio secunda de Homine") – Vom Bürger (lat. EA 1642 u.d.T. „Elementorum Philosophiae sectio tertia de Cive"), eingeleitet und herausgegeben von Günter Gawlick, Hamburg.
Hobbes, Thomas 1966: Leviathan oder Stoff, Form und Gewalt eines bürgerlichen und kirchlichen Staates (engl. EA 1651 u.d.T. „Leviathan or The Matter, Forme, and Power of a Commonwealth Ecclesiasticall and Civil"), herausgegeben und eingeleitet von Iring Fetscher, Neuwied/Berlin.
Höffe, Otfried (Hg.) 2005: Aristoteles-Lexikon, Stuttgart.
Hoffman, John/Paul Graham 2009: Introduction to Political Theory, 2. Aufl., Harlow.
Hofmann, Wilhelm/Nicolai Dose/Dieter Wolf 2007: Politikwissenschaft, Konstanz.
Holland-Cunz, Barbara 1998: Feministische Demokratietheorie. Thesen zu einem Projekt, Opladen.
Holland-Cunz, Barbara 2003: Die alte neue Frauenfrage, Frankfurt.
Hönnige, Christoph/Sascha Kneip/Astrid Lorenz 2011 (Hg.): Verfassung und Verfassungswandel im Mehrebenensystem, Wiesbaden.
Honohan, Iseult/Jeremy Jennings (Hg.) 2006: Republicanism in Theory and Practice, London/New York.
Horkheimer, Max 1947: Eclipse of Reason, New York.
Höntzsch, Frauke (Hg.) 2011: John Stuart Mill und der sozialliberale Staatsbegriff, Stuttgart.
Höntzsch, Frauke 2010: Individuelle Freiheit zum Wohle Aller. Die soziale Dimension des Freiheitsbegriffs im Werk des John Stuart Mill, Wiesbaden.
Huggins, Martha K. (Hg.) 1991: Vigilantism and the state in modern Latin America. Essays on extralegal violence, New York.
Humboldt, Wilhelm von 1967: Ideen zu einem Versuch, die Grenzen der Wirksamkeit des Staats zu bestimmen (EA 1851), Stuttgart.
Hunold, Daniela/Daniela Klimke/Rafael Behr/Rüdiger Lautmann 2010: Fremde als Ordnungshüter? Die Polizei in der Zuwanderungsgesellschaft Deutschland, Wiesbaden.
Huntington, Samuel P. 1991: The Third Wave. Democratization in the Late Twentieth Century, Norman.
Huntington, Samuel P. 1993: The Clash of Civilizations?, in: Foreign Affairs, H. 3, S. 22–49.

Huntington, Samuel P. 1996: The Clash of Civilizations and the Remaking of World Order, New York.
Inglehart, Ronald/Christian Welzel 2005: Modernization, Cultural Change, and Democracy. The Human Development Sequence, Cambridge.
Ismayr, Wolfgang (Hg.) 2010: Die politischen Systeme Osteuropas, 3., akt. u. erw. Aufl., Wiesbaden.
Ismayr, Wolfgang (Hg.) 2009: Die politischen Systeme Westeuropas, 4., akt. u. überarb. Aufl., Wiesbaden.
Iwand, Wolf Michael 1985: Paradigma Politische Kultur. Konzepte, Methoden, Ergebnisse der Political-Culture Forschung in der Bundesrepublik. Ein Forschungsbericht, Opladen.
Jahn, Detlef 2013: Einführung in die vergleichende Politikwissenschaft, 2. Aufl., Wiesbaden.
Jaschke, Hans-Gerd 1991: Streitbare Demokratie und Innere Sicherheit. Grundlagen, Praxis und Kritik, Opladen.
Jaschke, Hans-Gerd 1994: Rechtsextremismus und Fremdenfeindlichkeit. Begriffe – Positionen – Praxisfelder, Opladen.
Jaschke, Hans-Gerd 1997: Öffentliche Sicherheit im Kulturkonflikt. Zur Entwicklung der städtischen Schutzpolizei in der multikulturellen Gesellschaft, Frankfurt/New York.
Jellinek, Georg 1914: Allgemeine Staatslehre (EA 1900), 3. Aufl., Berlin.
Jesse, Eckhard (Hg.) 1999: Totalitarismus im 20. Jahrhundert. Eine Bilanz der internationalen Forschung, 2. erw. u. akt. Aufl., Baden-Baden.
Jestaedt, Matthias 2009: Die Verfassung hinter der Verfassung. Eine Standortbestimmung der Verfassungstheorie, Paderborn.
Jörke, Dirk 2011: Kritik demokratischer Praxis. Eine ideengeschichtliche Studie, Baden-Baden.
Jungherr, Andreas 2009: Twitternde Politiker: Zwischen buntem Rauschen und Bürgernähe 2.0, in: Christoph Bieber/Martin Eifert/Thomas Groß/Jörn Lamla (Hg.): Soziale Netze in der digitalen Welt. Das Internet zwischen egalitärer Teilhabe und ökonomischer Macht, Frankfurt/New York, S. 99–127.
Kailitz, Steffen 2009: Stand und Perspektiven der Autokratieforschung, in: Zeitschrift für Politikwissenschaft 19, S. 437–488.
Kaiser, André/Thomas Zittel (Hg.) 2004: Demokratietheorie und Demokratieentwicklung. Festschrift für Peter Graf Kielmansegg, Wiesbaden.
Kalathil, Shanthi/Taylor Boas 2003: Open Networks, Closed Regimes. The Impact of the Internet on Authoritarian Rule, Washington DC.
Kant, Immanuel 1956: Metaphysik der Sitten (EA 1797), in: Ders.: Werke in sechs Bänden, Bd. IV, Darmstadt.
Kant, Immanuel 1975: Beantwortung der Frage: Was ist Aufklärung? (EA 1784), in: Ders.: Werke in sechs Bänden, Bd. VI, 3. Aufl., Darmstadt.
Kapferer, Bruce (Hg.) 2004: State, Sovereignty, War. Civil Violence in Emerging Global Realities, New York/Oxford.
Kappeler, Susanne 1996: Kulturelle Differenz oder das Wunder des individuellen Subjekts, in: links, Heft 5–6.
Kaschuba, Wolfgang 1993: Nationalismus und Ethnozentrismus. Zur kulturellen Ausgrenzung ethnischer Gruppen in (deutscher) Geschichte und Gegenwart, in: Michael Jeismann/Henning Ritter (Hg.): Grenzfälle. Über neuen und alten Nationalismus, Leipzig 1993, S. 239–273.
Kautsky, Karl 1929: Die materialistische Geschichtsauffassung (2 Bde), Bd. II: Der Staat und die Entwicklung der Menschheit (EA 1927), 2. durchgeseh. Aufl., Berlin.
Keen, Andrew 2008: Die Stunde der Stümper. Wie wir im Internet unsere Kultur zerstören (engl. EA 2007 u.d.T. „The Cult of the Amateur"), München.
Kerner, Ina 2012: Postkoloniale Theorien zur Einführung, Hamburg.
Kersting, Wolfgang 1988: Niccolò Machiavelli, München.

Bibliografie

Kersting, Wolfgang 2003: Vom Vertragsstaat zur Tugendrepublik. Die politische Philosophie Jean-Jacques Rousseaus, in: Ders. (Hg.): Die Republik der Tugend. Jean-Jacques Rousseaus Staatsverständnis, Baden-Baden, S. 11–24.

Kersting, Wolfgang 2004: Der Gesetzgeber, die Religion und die Tugend. Errichtung und Erhaltung der Republik bei Machiavelli und Rousseau, in: Herfried Münkler/Rüdiger Voigt/Ralf Walkenhaus (Hg.): Demaskierung der Macht. Niccolò Machiavellis Staats- und Politikverständnis, Baden-Baden, S. 121–142.

Kersting, Wolfgang 2005: Thomas Hobbes zur Einführung, 3. Aufl., Hamburg.

Kersting, Wolfgang 2016: Thomas Hobbes zur Einführung, 5. erg. Aufl., Hamburg.

Kirchheimer, Otto 1930: Weimar – und was dann? Entstehung und Gegenwart der Weimarer Verfassung, Berlin.

Kirchheimer, Otto 1965: Der Wandel des westeuropäischen Parteisystems, in: Politische Vierteljahresschrift, H. 1, S. 20–41.

Kißler, Leo 1984: Recht und Gesellschaft. Einführung in die Rechtssoziologie, Opladen.

Kleinfeld, Ralf/Annette Zimmer/Ulrich Willems (Hg.) 2007: Lobbying. Strukturen, Akteure, Strategien, Wiesbaden.

Klingemann, Hans-Dieter/Richard I. Hofferbert/Ian Budge u.a. 1994: Parties, Policies, and Democracy, Boulder.

Kneuer, Marianne (Hg.) 2013: Das Internet: Bereicherung oder Stressfaktor für die Demokratie?, Baden-Baden.

Kneuer, Marianne/Samuel Salzborn (Hg.) 2016: Web 2.0 – Demokratie 3.0. Digitale Medien und ihre Wirkung auf demokratische Prozesse (= Sonderheft 7 der Zeitschrift für Vergleichende Politikwissenschaft), Wiesbaden.

Köllner, Patrick 2008: Autoritäre Regime – Ein Überblick über die jüngere Literatur, in: Zeitschrift für Vergleichende Politikwissenschaft 2, S. 351–366.

König, Malte 2021: Irrtum vorbehalten. Wikipedia lebt, das geruckte Lexikon ist tot. So weit, so akzeptiert. Doch für die Verlässlichkeit historischer Informationen heißt das nichts Gutes, in: Der Tagesspiegel, 11. April 2021.

Koselleck, Reinhart 1992: Volk, Nation, Nationalismus, Masse (Unterkapitel „Einleitung" und „,Volk', ,Nation', ,Nationalismus' und ,Masse' 1914–1945"), in: Otto Brunner/Werner Conze/Reinhart Koselleck (Hg.): Geschichtliche Grundbegriffe. Historisches Lexikon zur politisch-sozialen Sprache in Deutschland, Bd. 7, Stuttgart.

Kost, Andreas 2013: Direkte Demokratie, 2. Aufl., Wiesbaden.

Kost, Andreas/Peter Massing/Marion Reiser (Hg.) 2020: Handbuch Demokratie, Schwalbach/Ts.Kraushaar, Wolfgang 1994: Extremismus der Mitte. Zur Geschichte einer soziologischen und sozialhistorischen Interpretationsfigur, in: Hans-Martin Lohmann (Hg.): Extremismus der Mitte. Vom rechten Verständnis deutscher Nation, Frankfurt, S. 23–50.

Kreiner, Maria 2013: Demokratie als Idee. Eine Einführung, München.

Kreisky, Eva 1995: Der Stoff, aus dem die Staaten sind. Zur männerbündischen Fundierung politischer Ordnung, in: Regina Becker-Schmidt/Gudrun-Axeli Knapp (Hg.): Das Geschlechterverhältnis als Gegenstand der Sozialwissenschaften, Frankfurt/New York, S. 85–124.

Kreisky, Eva/Marion Löffler/Georg Spitaler (Hg.) 2012: Theoriearbeit in der Politikwissenschaft, Wien.

Kreutzberger, Wolfgang 1993: Rechtsradikalismus – Daten und Deutungen, in: Ders. u.a.: Aus der Mitte der Gesellschaft – Rechtsradikalismus in der Bundesrepublik, Frankfurt, S. 7–18.

Kugelmann, Dieter (Hg.) 2010: Polizei unter dem Grundgesetz, Baden-Baden.

Kuhn, Thomas S. 1962: The Structure of Scientific Revolutions, Chicago.

Kurz, Constanze/Frank Rieger 2011: Die Datenfresser: Wie Internetfirmen und Staat sich unsere persönlichen Daten einverleiben und wie wir die Kontrolle darüber zurückerlangen, Frankfurt.

Laborde, Cécile/John Maynor 2008: Republicanism and Political Theory, Malden.

Laclau, Ernesto/Chantal Mouffe 1985: Hegemony and Socialist Strategy. Towards a Radical Democratic Politics, London.
Ladwig, Bernd 2003: Die Unterscheidung von Freund und Feind als Kriterium des Politischen, in: Mehring, Reinhard (Hg.): Carl Schmitt – Der Begriff des Politischen. Ein kooperativer Kommentar, Berlin, S. 45–60.
Lakoff, Sanford A. 1996: Democracy. History, theory, practice, Boulder/Colo.
Langewiesche, Dieter 2000: Nation, Nationalismus, Nationalstaat in Deutschland und Europa, München.
Lauth, Hans-Joachim 2004: Demokratie und Demokratiemessung. Eine konzeptionelle Grundlegung für den interkulturellen Vergleich, Wiesbaden.
Lauth, Hans-Joachim 2008: Die Qualität der Demokratie. Der NID als pragmatischer Vorschlag für die komparative Forschung, in: Kai-Uwe Schnapp/Nathalie Behnke/Joachim Behnke (Hg.): Datenwelten. Datenerhebung und Datenbestände in der Politikwissenschaft, Baden-Baden, S. 373–390.
Lauth, Hans-Joachim 2011a: Quality Criteria for Democracy. Why Responsiveness is not the Key, in: Gero Erdmann/Marianne Kneuer (Hg.): Regression of Democracy? (= Sonderheft 1 der Zeitschrift für Vergleichende Politikwissenschaft), Wiesbaden, S. 59–80.
Lauth, Hans-Joachim 2011b: Demokratie- und Transformationsforschung. Gastvortrag im Rahmen der Ringvorlesung „Demokratie" an der Justus-Liebig-Universität Gießen am 09.02.2011 (unveröff. Ms.).
Lauth, Hans-Joachim 2017: Datensatz „Kombinierter Index der Demokratie (KID), 1996–2016", http://www.politikwissenschaft.uni-wuerzburg.de/lehrbereiche/vergleichende/forschung/kombinierter_index_der_demokratie_kid/ (Stand: 22.04.2021)
Lauth, Hans-Joachim/Marianne Kneuer/Gert Pickel (Hg.) 2016: Handbuch vergleichende Politikwissenschaft, Wiesbaden.
Lauth, Hans-Joachim/Gert Pickel/Susanne Pickel 2015: Methoden der vergleichenden Politikwissenschaft. Eine Einführung, 2. akt. Aufl., Wiesbaden.
Lauth, Hans-Joachim/Gert Pickel/Christian Welzel (Hg.) 2000: Demokratiemessung. Konzepte und Befunde im internationalen Vergleich, Wiesbaden.
LeDuc, Lawrence/Richard G. Niemi/Pippa Norris (Hg.) 1996: Comparing Democracies. Elections and Voting in Global Perspective, Thousand Oaks.
LeDuc, Lawrence/Richard G. Niemi/Pippa Norris (Hg.) 2002: Comparing Democracies 2. New Challenges in the Study of Elections and Voting, London.
LeDuc, Lawrence/Richard G. Niemi/Pippa Norris (Hg.) 2010: Comparing Democracies 3. Elections and Voting in the 21st Century, London.
Leibholz, Gerhard 1958: Strukturprobleme der modernen Demokratie, Karlsruhe.
Lenin, Wladimir Iljitsch 1951: Staat und Revolution. Die Lehre des Marxismus vom Staat und die Aufgaben des Proletariats in der Revolution (russ. EA 1918), 3. Aufl., Berlin/Ost.
Lenk, Kurt 1989: Deutscher Konservatismus, Frankfurt/New York.
Lenk, Kurt/Berthold Franke 1987: Theorie der Politik. Eine Einführung, Frankfurt/New York.
Levitsky, Steven/Daniel Ziblatt 2019: Wie Demokratien sterben (engl. EA 2018 u.d.T. „How Democracies Die"), 2. Aufl., München.
Lijphart, Arend (Hg.) 1992: Parliamentary versus Presidential Government, Oxford.
Lijphart, Arend 1984: Democracies. Patterns of Majoritarian and Consensus Government in Twenty-One Countries, New Haven/London.
Lijphart, Arend 1994: Electoral Systems and Party Systems. A Study of Twenty-Seven Democracies 1945–1990, Oxford.
Lijphart, Arend 1999: Patterns of Democracy. Government Forms and Performance in Thirty-Six Contries, New Haven/London.
Lijphart, Arend/Bernard Grofman (Hg.) 1984: Choosing an Electoral System. Issues and Alternatives, New York.

Linden, Markus/Winfried Thaa (Hg.) 2011: Krise und Reform politischer Repräsentation, Baden-Baden.
Lindner, Clausjohann 1990: Kritik der Theorie der partizipatorischen Demokratie, Opladen.
Linz, Juan J. 2000: Totalitarian and Authoritarian Regimes, London.
Linz, Juan J./Alfred Stepan (Hg.) 1978: The Breakdown of Democratic Regimes, Baltimore/London.
Lipset, Seymour M./Stein Rokkan (Hg.) 1967: Party Systems and Voter Alignments: Cross-National Perspectives, New York.
Lipset, Seymour Martin 1959a: Social Stratification and ‚Right-Wing Extremism', in: The British Journal of Sociology, Jg. 10, S. 346–382.
Lipset, Seymour Martin 1959b: Der „Faschismus". Die Linke, die Rechte und die Mitte, in: Kölner Zeitschrift für Soziologie und Sozialpsychologie, Jg. 11, S. 401–444.
Lipset, Seymour Martin 1960: Political Man. The Social Bases of Politics, London.
Llanque, Marcus 2008: Politische Ideengeschichte – Ein Gewebe politischer Diskurse, München/Wien.
Llanque, Marcus (Hg.) 2010: Souveräne Demokratie und soziale Homogenität. Das politische Denken Hermann Hellers, Baden-Baden.
Locke, John 1967: Zwei Abhandlungen über die Regierung (engl. EA 1690 u.d.T. „Two Treatises of Government"), herausgegeben und eingeleitet von Walter Euchner, Frankfurt/Wien.
Loewenstein, Karl 1951/52: Verfassungsrecht und Verfassungsrealität, in: Archiv des öffentlichen Rechts, Jg. 77, S. 387–435.
Loewenstein, Karl 1957: Political Power and the Governmental Process, Chicago.
Loewenstein, Karl 1959: Verfassungslehre, Tübingen.
Löffler, Marion 2011: Feministische Staatstheorien. Eine Einführung, Frankfurt/New York.
Lorenz, Maren 2011: Der Trend zum Wikipedia-Beleg. Warum Wikipedia wissenschaftlich nicht zitierfähig ist, in: Forschung & Lehre, H. 2, S. 120–122.
Lösche, Peter 2007: Verbände und Lobbyismus in Deutschland, Stuttgart.
Löwenthal, Leo 1990: Falsche Propheten. Studien zum Autoritarismus (= Schriften Bd. 3), Frankfurt.
Ludwig, Gundula/Birgit Sauer/Stefanie Wöhl (Hg.) 2009: Staat und Geschlecht. Grundlagen und aktuelle Herausforderungen feministischer Staatstheorie, Baden-Baden.
Luhmann, Niklas 1969: Legitimation durch Verfahren, Neuwied/Berlin.
Luhmann, Niklas 1975: Macht, Stuttgart.
Luhmann, Niklas 1998: Der Staat des politischen Systems. Geschichte und Stellung in der Weltgesellschaft, in: Ulrich Beck (Hg.): Perspektiven der Weltgesellschaft, Frankfurt, S. 345–380.
Machiavelli, Niccolò 1986: Il Principe/Der Fürst (zuerst: 1513). Italienisch/Deutsch, übersetzt und herausgegeben von Philipp Rippel, Stuttgart.
Machiavelli, Niccolò 1990: Der Fürst (Il Principe) (zuerst: 1513), in: Ders.: Politische Schriften. Herausgegeben von Herfried Münkler, Frankfurt, S. 51–123.
Machiavelli, Niccolò 2000: Discorsi. Staat und Politik (zuerst: 1531), herausgegeben und mit einem Nachwort von Horst Günther, Frankfurt/Leipzig.
Macpherson, Crawford B. 1973: Democratic Theory: Essays in Retrieval, Oxford.
Mair, Peter/Cas Mudde 1998: The Party Family and its study, in: The Annual Review of Political Science, Jg. 1, S. 211–229.
Maistre, Joseph de 2000: Von der Souveränität. Ein Anti-Gesellschaftsvertrag (frz. EA 1794 u.d.T. „Étude sur la Souveraineté"), Berlin.
Manow, Philip 2008: Im Schatten des Königs. Die politische Anatomie demokratischer Repräsentation, Frankfurt.
Markovits, Andrei S. 2007: Uncouth Nation: Why Europe Dislikes America, Princeton.

Marschall, Stefan 2014: Demokratie, Opladen.Marshall, Monty G./Keith Jaggers/Ted Robert Gurr 2011: Polity IV Project. Political Regime Characteristics and Transitions 1800–2010, Vienna.

Marshall, Monty G./Gabrielle Elzinga-Marshall 2017: Global Report 2017. Conflict, Governance and State Fragility, Vienna.

Martí, José 1975: Inside the Monster. Writings on the United States and American Imperialism, hgg. v. Philip S. Foner, New York/London.

Martinsen, Renate/Georg Simonis (Hg.) 2000: Demokratie und Technik – (k)eine Wahlverwandtschaft?, Opladen.

Marx, Karl 1964: Das Kapital. Kritik der politischen Ökonomie. Dritter Band (EA 1894), in: MEW Bd. 25, Berlin/Ost.

Marx, Karl 1975: Das Kapital. Kritik der politischen Ökonomie. Erster Band (EA 1890), in: MEW Bd. 23, Berlin/Ost.

Marx, Karl 1988: Zur Kritik der Hegelschen Rechtsphilosophie. Einleitung (EA 1844), in: MEW Bd. 1, 15. Aufl., Berlin/Ost, S. 378–391.

Massing, Otwin 1991: Öffentlichkeit, in: Harald Kerber/Arnold Schmieder (Hg.): Handbuch Soziologie. Zur Theorie und Praxis sozialer Beziehungen, Reinbek b. Hamburg, S. 408–415.

Massing, Peter/Gotthard Breit/Hubertus Buchstein (Hg.) 2017: Demokratietheorien. Von der Antike bis zur Gegenwart. Texte und Interpretationshilfen, 9. Aufl., Schwalbach/Ts.

Matthée, Ulrich 1996: Der Gedanke der Repräsentation in der politischen Ideengeschichte, in: Günther Rüther (Hg.): Repräsentative oder plebiszitäre Demokratie – eine Alternative? Grundlagen, Vergleiche, Perspektiven, Baden-Baden, S. 56–72.

Maus, Ingeborg 1986: Rechtstheorie und politische Theorie im Industriekapitalismus, München.

Maus, Ingeborg 2011: Über Volkssouveränität. Elemente einer Demokratietheorie, Berlin.

Maus, Ingeborg 2015: Menschenrechte, Demokratie und Frieden. Perspektiven globaler Organisation, Berlin.

Mehring, Reinhard 2009: Carl Schmitt. Aufstieg und Fall, München.

Merkel, Wolfgang 2010: Systemtransformation. Eine Einführung in die Theorie und Empirie der Transformationsforschung, 2. überarb. u. erw. Aufl., Wiesbaden.

Merkel, Wolfgang 2011: Volksabstimmungen: Illusion und Realität, in: Aus Politik und Zeitgeschichte, H. 44/45, S. 47–55.

Merkel, Wolfgang (Hg.) 2015: Demokratie und Krise. Zum schwierigen Verhältnis von Theorie und Empirie, Wiesbaden.

Merkel, Wolfgang/Hans-Jürgen Puhle/Aurel Croissant/Claudia Eicher/Peter Thiery 2003: Defekte Demokratie. Band 1: Theorie, Opladen.

Merkel, Wolfgang/Johannes Gerschewski 2011: Autokratien am Scheideweg. Ein Modell zur Erforschung diktatorischer Regime, in: WZB-Mitteilungen, H. 133, S. 21–24.

Metje, Christian 2005: Internet und Politik. Die Auswirkungen des Onlinemediums auf die Demokratie, Berlin.

Meyer, Thomas 2006: Was ist Politik?, Wiesbaden.

Meyer, Thomas 2009: Was ist Demokratie? Eine diskursive Einführung, Wiesbaden.

Migdal, Joel S. 2001: State in Society. Studying how States and Societies transform and constitute one another, Cambridge/New York.

Mill, John Stuart 1971: Betrachtungen über die repräsentative Demokratie (engl. EA 1861 u.d.T. „Considerations on Representative Government"), Paderborn.

Mill, John Stuart 1974: Über die Freiheit (engl. EA 1859 u.d.T. „On Liberty"), Stuttgart.

Mohr, Reinhard 2011: Eine Nation verblödet. Deutschland, ein Land im permanenten medialen Ausnahmezustand, in: Cicero. Magazin für politische Kultur, H. 11. S. 128–133.

Möllers, Martin H.W./Robert Chr. van Ooyen/Hans-Thomas Spohrer (Hg.): Die Polizei des Bundes in der rechtsstaatlichen pluralistischen Demokratie, Opladen 2003.

Montesquieu, Charles de 1951: Vom Geist der Gesetze (frz. EA 1748 u.d.T. „De L'Esprit des Loix Ou du rapport que les Loix doivent avoir avec la Constitution de chaque Gouvernement, les Mœurs, le Climat, la Religion, le Commerce, etc."), 2 Bde., eingel. u. hgg. v. Ernst Forsthoff, Tübingen.

Morozov, Evgeny 2010: Vorsicht, Freund hört mit!, in: Frankfurt Allgemeine Zeitung v. 18.03.

Morozov, Evgeny 2011a: Rettet die Anonymität, in: Frankfurter Allgemeine Zeitung v. 01.12.

Morozov, Evgeny 2011b: The Net Delusion. The Dark Side of Internet Freedom, New York.

Mosse, George L. 1991: Die völkische Revolution. Über die geistigen Wurzeln des Nationalsozialismus, Frankfurt.

Mouffe, Chantal 2000: The Democratic Paradox, London/New York.

Mouffe, Chantal 2007: Über das Politische. Wider die kosmopolitische Illusion (engl. EA 2005 u.d.T. „On the Political"), Frankfurt.

Mounk, Yascha 2018: Der Zerfall der Demokratie. Wie der Populismus den Rechtsstaat bedroht (engl. EA 2018 u.d.T. „The People vs. Democracy. Why Our Freedom Is in Danger and How to Save it") München.

Müller, Adam Heinrich 1809: Die Elemente der Staatskunst. Oeffentliche Vorlesungen, vor Sr. Durchlaucht dem Prinzen Bernhard von Sachsen-Weimar und einer Versammlung von Staatsmännern und Diplomaten, im Winter von 1808 auf 1809, zu Dresden, gehalten, Berlin.

Müller, Harald 2009: Staatlichkeit ohne Staat – ein Irrtum aus der europäischen Provinz? Limitierende Bedingungen von Global Governance in einer fragmentierten Welt, in: Nicole Deitelhoff/Jens Steffek (Hg.): Was bleibt vom Staat? Demokratie, Recht und Verfassung im globalen Zeitalter, Frankfurt/New York, S. 221–258.

Münch, Ursula/Andreas Kalina (Hg.) 2020: Demokratie im 21. Jahrhundert. Theorien, Befunde, Perspektiven, Baden-Baden.

Münkler, Herfried 1984: Machiavelli. Die Begründung des politischen Denkens der Neuzeit aus der Krise der Republik Florenz, Frankfurt.

Münkler, Herfried 1991: Thomas Hobbes' Analytik des Bürgerkriegs, in: Thomas Hobbes: Behemoth oder Das Lange Parlament (zuerst: 1682). Herausgegeben und mit einem Essay von Herfried Münkler, Frankfurt, S. 215–238.Münkler, Herfried 2002: Die neuen Kriege, Reinbek b. Hamburg.

Münkler, Herfried 2014 : Thomas Hobbes. Eine Einführung, 3. akt. Aufl., Frankfurt/New York.

Münkler, Herfried/Rüdiger Voigt/Ralf Walkenhaus (Hg.) 2004: Demaskierung der Macht. Niccolò Machiavellis Staats- und Politikverständnis, Baden-Baden.

Neumann, Franz 1995: Demokratietheorien – Modelle zur Herrschaft des Volkes, in: Ders. (Hg.): Handbuch Politische Theorien und Ideologien, Bd. 1, Opladen, S. 1–70.

Neumann, Franz L. 1932: Koalitionsfreiheit und Reichsverfassung. Die Stellung der Gewerkschaften im Verfassungssystem, Berlin.

Neumann, Franz L. 1937: Der Funktionswandel des Gesetzes im Recht der bürgerlichen Gesellschaft, in: Ders.: Demokratischer und autoritärer Staat. Studien zur politischen Theorie. Herausgegeben und mit einem Vorwort von Herbert Marcuse. Eingeleitet von Helge Pross, Frankfurt/Wien 1967, S. 31–81.

Neumann, Franz L. 1944: Behemoth. The Structure and Practice of National Socialism 1933–1944 (with new Appendix), 2. Aufl., New York.

Neumann, Franz L. 1967: Demokratischer und autoritärer Staat. Studien zur politischen Theorie. Herausgegeben und mit einem Vorwort von Herbert Marcuse. Eingeleitet von Helge Pross, Frankfurt/Wien.

Neureiter, Marcus 1996: Rechtsextremismus im vereinten Deutschland. Eine Untersuchung sozialwissenschaftlicher Deutungsmuster und Erklärungsansätze, Marburg.

Neyer, Jürgen 2013: Globale Demokratie. Eine zeitgemäße Einführung in die internationalen Beziehungen, Baden-Baden.
Nippel, Wilfried 2008: Antike oder moderne Freiheit? Die Begründung der Demokratie in Athen und in der Neuzeit, Frankfurt.
Nitschke, Peter 2002: Politische Philosophie, Stuttgart/Weimar.
Nitschke, Peter (Hg.) 2008: Politeia. Staatliche Verfasstheit bei Platon, Baden-Baden.
Nohlen, Dieter 2009: Wahlrecht und Parteiensystem. Zur Theorie und Empirie der Wahlsysteme, 6. überarb. u. akt. Aufl., Opladen.
Nolte, Paul 2012: Was ist Demokratie? Geschichte und Gegenwart, München.
Nordhausen, Frank/Thomas Schmid (Hg.) 2011: Die arabische Revolution, Berlin.
Norton, Philip (Hg.) 1999: Parliaments and Pressure Groups in Western Europe, London.
Nullmeier, Frank 2004: Die Vermarktlichung des Sozialstaates, in: WSI-Mitteilungen, H. 9, S. 495–500.
O'Donnell, Guillermo/Jorge Vargas Cullell/Osvaldo M. Iazzetta (Hg.) 2004: The Quality of Democracy. Theory and Applications, Notre Dame.
Oberndörfer, Dieter/Beate Rosenzweig (Hg.) 2000: Klassische Staatsphilosophie. Texte und Einführungen von Platon bis Rousseau, München.
Offe, Claus (Hg.) 2003: Demokratisierung der Demokratie. Diagnosen und Reformvorschläge, Frankfurt/New York.
Offe, Claus 1969: Politische Herrschaft und Klassenstrukturen. Zur Analyse spätkapitalistischer Gesellschaftssysteme, in: Gisela Kress/Dieter Senghaas (Hg.): Politikwissenschaft. Eine Einführung in ihre Probleme, Frankfurt, S. 155–189.
Offe, Claus 1972: Strukturprobleme des kapitalistischen Staates. Aufsätze zur Politischen Soziologie, Frankfurt.
Offe, Claus 1996: Bewährungsproben. Über einige Beweislasten bei der Verteidigung der liberalen Demokratie, in: Werner Weidenfeld (Hg.): Demokratie am Wendepunkt. Die demokratische Frage als Projekt des 21. Jahrhunderts, Berlin, S. 141–157.
Olson, Erik J. 2006: Civic Republicanism and the Properties of Democracy. A Case Study of Post-Socialist Political Theory, Lanham.Ooyen, Robert Chr. van 2011: Polizei und politisches System in der Bundesrepublik. Aktuelle Spannungsfelder der Inneren Sicherheit einer liberalen Demokratie, Frankfurt.
Ooyen, Robert Chr. van 2020: Öffentliche Sicherheit und Freiheit. Studien zu Staat und Polizei, offener Gesellschaft und wehrhafter Demokratie, 3. erw. Aufl., Baden-Baden.
Ooyen, Robert Chr. van/Martin H. W. Möllers (Hg.) 2009: (Doppel-)Staat und Gruppeninteressen. Pluralismus – Parlamentarismus – Schmitt-Kritik bei Ernst Fraenkel, Baden-Baden.
Osterhammel, Jürgen/Jan C. Jansen 2012: Kolonialismus. Geschichte, Formen, Folgen, 7. überarb. u. akt. Aufl., München.
Ottmann, Henning (Hg.) 2009: Kants Lehre von Staat und Frieden, Baden-Baden.
Ottmann, Henning 2001a: Geschichte des politischen Denkens. Band 1: Die Griechen, Teilband 1: Von Homer bis Sokrates, Stuttgart/Weimar.
Ottmann, Henning 2001b: Geschichte des politischen Denkens. Band 1: Die Griechen, Teilband 2: Von Platon bis zum Hellenismus, Stuttgart/Weimar.
Ottmann, Henning 2006: Geschichte des politischen Denkens, Bd. 3/1: Die Neuzeit: Von Machiavelli bis zu den großen Revolutionen, Stuttgart/Weimar.
Ottmann, Henning 2008: Geschichte des politischen Denkens, Bd. 3/3: Die Neuzeit. Die politischen Strömungen im 19. Jahrhundert, Stuttgart/Weimar.
Pan, Christoph 1972: Grundelemente zur Theorie der Ethno-Soziologie, in: Theodor Veiter (Hg.): System eines internationalen Volksgruppenrechts (2. Teil), Wien/Stuttgart, S. 281–297.
Pariser, Eli 2011: The Filter Bubble. What the Internet Is Hiding from You, New York.
Pateman, Carole 1988: The Sexual Contract, Cambridge.

Pauly, Walter (Hg.) 2009: Der Staat – eine Hieroglyphe der Vernunft. Staat und Gesellschaft bei Georg Wilhelm Friedrich Hegel, Baden-Baden.
Pelinka, Anton 1974: Dynamische Demokratie. Zur konkreten Utopie gesellschaftlicher Gleichheit, Stuttgart.
Pelinka, Anton 1976: Politik und moderne Demokratie, Kronberg/Ts.
Pelinka, Anton 2004: Grundzüge der Politikwissenschaft, Wien/Köln/Weimar.
Pelinka, Anton 2005: Vergleich politischer Systeme, Wien.
Pelinka, Anton 2006: Die Politik der politischen Kultur, in: Österreichische Zeitschrift für Politikwissenschaft, Jg. 35, S. 225–235.
Pelizzari, Alessandro 2001: Die Ökonomisierung des Politischen. New Public Management und der neoliberale Angriff auf die öffentlichen Dienste, Konstanz.
Perthes, Volker 2011: Der Aufstand. Die arabische Revolution und ihre Folgen, München.
Pickel, Gert/Susanne Pickel (Hg.) 2006: Demokratisierung im internationalen Vergleich. Neue Erkenntnisse und Perspektiven, Wiesbaden.
Piechocki, Reinhard 2010: Landschaft – Heimat – Wildnis. Schutz der Natur – aber welcher und warum? München.
Pitkin, Hanna Fenichel/Sara M. Shumer 1982: On Participation, in: Democracy. A Journal of Political Renewal and Radical Change 2, S. 43–54.
Pocock, John G. A. 1973: Politics, Language and Time. Essays on Political Thought and History, New York.
Popper, Karl R. 1945: The Open Society and its Enemies. Vol. I: The Spell of Plato. Vol. II: The High Tide of Prophecy: Hegel, Marx and the Aftermath, London/Henley.
Preuß, Ulrich K. (Hg.) 1994: Zum Begriff der Verfassung. Die Ordnung des Politischen, Frankfurt.
Przeworski, Adam 1991: Democracy and the Market. Political and Economic Reforms in Eastern Europe and Latin America, Cambridge.
Przeworski, Adam 2020: Krisen der Demokratie, Berlin.
Rancière, Jacques 2002: Das Unvernehmen. Politik und Philosophie, Frankfurt.
Raschke, Joachim 2020: Die Erfindung der modernen Demokratie. Innovationen, Irrwege, Konsequenzen, Wiesbaden.
Rawls, John 1971: A Theory of Justice, Cambridge, Mass.
Reese-Schäfer, Walter 2012: Politische Theorie der Gegenwart in achtzehn Modellen, 2. Aufl., München/Wien.
Reichel, Peter 1980: Politische Kultur – mehr als ein Schlagwort? Anmerkungen zu einem komplexen Gegenstand und fragwürdigen Begriff, in: Politische Vierteljahresschrift, Jg. 21, S. 382–392.
Reischl, Gerald 2008: Die Google-Falle. Die unkontrollierte Weltmacht im Internet, akt. Neuaufl., Wien.
Reiter, Markus 2010: Dumm 3.0. Wie Twitter, Blogs und Networks unsere Kultur bedrohen, Gütersloh.
Reiterer, Albert F. 1991: Ethnische Identität und transnationaler Staat (Einleitung), in: Österreichische Zeitschrift für Politikwissenschaft, Heft 4, S. 341–347.
Renner, Karl 1917: Marxismus, Krieg und Internationale. Kritische Studien über offene Probleme des wissenschaftlichen und des praktischen Sozialismus in und nach dem Weltkrieg, Stuttgart.
Rensmann, Lars/Julius H. Schoeps (Hg.) 2011: Politics and Resentment. Antisemitism and Counter-Cosmopolitanism in the European Union, Leiden/Boston.
Rensmann, Lars/Steffen Hagemann/Hajo Funke 2011: Autoritarismus und Demokratie. Politische Theorie und Kultur in der globalen Moderne, Schwalbach/Ts.
Reutter, Werner (Hg.) 2012: Verbände und Interessengruppen in den Ländern der Europäischen Union, 2. Aufl., Wiesbaden.
Reutter, Werner/Peter Rütters (Hg.) 2001: Verbände und Verbandssysteme in Westeuropa, Opladen.

Richter, Emanuel 2008: Die Wurzeln der Demokratie, Weilerswist.
Richter, Emanuel 2011: Supranationalität und Demokratie Überlegungen zur „post-nationalen" Konstellation, in: Samuel Salzborn (Hg.): Staat und Nation. Die Theorien der Nationalismusforschung in der Diskussion, Stuttgart, S. 101–126.
Richter, Emanuel 2020: Seniorendemokratie. Die Überalterung der Gesellschaft und ihre Folgen für die Politik, Berlin.
Richter, Hedwig 2020:Demokratie. Eine deutsche Affäre. Vom 18. Jahrhundert bis zur Gegenwart, München.
Ridder, Helmut 1975: Die soziale Ordnung des Grundgesetzes. Leitfaden zu den Grundrechten einer demokratischen Verfassung, Opladen.
Riehm, Ulrich/Christopher Coenen/Ralf Lindner/Clemens Blümel 2009: Bürgerbeteiligung durch E-Petitionen. Analyse von Kontinuität und Wandel im Petitionswesen, Berlin.
Riescher, Gisela (Hg.) 2004: Politische Theorie der Gegenwart in Einzeldarstellungen von Adorno bis Young, Stuttgart.
Riescher, Gisela/Marcus Obrecht/Tobias Haas 2011: Theorien der Vergleichenden Regierungslehre. Eine Einführung, München 2011.
Riescher, Gisela/Beate Rosenzweig (Hg.) 2012: Partizipation und Staatlichkeit, Stuttgart.
Riescher, Gisela/Beate Rosenzweig/Anna Meine (Hg.): Einführung in die Politische Theorie. Grundlagen – Methoden – Debatten, Stuttgart 2020.Rigakos, George S. 2002: The New Parapolice. Risk Markets and commodified Social Control, Toronto.
Ritzi, Claudia 2014: Die Postdemokratisierung politischer Öffentlichkeit. Kritik zeitgenössischer Demokratie - theoretische Grundlagen und analytische Perspektiven, Wiesbaden.
Rocco, Alfredo 1938: Scritti e discorsi politici (3 Bände). Prefazione di Benito Mussolini, Milano.
Rohe, Karl 1990: Politische Kultur und ihre Analyse. Probleme und Perspektiven der politischen Kulturforschung, in: Historische Zeitschrift, Jg. 250, S. 321–346.
Rohe, Karl 1996: Politische Kultur: Zum Verständnis eines theoretischen Konzepts, in: Oskar Niedermayer/Klaus von Beyme (Hg.): Politische Kultur in Ost- und Westdeutschland, Opladen, S. 1–21.
Röhl, Klaus F. 1987: Rechtssoziologie. Ein Lehrbuch, Köln.
Roosens, Eugeen 1995: Ethnicity as a creation: some theoretical reflections, in: Keebet von Benda-Beckmann/Maykel Verkuyten (Hg.): Nationalism, ethnicity and cultural identity in Europe, Utrecht, S. 30–39.
Rosa, Hartmut 2021: „Die Umwege fehlen jetzt". Interview in: taz.die tageszeitung v. 24. April.
Rosenberger, Sieglinde/Gilg Seeber 2008: Wählen, Wien.
Roth, Klaus 2003: Genealogie des Staates. Prämissen des neuzeitlichen Politikdenkens, Berlin.
Roth, Klaus 2011a: Platon, in: Peter Massing/Gotthard Breit/Hubertus Buchstein (Hg.): Demokratietheorien. Von der Antike bis zur Gegenwart. Texte und Interpretationen, 8. völlig überarb. Aufl., Schwalbach/Ts., S. 34–43.
Roth, Klaus 2011b: Aristoteles, in: Peter Massing/Gotthard Breit/Hubertus Buchstein (Hg.): Demokratietheorien. Von der Antike bis zur Gegenwart. Texte und Interpretationen, 8. völlig überarb. Aufl., Schwalbach/Ts., S. 44–51.
Roth, Roland/Dieter Rucht: Einleitung, in: Dies. (Hg.): Die sozialen Bewegungen in Deutschland seit 1945. Ein Handbuch, Frankfurt/New York, S. 9–36.
Rousseau, Jean-Jacques 1988: Abhandlung über den Ursprung und die Grundlagen der Ungleichheit (frz. EA 1755 u.d.T. „Discours sur L'Origine et les Fondements de l'Inégalité parmi les Hommes"), in: Ders.: Schriften, Bd. 1, herausgegeben von Henning Ritter, Frankfurt, S. 165–302.
Rousseau, Jean-Jacques 2003: Vom Gesellschaftsvertrag oder Grundsätze des Staatsrechts (frz. EA 1762 u.d.T. „Du Contrat Social ou Principes du Droit Politique"), in Zusam-

menarbeit mit Eva Pietzcker neu übersetzt und herausgegeben von Hans Brockard, bibliogr. erg. Aufl., Stuttgart.

Saage, Richard 2005: Demokratietheorien. Historischer Prozess – Theoretische Entwicklung – Soziotechnische Bedingungen. Eine Einführung, Wiesbaden.

Saalfeld, Thomas 2007: Parteien und Wahlen, Baden-Baden.

Salzborn, Samuel 2005a: Ethnisierung der Politik. Theorie und Geschichte des Volksgruppenrechts in Europa, Frankfurt/New York.

Salzborn, Samuel 2005b: Demokratie im Ausnahmezustand. Israels Kampf um Existenz aus staatstheoretischer Perspektive, in: Alexandra Kurth (Hg.): Insel der Aufklärung. Israel im Kontext, Gießen, S. 35–51.

Salzborn, Samuel (Hg.) 2006: Minderheitenkonflikte in Europa. Fallbeispiele und Lösungsansätze, Innsbruck.

Salzborn, Samuel (Hg.) 2009a: Kritische Theorie des Staates. Staat und Recht bei Franz L. Neumann, Baden-Baden.

Salzborn, Samuel (Hg.) 2009b: Politische Kultur – Forschungsstand und Forschungsperspektiven, Frankfurt.

Salzborn, Samuel 2010: Antisemitismus als negative Leitidee der Moderne. Sozialwissenschaftliche Theorien im Vergleich, Frankfurt/New York.

Salzborn, Samuel (Hg.) 2011a: Staat und Nation. Die Theorien der Nationalismusforschung in der Diskussion, Stuttgart.

Salzborn, Samuel 2011b: Der Begriff des Politischen in der Demokratie. Ein Versuch zur Demokratisierung des Freund-Feind-Konzepts, in: Rüdiger Voigt (Hg.): Freund-Feind-Denken. Carl Schmitts Kategorie des Politischen, Stuttgart, S. 113–132.

Salzborn, Samuel 2011c: Extremismus und Geschichtspolitik, in: Jahrbuch für Politik und Geschichte, Bd. 2, S. 13–25.

Salzborn, Samuel 2012a: Zur Dialektik von Freiheit und Sicherheit. Eine Kritik am Paradigma der Deliberation, in: Rüdiger Voigt (Hg.): Sicherheit versus Freiheit. Verteidigung der staatlichen Ordnung um jeden Preis?, Wiesbaden.

Salzborn, Samuel 2012b: Der Eigentümer als Bürger. Begrenzte Partizipation im liberalen Staatsdenken, in: Gisela Riescher/Beate Rosenzweig (Hg.): Partizipation und Staatlichkeit, Stuttgart, S. 53–69.

Salzborn, Samuel (Hg.) 2012c: „... ins Museum der Altertümer". Staatstheorie und Staatskritik bei Friedrich Engels, Baden-Baden.

Salzborn, Samuel 2013: Sozialwissenschaften zur Einführung, Hamburg.

Salzborn, Samuel 2017a: The Will of the People? Carl Schmitt and Jean-Jacques Rousseau on a Key Question in Democratic Theory, in: Democratic Theory, H. 1, S. 11–34.

Salzborn, Samuel 2017b: Angriff der Antidemokraten. Die völkische Rebellion der Neuen Rechten, Weinheim.

Salzborn, Samuel 2017c: Kampf der Ideen. Die Geschichte politischer Theorien im Kontext, 2. akt. Aufl., Baden-Baden.

Salzborn, Samuel (Hg.) 2018: Handbuch politische Ideengeschichte. Zugänge – Methoden – Strömungen, Stuttgart.

Salzborn Samuel (Hg.) 2019: Antisemitismus seit 9/11. Ereignisse, Debatten, Kontroversen. Nomos: Baden-Baden.

Salzborn, Samuel 2020a: Moderne und Postmoderne, in: Gisela Riescher/Beate Rosenzweig/Anna Meine (Hg.): Einführung in die Politische Theorie. Grundlagen – Methoden – Debatten, Stuttgart, S. 95–107.

Salzborn, Samuel 2020b: Rechtsextremismus. Erscheinungsformen und Erklärungsansätze, 4. akt. u. erw. Aufl., Baden-Baden.

Salzborn, Samuel 2020c: The Modern State and its Enemies. Democracy, Nationalism and Antisemitism, London/New York.

Salzborn, Samuel (Hg.) 2021a: Klassiker der Sozialwissenschaften. 111 Schlüsselwerke im Portrait, 3. erw. Aufl., Wiesbaden.

Salzborn, Samuel 2021b: Der Begriff des Politischen in der Demokratie. Ein Versuch zur Demokratisierung des Freund-Feind-Konzepts, in: Rüdiger Voigt (Hg.): Freund-Feind-Denken. Carl Schmitts Kategorie des Politischen, 2. Aufl., Baden-Baden, S. 141–160.
Salzborn, Samuel/Rüdiger Voigt (Hg.) 2010: Souveränität – Theoretische und ideengeschichtliche Reflexionen, Stuttgart.
Sarcinelli, Ulrich/Jens Tenscher (Hg.) 2008: Politikherstellung und Politikdarstellung. Beiträge zur politischen Kommunikation, Köln.
Sartori, Giovanni 1992: Demokratietheorie, Darmstadt.
Sauer, Birgit 2001: Die Asche des Souveräns. Staat und Demokratie in der Geschlechterdebatte, Frankfurt/New York.
Sauer, Birgit 2011: Die Allgegenwart der „Androkratie": feministische Anmerkungen zur „Postdemokratie", in: Aus Politik und Zeitgeschichte, H. 1/2, S. 32–36.
Sauer, Frank/Carlo Masala (Hg.) 2017: Handbuch Internationale Beziehungen, 2. Aufl., Wiesbaden.
Schaal, Gary S. 2002: Die politische Theorie der liberal-prozedualistischen Demokratie: Robert A. Dahl, in: André Brodocz/Gary S. Schaal (Hg.): Politische Theorien der Gegenwart I, Opladen, S. 253–280.
Schaal, Gary S. 2004: Vertrauen, Verfassung und Demokratie. Über den Einfluss konstitutioneller Prozesse und Prozeduren auf die Genese von Vertrauensbeziehungen in modernen Demokratien, Wiesbaden.
Schaal, Gary S./Felix Heidenreich 2006: Einführung in die Politischen Theorien der Moderne, Opladen.
Scharpf, Fritz W. 1975: Demokratietheorie zwischen Utopie und Anpassung, Kronberg.
Schelsky, Helmut 1961: Demokratischer Staat und moderne Technik, in: Atomzeitalter. Zeitschrift für Sozialwissenschaften und Politik, H. 5, S. 99–102.
Schmidt, Manfred G. 2010a: Demokratietheorien. Eine Einführung, 5. Aufl., Wiesbaden.
Schmidt, Manfred G. 2010b: Wörterbuch zur Politik, 3. überarb. u. akt. Aufl., Stuttgart.
Schmidt, Manfred G. 2019: Demokratietheorien. Eine Einführung, 6. Aufl., Wiesbaden.
Schmitt, Arbogast 2008: Die Moderne und Platon. Zwei Grundformen europäischer Rationalität, 2. Aufl., Stuttgart/Weimar.
Schmitt, Carl 1923: Die geistesgeschichtliche Lage des heutigen Parlamentarismus, Berlin.
Schmitt, Carl 1927: Volksentscheid und Volksbegehren. Ein Beitrag zur Auslegung der Weimarer Verfassung und zur Lehre von der unmittelbaren Demokratie, Berlin/Leipzig.
Schmitt, Carl 1928: Verfassungslehre, München.
Schmitt, Carl 1934: Politische Theologie. Vier Kapitel zur Lehre von der Souveränität (EA 1922), 2. Aufl., München/Leipzig.
Schmitt, Carl 1963: Der Begriff des Politischen. Text von 1932 mit einem Vorwort und drei Corollarien, Berlin.
Schmitt-Dorotić, Carl 1921: Die Diktatur. Von den Anfängen des modernen Souveränitätsgedankens bis zum proletarischen Klassenkampf, München/Leipzig.
Schrape, Jan-Felix 2010: Neue Demokratie im Netz? Eine Kritik an den Visionen der Informationsgesellschaft Bielefeld.
Schulte, Wolfgang 2003: Politische Bildung in der Polizei. Funktionsbestimmung von 1945 bis zum Jahr 2000, Frankfurt.
Schultze, Martin 2010: Demokratiemessung und defekte Demokratien. Osteuropas Demokratien auf dem Prüfstand, Marburg.
Schulz, Daniel 2004: Verfassung und Nation. Formen politischer Institutionalisierung in Deutschland und Frankreich, Wiesbaden.
Schumpeter, Joseph A. 1942: Capitalism, Socialism, and Democracy, New York.
Schuppert, Gunnar Folke 2008: Politische Kultur, Baden-Baden.
Schütt-Wetschky, Eberhard 1997: Interessenverbände und Staat, Darmstadt.

Bibliografie

Schwan, Alexander 1991: Politische Theorien des Rationalismus und der Aufklärung, in: Hans-Joachim Lieber (Hg.): Politische Theorien von der Antike bis zur Gegenwart, Bonn, S. 157–257.
Sebaldt, Martin/Alexander Straßner (Hg.) 2006: Klassiker der Verbändeforschung, Wiesbaden.
Seemann, Birgit 1996: Feministische Staatstheorie. Der Staat in der deutschen Frauen- und Patriarchatsforschung, Opladen.
Seidel, Bruno/Siegfried Jenkner (Hg.) 1968: Wege der Totalitarismus-Forschung, Darmstadt.
Seifert, Jürgen 2001: Demokratische Republik und Arbeiterbewegung in der Verfassungstheorie von Wolfgang Abendroth, in: Balzer u.a. 2001, S. 73–84.
Seiler, Daniel-Louis 1996: Les partis politiques en Europe, 3. Aufl., Paris.
Seiler, Daniel-Louis 2000: Les partis politiques, 2. Aufl., Paris.
Siedschlag, Alexander/Alexander Bilgeri (Hg.) 2003: Kursbuch Internet und Politik Bd. 2: Elektronische Demokratie im internationalen Vergleich, Opladen.
Sieyès, Emmanuel Joseph 1975: Politische Schriften 1788–1790, hgg. v. Eberhard Schmitt u. Rolf Reichardt, Darmstadt/Neuwied.
Skinner, Quentin 1978: The foundations of modern political thought, 2 Bde., Cambridge.
Skinner, Quentin 1990: Machiavelli zur Einführung, Hamburg.
Skinner, Quentin 2009: Visionen des Politischen, Frankfurt.
Smith, Anthony D. 1991: National Identity, London.
Spann, Othmar 1931: Der wahre Staat. Vorlesungen über Abbruch und Neubau der Gesellschaft (EA 1921), 3. durchgeseh. Aufl., Jena.
Stahl, Friedrich Julius 1963a: Die Philosophie des Rechts. Zweiter Band: Rechts- und Staatslehre auf der Grundlage christlicher Weltanschauung. Erste Abt.: Die Allgemeinen Lehren und das Privatrecht (EA 1833), 6. Aufl., Hildesheim.
Stahl, Friedrich Julius 1963b: Die Philosophie des Rechts. Zweiter Band: Rechts- und Staatslehre auf der Grundlage christlicher Weltanschauung. Zweite Abt.: Die Staatslehre und die Principien des Staatsrechts (EA 1837), 6. Aufl., Hildesheim.
Stammen, Theo/Gisela Riescher/Wilhelm Hofmann (Hg.) 1997: Hauptwerke der politischen Theorie, Stuttgart.
Starobinski, Jean 1988: Rousseau. Eine Welt von Widerständen (frz. EA 1971 u.d.T. „Jean-Jacques Rousseau: La transparence et l'obstacle "), München.
Steffani, Winfried 1979: Parlamentarische und präsidentielle Demokratie. Strukturelle Aspekte westlicher Demokratien, Opladen.
Steffani, Winfried 1980: Pluralistische Demokratie. Studien zu Theorie und Praxis, Opladen.
Stegbauer, Christian 2009: Wikipedia. Das Rätsel der Kooperation, Wiesbaden.
Stöcker, Christian 2011: Nerd Attack!: Eine Geschichte der digitalen Welt vom C64 bis zu Twitter und Facebook, München.
Stoiber, Michael 2011: Die Qualität von Demokratien im Vergleich. Zur Bedeutung des Kontextes in der empirisch vergleichenden Demokratietheorie, Baden-Baden.
Stöss, Richard 1983: Struktur und Entwicklung des Parteiensystems der Bundesrepublik – Eine Theorie, in: Ders. (Hg.): Parteien-Handbuch. Die Parteien der Bundesrepublik Deutschland 1945–1980 (2 Bde.), Bd. 1, Opladen, S. 17–309.
Niedermayer, Oskar/Richard Stöss/Melanie Haas (Hg.) 2006: Die Parteiensysteme Westeuropas, Wiesbaden.
Stöver, Bernd 1993: Volksgemeinschaft im Dritten Reich, Düsseldorf.
Strecker, David 2009: Warum deliberative Demokratie?, in: Gary S. Schaal (Hg.): Das Staatsverständnis von Jürgen Habermas, Baden-Baden, S. 59–80.
Swyngedouw, Marc/Gilles Ivaldi 2001: The Extreme Right Utopia in Belgium and France: The Ideology of the Flemish Vlaams Blok and the French Front National, in: West European Politics, H. 3.
Tagore, Rabindranath 1918: Nationalism, London.

Thaa, Winfried (Hg.) 2007: Inklusion durch Repräsentation, Baden-Baden.
Thiele, Alexander 2018: Verlustdemokratie. Die drei Verlustebenen der Demokratie, 2. akt. u. erw. Aufl., Tübingen.
Thiele, Ulrich (Hg.) 2009: Volkssouveränität und Freiheitsrechte. Emmanuel Joseph Sieyes' Staatsverständnis, Baden-Baden.
Tibi, Bassam 1987: Politische Ideen in der „Dritten Welt" während der Dekolonisation, in: Iring Fetscher/Herfried Münkler (Hg.): Pipers Handbuch der Politischen Ideen. Bd. 5: Neuzeit: Vom Zeitalter des Imperialismus bis zu den neun sozialen Bewegungen, München/Zürich, S. 361–402.
Tocqueville, Alexis de 1961: De la démocratie en Amérique (EA 1835/40), in: Oeuvres complètes Bd. 1, Paris.
Tönnies, Ferdinand 1887: Gemeinschaft und Gesellschaft. Abhandlung des Communismus und des Socialismus als empirischer Culturformen, Berlin
Vaidhyanathan, Siva 2011: The Googlization of Everything (and why we should worry), Berkeley/Los Angeles.
Vanhanen, Tatu 1984: The Emergence of Democracy. A Comparative Study of 119 States, 1850–1979, Helsinki.
Vanhanen, Tatu 1990: The Process of Democratization. A Comparative Study of 147 States, 1980–88, New York.
Vanhanen, Tatu (Hg.) 1992: Strategies of Democratization, Washington.
Vanhanen, Tatu 2003: Democratization. A comparative analysis of 170 countries, London/New York.
Verkuil, Paul R. 2007: Outsourcing Sovereignty. Why Privatization of Government Functions Threatens Democracy and What We Can Do about It, New York.
Voegelin, Eric(h) 1938: Die politischen Religionen, Wien.
Voigt, Rüdiger 2004: Im Zeichen des Staates. Niccolò Machiavelli und die Staatsräson, in: Herfried Münkler/Rüdiger Voigt/Ralf Walkenhaus (Hg.): Demaskierung der Macht. Niccolò Machiavellis Staats- und Politikverständnis, Baden-Baden, S. 33–60.
Voigt, Rüdiger 2005: Weltordnungspolitik, Wiesbaden.
Voigt, Rüdiger 2008: Krieg ohne Raum. Asymmetrische Konflikte in einer entgrenzten Welt, Stuttgart.
Voigt, Rüdiger 2009: Der Januskopf des Staates. Warum wir auf den Staat nicht verzichten können, Stuttgart.
Voigt, Rüdiger (Hg.) 2021: Freund-Feind-Denken. Carl Schmitts Kategorie des Politischen, 2. Aufl., Baden-Baden.
Voigt, Rüdiger/Ulrich Weiß (Hg.) 2010: Handbuch Staatsdenker, Stuttgart.
Vorländer, Hans (Hg.) 2002: Integration durch Verfassung, Wiesbaden.
Vorländer, Hans 2004: Die Verfassung. Idee und Geschichte, 2. Aufl., München.
Vorländer, Hans 2010: Demokratie. Geschichte, Formen, Theorien, 2. überarb. Aufl., München.
Vorländer, Hans 2019: Demokratie. Geschichte, Formen, Theorien, 3. überarb. Aufl., München.
Voss, Kathrin (Hg.) 2014: Internet und Partizipation. Bottom-up oder Top-down? Politische Beteiligungsmöglichkeiten im Internet, Wiesbaden.
Wallner, Regina Maria 2018: Digitale Medien zwischen Transparenz und Manipulation. Internet und politische Kommunikation in der repräsentativen Demokratie, Wiesbaden.
Walter, Franz 2009: Im Herbst der Volksparteien? Eine kleine Geschichte von Aufstieg und Rückgang politischer Massenintegration, Bielefeld.
Walter, Franz 2010: Vom Milieu zum Parteienstaat. Lebenswelten, Leitfiguren und Politik im historischen Wandel, Wiesbaden.
Waschkuhn, Arno 1998: Demokratietheorien. Politiktheoretische und ideengeschichtliche Grundzüge, München/Wien.

Bibliografie

Waschkuhn, Arno 2002: Grundlegung der Politikwissenschaft. Zur Theorie und Praxis einer kritisch-reflexiven Orientierungswissenschaft, München/Wien.

Waschkuhn, Arno/Alexander Thumfart (Hg.) 2002: Politisch-kulturelle Zugänge zur Weimarer Staatsdiskussion, Baden-Baden.

Weber, Max 1966: Staatssoziologie. Soziologie der rationalen Staatsanstalt und der modernen politischen Parteien und Parlamente, hgg. von Johannes Winckelmann, 2. erg. Aufl., Berlin.

Weber, Max 1980: Wirtschaft und Gesellschaft. Grundriss der verstehenden Soziologie, 5. rev. Auflage bes. v. Johannes Winckelmann (EA: 1921), Tübingen.

Weber, Max 1992: Wissenschaft als Beruf (EA 1917/19), in: Ders.: Gesamtausgabe, Abt. I, Bd. 17, Tübingen.

Wehler, Hans-Ulrich 2001: Nationalismus. Geschichte – Formen – Folgen, München.

Weiffen, Brigitte 2009: Entstehungsbedingungen von Demokratien. Interne und externe Einflüsse im Vergleich, Baden-Baden.

Whitehead, Laurence 2002: Democratization. Theory and Experience, Oxford.

Wippermann, Wolfgang 1997: Totalitarismustheorien. Die Entwicklung der Diskussion von den Anfängen bis heute, Darmstadt.

Wippermann, Wolfgang 2000: „Doch ein Begriff muß beim Worte sein". Über „Extremismus", „Faschismus", „Totalitarismus" und „Neofaschismus", in: Siegfried Jäger/Alfred Schobert (Hg.): Weiter auf unsicherem Grund. Faschismus – Rechtsextremismus – Rassismus. Kontinuitäten und Brüche, Duisburg, S. 21–47.

Woyke, Wichard (Hg.) 1999: Internet und Demokratie, Schwalbach/Ts.

Woyke, Wichard/Johannes Varwick (Hg.) 2016: Handwörterbuch Internationale Politik, 13. überarb. und akt. Aufl., Bonn.

Young, Iris Marion 2000: Inclusion and Democracy, Oxford.

Zehnpfennig, Barbara 2011: Platon zur Einführung, 4. erg. Aufl., Hamburg.

Zehnpfennig, Barbara (Hg.) 2014: Die „Politik" des Aristoteles, 2. Aufl., Baden-Baden.

Zippelius, Reinhold 2003: Geschichte der Staatsideen, 10. neu bearb. u. erw. Aufl., München.

Sachregister

Allerweltspartei 97
Alltagskultur 84, 85
Anarchismus 16
Antikolonialismus 43, 45, 46, 50
Aristokratie 21–23, 52
Ausnahmezustand 71, 72, 75, 89, 117
Autokratie 107, 109, 111, 113–115, 122
Bevölkerung 8, 10, 22, 23, 41, 52, 97, 103, 104, 111, 131, 147
Bildung 17, 18, 115, 120, 123, 128, 144
Bürgertum 30, 41
Bürokratie 39, 43, 63, 99
Definition 7, 8, 11, 13, 136, 139, 141
Demokratie
– Defekte Demokratie 105
– Demokratietheorie 11, 17, 24, 27, 28, 37, 51, 52, 59, 61–66, 68, 72, 90–92
– Demokratisierung 10, 11, 17–19, 29, 41–43, 68, 93, 103–105, 107, 108, 110, 135–138, 140, 145, 152
– Demokratisierungswelle 109–111
– demos 44, 46, 50, 54, 55, 57, 60, 87, 88, 92, 118, 119, 123, 135, 146, 147
– direkte Demokratie 94
– embedded democracy 105
Diktatur 42, 76, 92, 115, 137
Elite 16, 51, 116, 140
Entpolitisierung 138, 139, 141, 143, 153
Ethnizität 147, 149–151
ethnos 46, 92, 146, 147, 152
Extremismus 111–113, 122
Faschismus 46, 48, 50, 52, 98
Freedom House 10, 107, 108
Freiheit 7, 10, 12, 17, 18, 22–24, 27, 29, 31–33, 35–37, 39–44, 46, 48, 49, 52–55, 58–60, 62, 68, 69, 71, 72, 76, 89–91, 103, 108, 110, 121, 122, 126, 134, 136–142, 145, 146, 151, 152
Frieden 17, 35, 47, 63, 64
Gerechtigkeit 17, 18, 26, 63, 64, 66, 140
Gettysburg Address 8
Gewaltmonopol 18, 19, 32, 63, 72, 89, 111, 122, 140
Governance 79, 108
Herrschaft 8, 9, 20–27, 29–32, 34–36, 38–41, 43, 44, 54–58, 62, 63, 68, 70, 71, 75–79, 81, 87, 88, 90, 91, 97, 113–115, 121, 129, 131, 140, 152
Ideengeschichte 15, 30, 62
Identität 24, 31, 46–49, 65, 68, 87–89, 91, 92, 100, 145, 147–149, 153
Institutionenkultur 84, 85
Interesse 9, 10, 13, 16, 35, 43, 65, 76, 92, 126
Internet 96, 123–133
Kommunikation 18, 29, 57, 123
Konflikt 7, 8, 13, 15, 22, 26, 27, 46, 51, 54, 58, 64–66, 70, 71, 90, 96, 101, 120, 139, 151, 152
Konsensdemokratie 93, 94
Konservatismus 15, 38–41, 46, 50, 51, 56, 98
Kontraktualismus 30, 62, 70, 82
Kontrolle 8, 34, 55–58, 62, 76, 93, 103, 114, 120, 122, 126, 129, 132, 136, 140
Korporatismus 101
Krieg 49, 65, 68, 138
Kultur 12, 16, 77, 81, 84–86, 93, 94, 100, 101, 103, 107, 118, 134, 135, 145, 147, 148, 150
Kulturalisierung 141, 145
Legitimität 15, 56, 57, 75, 76, 79, 116, 131
Liberalismus 15, 33, 36–38, 40, 41, 43–46, 49–51, 68, 76, 98
Macht 8, 15, 20, 25, 26, 31, 32, 34, 35, 40, 43, 47, 52, 54, 55, 57, 58, 61, 80, 82, 87, 89, 93, 97, 100, 105, 111, 114, 115, 130, 140, 142, 143, 152
Masse 16, 130, 131, 148
Medien 69, 93, 109, 116, 123, 125, 127, 134, 136, 142
Mehrheit 8–10, 23, 41, 95, 126, 150
– Mehrheitsdemokratie 93, 94
Militär 63, 111, 116, 119
Minderheit 16, 41, 150
Monarchie 21, 23, 35, 38, 94
Moral 25, 26, 28, 29, 38, 44, 45
Mythos 150
Nation 40, 49, 90, 148, 150
Nationalsozialismus 46–48, 51, 52, 92, 113, 114, 117, 131, 144, 147

Sachregister

Neodemokratie 135, 136
Norm 77, 81–84, 115
Öffentlichkeit 29, 59, 65, 70–72, 89, 121, 123, 124, 131, 143
Oligarchie 22, 23
Parlament 55, 87, 91, 94, 97, 99, 104, 133
Parlamentarismus 53, 91, 94, 131
Partei 42, 91, 94, 97, 98, 103, 107, 112, 115, 125, 133, 134, 136, 137
Partizipation 8, 11, 17, 18, 20, 24, 32, 34, 35, 43, 44, 47, 52, 56, 59–62, 65, 68, 70, 71, 96, 97, 107, 108, 112, 124, 128–131, 134, 140
Pluralismus 46, 53, 101, 108, 113, 114, 143–145
Polizei 116–122
Populismus 143–145
Postdemokratie 124, 134, 135
Prädemokratie 135
Präsident 55, 94, 137
Recht 12, 21, 22, 27, 31, 33–35, 39, 40, 47, 52–54, 57, 58, 65, 67, 81, 82, 116, 118, 136, 138, 152
Rechtsstaat 17, 42, 54
Regierung 35, 55, 75–80, 82, 94, 95, 97, 99, 104
Regime 7, 9, 10, 47, 92, 105, 108–111, 113, 115–117, 132, 137, 138, 146
Religion 25, 29, 30, 39, 45, 57, 94, 96, 100, 114, 120, 147
Repräsentation 44, 52, 55, 60, 68, 70, 87, 89–92, 97, 119
Republikanismus 34, 43–45, 50, 82

Responsivität 124, 131
Schule 78
Sicherheit 17, 27, 29, 30, 36, 37, 52, 58, 59, 68, 72, 89, 109, 117, 121, 140, 141, 145
Souveränität 18, 24, 25, 33–35, 38, 47, 53, 54, 56, 60, 63, 67, 71, 72, 75, 91, 104, 116, 139–141, 151, 152
Sozialismus 15, 41, 43, 46, 50–53, 98
Staat 17, 23, 24, 27, 33, 35, 36, 39–43, 48, 51–53, 56, 58, 63, 65, 67, 75–80, 96, 97, 103, 109, 132, 134, 137, 139, 140, 147, 151, 152
Stabilität 11, 16, 26, 55, 57, 77, 79, 83, 105, 111, 116, 140, 146, 151
Syndikalismus 101
Totalitarismus 113–115
Transparenz 119, 126, 129, 131
Umwelt 63, 64
Verbände 96, 99–101, 117
Verfassung 23, 35, 40, 49, 52, 53, 58, 81–86, 88, 93, 112, 119, 136
Vertrag 29–33, 39, 40
Verwaltung 39, 78, 134, 136
Volk 7–9, 27, 28, 41, 43, 46, 49, 84, 94, 148, 150
Volksbefragung 55, 99
Volksbegehren 88, 99
Wahlen 58, 96–99, 104, 107, 108, 111, 134, 136, 144
Wahlsystem 93, 99
Web 2.0 124, 128, 131
Wikipedia 125, 126, 128, 133
Zivilisation 67

Personenregister

Abendroth, Wolfgang 52, 77
Abromeit, Heidrun 12, 106
Adorno, Theodor W. 114
Agnoli, Johannes 54
Ahmadinedschad, Mahmud 137
Albrecht, Holger 116
Almond, Gabriel A. 84
Arendt, Hannah 47, 113
Aristoteles 20, 22, 23, 25–27
Aron, Raymond 115
Augustinus 24, 27
Backes, Uwe 112
Benz, Arthur 17, 79
Berg-Schlosser, Dirk 77, 103, 108
Berlin, Isaiah 54
Bernhagen, Patrick 12
Bernstein, Eduard 43
Bobbio, Norberto 61
Bodin, Jean 25, 28
Bracher, Karl Dietrich 76
Breit, Gotthard 12
Brocker, Manfred 33, 36, 69, 73
Brzezinski, Zbigniew K. 115
Buchstein, Hubertus 12, 53, 75
Burke, Edmund 39, 90
Churchill, Winston 138
Cicero 24, 27
Dahl, Robert A. 54
Dahrendorf, Ralf 58, 151
de Gouges, Olymp 62
DeLamater, John 16
Downs, Anthony 56
Duso, Giuseppe 90
Duverger, Maurice 94
Easton, David 51, 78
Eisel, Stephan 126
Engels, Friedrich 42
Enzmann, Birgit 82
Eschenburg, Theodor 76
Euchner, Walter 33
Fetscher, Iring 8
Fraenkel, Ernst 47, 53, 76, 113
Franke, Berthold 36

Frankenberger, Rolf 116
Frevel, Bernhard 12, 100, 101, 116, 120
Friedrich, Carl J. 115
Fromm, Erich 68, 114
Fukuyama, Francis 67, 105, 106
Funke, Hajo 116
Gat, Azar 109
Gerschewski, Johannes 116
Göhler, Gerhard 38, 53
Greiffenhagen, Sylvia 84
Greven, Michael Th. 78
Grimm, Dieter 81, 89
Guggenberger, Bernd 17, 20, 78
Haas, Tobias 102
Habermas, Jürgen 29, 64, 65
Haerpfer, Christian W. 12
Hagemann, Steffen 116
Hamilton, Alexander 36
Heberer, Thomas 102
Hegel, Georg W. F. 30, 35
Held, David 12
Heller, Hermann 89, 152
Herodot 20
Hesse, Konrad 81, 151
Heywood, Andrew 80, 90
Hill, Michael 79
Hirsch, Joachim 42
Hobbes, Thomas 30–32, 34, 65, 66
Hu, Jintao 136
Huntington, Samuel P. 67, 108
Hupe, Peter 79
Inglehart, Ronald F. 12
Iser, Matthias 73
Ismayr, Wolfgang 102
Jahn, Detlef 102
Jaschke, Hans-Gerd 112, 121
Jay, John 36
Jellinek, Georg 75, 151
Jesse, Eckhard 112
Jun, Uwe 102
Jünger, Ernst 48
Kannankulam, John 42
Kant, Immanuel 35

Kautsky, Karl 43
Kerner, Ina 45
Kersting, Wolfgang 25, 32, 34
Kirchheimer, Otto 52, 97
Klein, Ansgar 38
Klönne, Arno 78
Koselleck, Reinhart 92, 148
Kreisky, Eva 63
Laclau, Ernesto 66, 67
Langewiesche, Dieter 92, 148
Laski, Harold 53
Lauth, Hans-Joachim 12, 104, 107
Leibholz, Gerhard 77
Lenin 43
Lenk, Kurt 36, 78
Lijphart, Arend 77, 93
Lincoln, Abraham 8, 9, 13
Linz, Juan J. 115
Lipset, Seymour M. 96
Locke, John 30–33, 35, 36, 65, 66, 69, 76, 90
Loewenstein, Karl 55, 76, 115
Luhmann, Niklas 56, 57, 78
Machiavelli, Niccolò 25, 26
Macpherson, Crawford B. 15
Madison, James 36
Maistre, Joseph de 38
Markovits, Andrei S. 61
Marx, Karl 29, 41–43, 52, 69
Massing, Peter 12
Maus, Ingeborg 60
Mehring, Reinhard 49
Merkel, Wolfgang 105, 116
Meyer, Thomas 85
Migdal, Joel S. 15
Mill, John Stuart 35, 36
Möllers, Martin H. W. 53
Montesquieu, Charles de 35
Moore, Barrington 77
Morozov, Evgeny 132
Mouffe, Chantal 66, 67, 139
Müller, Adam Heinrich 40
Münkler, Herfried 25, 26, 32, 67
Neumann, Franz L. 36, 47, 48, 52, 53, 77, 113, 152

Nitschke, Peter 22, 24
Nonhoff, Martin 67
Obrecht, Marcus 102
Offe, Claus 11, 60, 104
O'Neill, Daniel I. 63
Pateman, Carole 62, 63
Peisert, Hansgert 58
Pelinka, Anton 61, 84
Pickel, Gert 12
Pickel, Susanne 12
Pitkin, Hanna Fenichel 55, 90
Platon 20–23, 25–27
Polybios 24, 27
Popper, Karl R. 47, 54
Putin, Wladimir 136
Rawls, John 65
Renner, Karl 43
Rensmann, Lars 116
Rice, Condoleezza 136
Riescher, Gisela 73
Rocco, Alfredo 46
Rohe, Karl 84
Rokkan, Stein 96
Rosenbaum, Wolf 78
Rosenberger, Sieglinde K. 61
Roth, Klaus 24
Rousseau, Jean-Jacques 30, 34, 90
Saage, Richard 8, 12, 56
Sartori, Giovanni 8, 23, 24
Sauer, Birgit 63, 135
Schaal, Gary S. 43
Scharpf, Fritz W. 54
Schelsky, Helmut 56
Schmidt, Manfred G. 12, 94, 103, 104, 112, 118, 146
Schmitt, Carl 48, 49, 75, 83, 91, 127, 131, 139, 144, 152
Schumpeter, Joseph A. 55
Schuppert, Gunnar Folke 8, 79
Shanley, Mary Lyndon 63
Sieyès, Emmanuel Joseph 35
Sontheimer, Kurt 78
Spann, Othmar 47, 56
Stahl, Friedrich Julius 40
Stalin 43

Steffani, Winfried 94
Stoiber, Michael 12, 107
Strasser, Johano 78
Stuby, Gerhard 78
Vaidhyanathan, Siva 126
Verba, Sidney 84
Voegelin, Eric 114
Voigt, Rüdiger 17, 26, 49, 73
von Alemann, Ulrich 97, 100
von Aquin, Thomas 24, 27
von Beyme, Klaus 79, 109, 135, 136
von Humboldt, Wilhelm 35
von Padua, Marsilius 25
Vorländer, Hans 12, 15, 81
Walkenhaus, Ralf 26
Weber, Max 39, 55, 75, 97
Weiß, Ulrich 73
Welzel, Christian 12
Wissel, Jens 42
Wollstonecraft, Mary 62
Woyke, Wichard 123
Young, Iris Marion 63
Zürn, Michael 79

Glossar

antagonistisch	gegensätzlich, in einem nicht auflösbaren Widerspruch stehend
asymmetrische Kriegführung	Krieg zwischen ungleichen Partnern (z.B. regulären Armeen und Terroristen), für die keine vertraglichen Regeln gelten
Autokratie	unumschränkte Herrschaft
Autoritarismus	absoluter Autoritätsanspruch
cleavages	Konfliktlinien
deistisch	Annahme, nach der Gott die Welt zwar geschaffen hat, aber keinen weiteren Einfluss mehr auf sie ausübt/ausüben soll
Deliberation, deliberativ	Beratschlagung, Überlegung
Deprivation	Verlust oder Entzug von etwas als wichtig Wahrgenommenem
Dezisionismus	Orientierung (des Rechts) an der Entscheidung
empirisch-analytisch	Wissenschaftstheoretische Richtung, die auf standardisierte Messbarkeit und Vergleichbarkeit orientiert
Empirismus	Annahme, nach der als einzig gültige Erkenntnisquelle die Beobachtung und das Experiment zählen
epistemologisch	erkenntnistheoretisch
genealogisch	auf den Ursprung und die Entwicklung orientiert
genuin	unverfälscht, echt
Hegemonie	Vorherrschaft, Vormachtstellung
historisch-kritisch	Wissenschaftstheoretische Richtung, die auf historische Wandlung orientiert und eine distanzierte Position zu Herrschaft einnimmt
Ideologie	Weltanschauung mit Bindung an eine soziale oder politische Gruppe
Kontraktualismus	Vertragsdenken
manichäisches Glaubenssystem	auf Dualismus und scharfe Abgrenzung orientierte Überzeugung
Monismus	Annahme eines einheitlichen Grundprinzips des Seins

normativ	Wissenschaftstheoretische Richtung, die auf das Formulieren von Grund- und Leitsätzen orientiert
Normativismus	Annahme, nach der die Norm den Vorrang hat (Sollen vor Sein)
Oligarchie	Herrschaftsform, in der mehrere herrschen, insb. eine kleine Gruppe
ontologisch	Annahme, nach der überzeitliche Wahrheiten und Ordnungen existieren
Plebiszit/plebiszitär	Volksabstimmung, Volksbefragung, Volksbeschluss
policy; politics; polity	Differenzierung von unterschiedlichen Dimensionen des Begriffes Politik: Themen und Inhalte; Prozesse und Verfahren; Institutionen und Normen
Positivismus	Annahme, nach der Erkenntnis sich auf das Tatsächliche und Wirkliche beschränkt
Rationalismus	Annahme, nach der als einzig gültige Erkenntnisquelle das rationale/vernünftige Denken gilt
Realismus	Wirklichkeitsnahe, sachlich-nüchterne Darstellung und Beschreibung
Timokratie	Herrschaftsform, die Rechte und Pflichten nach Vermögen bemisst
Utopie/Utopismus	Wunschvorstellung, Fantasie ohne reale Grundlage

Bereits erschienen in der Reihe
STUDIENKURS POLITIKWISSENSCHAFT (ab 2017)

Chinese Politics
Von Prof. Dr. Dr. Nele Noesselt
2021, ca. 270 Seiten, broschiert
ISBN 978-3-8487-4673-6

Föderalismus
Von Prof. Dr. Roland Sturm
3., umfassend aktualisierte Auflage, 2020, 201 Seiten, broschiert
ISBN 978-3-8487-7786-0

Das politische System der Schweiz
Von Prof. Dr. Adrian Vatter
4., vollständig aktualisierte Auflage, 2020, 592 Seiten, broschiert
ISBN 978-3-8487-6564-5

Rechtsextremismus
Von Prof. Dr. Samuel Salzborn
4., überarbeitete und erweiterte Auflage 2020, 186 S., broschiert
ISBN 978-3-8487-6759-5

Das erste Forschungsprojekt
Von Prof. Dr. Tom Mannewitz
2020, 344 Seiten, broschiert
ISBN 978-3-8487-6760-1

Entscheidungs- und Spieltheorie
Von Prof. Dr. Joachim Behnke
2., durchgesehene und aktualisierte Auflage 2020, 230 S., broschiert
ISBN 978-3-8487-6254-5

Hispanoamerika
Von Prof. Dr. rer. pol. Hartmut Sangmeister
2019, 249 S., broschiert
ISBN 978-3-8487-5102-0

Internationale Politische Ökonomie
Von Prof. Dr. Stefan A. Schirm
4., unveränderte Auflage 2019, 290 S., broschiert
ISBN 978-3-8487-5984-2

Theoretiker der Politik
Von Prof. em. Dr. Frank R. Pfetsch
3. Auflage 2019, 614 S., broschiert, 29,90 €,
ISBN 978-3-8487-5015-3

Bereits erschienen in der Reihe STUDIENKURS POLITIKWISSENSCHAFT (ab 2017)

Chinesische Politik
Von Prof. Dr. Dr. Nele Noesselt
2., aktualisierte und überarbeitete Auflage 2018, 252 S., broschiert
ISBN 978-3-8487-4238-7

Einführung in die Politikwissenschaft
Von Prof. Dr. Thomas Bernauer, Prof. Dr. Detlef Jahn, Dr. Patrick M. Kuhn und Prof. Dr. Stefanie Walter
4., durchgesehene Auflage 2018, 566 S., broschiert
ISBN 978-3-8487-4872-3

Internationale Sicherheit und Frieden
Von Prof. Dr. Heinz Gärtner
3., erweiterte und aktualisierte Auflage 2018, 338 S., broschiert
ISBN 978-3-8487-4198-4

Methoden der Politikwissenschaft
Von Prof. Dr. Bettina Westle
2. Auflage 2018, 436 S., broschiert
ISBN 978-3-8487-3946-2

Parlamentarismus
Von Prof. Dr. Stefan Marschall
3., aktualisierte Auflage 2018, 265 S., broschiert
ISBN 978-3-8487-5231-7

Weltbilder und Weltordnung
Von Prof. Dr. Gert Krell und Prof. Dr. Peter Schlotter
5., überarbeitete und aktualisierte Auflage 2018, 462 S., broschiert
ISBN 978-3-8487-4183-0

Grundbegriffe der Politik
Von Dr. Martin Schwarz, Prof. Dr. Karl-Heinz Breier und Prof. Dr. Peter Nitschke
2., aktualisierte und erweiterte Auflage 2017, 246 S., broschiert
ISBN 978-3-8487-4197-7